Die schuldrechtliche Regelungsbefugnis der Tarifvertragsparteien

Schriften zum Arbeitsrecht und Wirtschaftsrecht

Herausgegeben von Abbo Junker

Band 104

Florian Hertenstein

Die schuldrechtliche Regelungsbefugnis der Tarifvertragsparteien

unter besonderer Berücksichtigung schuldrechtlicher Verpflichtungen des Arbeitgebers zu einem unternehmerischen Verhalten

Bibliografische Information der Deutschen Nationalbibliothek
Die Deutsche Nationalbibliothek verzeichnet diese Publikation in der DeutschenNationalbibliografie; detaillierte bibliografische Daten sind im Internet über http://dnb.d-nb.de abrufbar.

Zugl.: Hamburg, Univ., Diss., 2017

D 18
ISSN 1433-4666
ISBN 978-3-631-73618-0 (Print)
E-ISBN 978-3-631-73684-5 (E-Book)
E-ISBN 978-3-631-73685-2 (EPDF)
E-ISBN 978-3-631-73686-9 (MOBI)
DOI 10.3726/b12104

Peter Lang – Frankfurt am Main · Bern · Bruxelles · New York · Oxford · Warszawa · Wien

Diese Publikation wurde begutachtet.

www.peterlang.com

Für Sara

Vorwort

Diese Arbeit wurde im Jahr 2016 von der Universität Hamburg als Dissertation angenommen.

Danken möchte ich zunächst meinem Doktorvater, Herrn Prof. Dr. Felix Hartmann, LL.M. (Harvard), der mir während der Anfertigung dieser Arbeit mit wertvollen Anregungen und Ratschlägen sowie einem stets offenen Ohr zur Seite gestanden hat.

Dank gilt auch dem „Arbeitskreis Wirtschaft und Recht" des Stifterverbandes für die Deutsche Wissenschaft für die Förderung mit einem Promotionsstipendium.

Besonders danken möchte ich meinen Eltern, deren Unterstützung bereits während meiner gesamten Studienzeit stets grenzenlos war. Ihr Rückhalt hat diese Arbeit überhaupt erst ermöglicht. Meiner Mutter danke ich darüber hinaus herzlich für die Mühen der Korrektur.

Ein besonderer Dank gilt schließlich meiner Ehefrau Sara, die nicht nur aufgrund der gemeinsamen fachlichen Gespräche, sondern insbesondere auch durch ihre moralische Unterstützung und ihren Zuspruch in dieser Zeit maßgeblich zum Gelingen dieser Arbeit beigetragen hat. Ohne sie wäre dieses Buch nicht zustande gekommen.

Florian Hertenstein

Inhaltsverzeichnis

Literaturverzeichnis

Arnold, Christian: **Betriebliche Tarifnormen und Außenseiter**, zur Legitimation der tarifvertraglichen Regelungsbefugnis, Berlin 2007.
(zit. als: *Arnold*, Betriebliche Tarifnormen)

Bauer, Jobst-Hubertus/Krieger, Steffen: **„Firmentarifsozialplan" als zulässiges Ziel eines Arbeitskampfes?**, in: NZA 2004, 1019–1025.

Bayreuther, Frank: **Tarifautonomie als kollektiv ausgeübte Privatautonomie** - Tarifrecht im Spannungsfeld von Arbeits-, Privat- und Wirtschaftsrecht, München 2005.
(zit. als: *Bayreuther*, Tarifautonomie)

Becker, Martin: **Arbeitsvertrag und Arbeitsverhältnis in Deutschland** – vom Beginn der Industrialisierung bis zum Ende des Kaiserreichs, Frankfurt am Main 1995.
(zit. als: *Becker*, Arbeitsvertrag)

Berg, Peter/Wendeling-Schröder, Ulrike/Wolter, Henner: **Die Zulässigkeit tarifvertraglicher Besetzungsregelungen**, in: RdA 1980, 299–313.

Beuthien, Volker: **Unternehmerische Mitbestimmung kraft Tarif- oder Betriebsautonomie?**, in: ZfA 1983, 141–168.

Beuthien, Volker: **Mitbestimmung unternehmerischer Sachentscheidungen kraft Tarif- oder Betriebsautonomie?**, in: ZfA 1984, 1–30.

Biedenkopf, Kurt Hans: **Grenzen der Tarifautonomie**, Karlsruhe 1964.
(zit. als: *Biedenkopf*, Grenzen)

Boeck, Myriam: **Tarifverträge und andere Koalitionsverträge**, Frankfurt am Main 2007.
(zit. als: *Boeck*, Tarifverträge und andere Koalitionsverträge)

Böckenförde, Ernst-Wolfgang: **Schutzbereich, Eingriff, verfassungsimmanente Schranken**, in: Der Staat 42 (2003), 165–192.

Bogs, Walter: **Autonomie und verbandliche Selbstverwaltung im modernen Arbeits- und Sozialrecht**, in: RdA 1956, 1–9.

Bötticher, Eduard: **Die gemeinsamen Einrichtungen der Tarifvertragsparteien,** Heidelberg 1966.
(zit. als: *Bötticher*, Gemeinsame Einrichtungen)

Brox, Hans (Begr.)/Rüthers, Bernd/Henssler, Martin: **Arbeitsrecht**, 18. Aufl., Stuttgart 2011.
(zit. als: *Brox/Rüthers/Henssler*, Arbeitsrecht)

Camilo de Oliveira, Renata: **Zur Kritik der Abwägung in der Grundrechtsdogmatik** – Beitrag zu einem liberalen Grundrechtsverständnis im demokratischen Rechtsstaat, Berlin 2013.
(zit. als: *Camilo de Oliveira*, Grundrechtsdogmatik)

Cherdron, Julianne: **Tarifliche Sanierungs- und Sozialplanvereinbarungen**, Berlin 2008.
(zit. als: *Cherdron*, Sanierungsvereinbarungen)

Clausen, Uwe: **Der schuldrechtliche Teil des Tarifvertrages**, Regensburg 1971.
(zit. als: *Clausen*, Der schuldrechtliche Teil des Tarifvertrages)

Däubler, Wolfgang: **Tarifvertragsgesetz** mit Arbeitnehmer-Entsendegesetz, 3. Aufl., Baden-Baden 2012.
(zit. als: Däubler/*Bearbeiter*, TVG)

Däubler, Wolfgang: **Tarifvertragsrecht** – ein Handbuch, 3. Aufl., Baden-Baden 1993.
(zit. als: *Däubler*, TVR)

Däubler, Wolfgang: **Das Grundrecht auf Mitbestimmung und seine Realisierung durch tarifvertragliche Begründung von Beteiligungsrechten,** Frankfurt am Main 1973.
(zit. als: *Däubler*, Mitbestimmung)

Däubler, Wolfgang (Hrsg.): **Arbeitskampfrecht** – Handbuch für die Rechtspraxis, 3. Aufl., Baden-Baden 2011.
(zit. als: Däubler-AK/*Bearbeiter*)

Däubler, Wolfgang/Kittner, Michael/Klebe, Thomas/Bachner, Michael: **Betriebsverfassungsgesetz** – Kommentar für die Praxis, 14. Aufl., Frankfurt am Main 2014.
(zit. als: DKKB/*Bearbeiter*, BetrVG)

Detterbeck, Steffen: **Allgemeines Verwaltungsrecht**, 13. Aufl., München 2015.
(zit. als: *Detterbeck*, Verwaltungsrecht)

Dieterich, Thomas (Begr.)/Müller-Glöge, Rudi (Hrsg.): **Erfurter Kommentar zum Arbeitsrecht,** 15. Aufl., München 2015.
(zit. als: ErfK/*Bearbeiter*)

Dreier, Horst (Hrsg.): **Grundgesetz Kommentar**, Band I, 3. Aufl., Tübingen 2013.
(zit. als: Dreier/*Bearbeiter*, GG)

Dütz, Wilhelm/Thüsing, Gregor: **Arbeitsrecht**, 19. Aufl., München 2014.
(zit. als: *Dütz/Thüsing*, Arbeitsrecht)

Ehmann, Horst: **Zur Rechtsverbindlichkeit von Betriebsvereinbarungen über den Fortbestand eines Betriebes**, in: Heinze (Hrsg.), Arbeitsrecht in der Bewährung, Festschrift für Otto Rudolf Kissel zum 65. Geburtstag, München 1994, S. 175–191.
(zit. als: *Ehmann*, FS Kissel)

Eich, Rolf-Achim: **Tarifverträge und Sozialpartnerbeziehungen am Beispiel der chemischen Industrie**, in: NZA 1995, 149–155.

Federlin, Gerd: **Die Zukunft der betrieblichen Bündnisse für Arbeit,** in: Hartmut Oetker/Ulrich Preis/Volker Rieble (Hrsg.), 50 Jahre Bundesarbeitsgericht, München 2004, S. 645–656.
(zit. als: *Federlin*, FS 50 Jahre BAG)

Fitting, Carl (Begr.): **Betriebsverfassungsgesetz**, 27. Aufl., München 2014.
(zit. als: Fitting, BetrVG)

Flume, Werner: **Allgemeiner Teil des Bürgerlichen Rechts, Zweiter Band.: Das Rechtsgeschäft,** 3. Aufl., Berlin/Heidelberg 1979.
(zit. als: *Flume*, Rechtsgeschäft)

Forsthoff, Ernst: **Der Entwurf eines zweiten Vermögensbildungsgesetzes** – Eine verfassungsrechtliche Würdigung, in: BB 1965, 381–392.

Franzen, Martin: **Standortverlagerung und Arbeitskampf**, in: ZfA 2005, 315–351.

Franzen, Martin: **Kampfmitteleinsatz für außertarifliche Regelungen**, in: Volker Rieble/Abbo Junker/Richard Giesen (Hrsg.), Ausweitung der Tarifmacht – Zugriff auf Unternehmensautonomie und Marktverhalten, München 2012.
(zit. als: *Franzen*, in: Rieble/Junker/Giesen (Hrsg.), Ausweitung der Tarifmacht)

Franzen, Martin: **Vorteilsregelungen für Gewerkschaftsmitglieder**, in: RdA 2006, 1–12.

Franzen, Martin: **Kampfverbote für einzelne Tarifinhalte? – dargestellt am Beispiel von Tarifverträgen auf dem Gebiet der Betriebsverfassung**, in: Volker Rieble (Hrsg.), Zukunft des Arbeitskampfes, München 2005, S. 141–167.
(zit. als: *Franzen*, in Rieble (Hrsg.), Zukunft des Arbeitskampfes)

Gamillscheg, Franz: **Kollektives Arbeitsrecht Band I** – Grundlagen, Koalitionsfreiheit, Tarifvertrag, Arbeitskampf und Schlichtung, München 1997.
(zit. als: *Gamillscheg*, Kollektives Arbeitsrecht I)

Gamillscheg, Franz: **Die Differenzierung nach der Gewerkschaftszugehörigkeit,** Berlin 1966.
(zit. als: *Gamillscheg*, Differenzierung)

Gemeinschaftskommentar zum Betriebsverfassungsgesetz: 10. Aufl., Köln 2014.
(zit. als: GK-BetrVG/*Bearbeiter)*

Gemeinschaftskommentar zum Betriebsverfassungsgesetz: 6. Aufl., Neuwied 1998.
(zit. als: GK-BetrVG/*Bearbeiter*, 6. Aufl.*)*

Giesen, Richard: **Grenzen schuldrechtlicher Vereinbarungsmacht über Unternehmerverhalten**, in: Volker Rieble/Abbo Junker/Richard Giesen (Hrsg.), Ausweitung der Tarifmacht – Zugriff auf Unternehmensautonomie und Marktverhalten, München 2012.
(zit. als: *Giesen*, in: Rieble/Junker/Giesen (Hrsg.), Ausweitung der Tarifmacht)

Giesen, Richard: **Tarifvertragliche Rechtsgestaltung für den Betrieb,** Gegenstand und Reichweite betrieblicher und betriebsverfassungsrechtlicher Tarifnormen, Tübingen 2002.
(zit. als: *Giesen*, Tarifvertragliche Rechtsgestaltung)

Hanau, Peter/Thüsing, Gregor: **Tarifverträge zur Beschäftigungssicherung**, Grenzen und Perspektiven, in: ZTR 2001, 1–6 und 49–53.

Hartmann, Felix: **Grenzen der Tarifautonomie über Unternehmerverhalten,** in: Volker Rieble/Abbo Junker/Richard Giesen (Hrsg.), Ausweitung der Tarifmacht – Zugriff auf Unternehmensautonomie und Marktverhalten, München 2012, S. 15–47.
(zit. als: *Hartmann*, in: Rieble/Junker/Giesen (Hrsg.), Ausweitung der Tarifmacht)

Hartmann, Felix: **Negative Tarifvertragsfreiheit im deutschen und europäischen Arbeitsrecht,** Tübingen 2014.
(zit. als: *Hartmann*, Negative Tarifvertragsfreiheit)

Hartmann, Felix: **Die unmittelbare und zwingende Wirkung tariflicher Normen**, Überlegungen zur Reintegration des kollektiven Arbeitsrechts in das Privatrecht Deutschlands, Österreichs und der Schweiz, in: Tanja Domej/Bianka Dörr/Urs Hoffmann-Nowotny/David Vasella/Ulrich Zelger (Hrsg.), Einheit des Privatrechts, komplexe Welt: Herausforderungen durch fortschreitende Spezialisierung und Interdisziplinarität (Jahrbuch Junger Zivilrechtswissenschaftler 2008), Stuttgart 2009, S. 379–406.
(zit. als: *Hartmann,* Jb.J.ZivRWiss. 2008)

Hartmann, Felix: **Die Unwirksamkeit tarifvertraglicher Spannensicherungsklauseln**, in: SAE 2011, 225–231.

Heinze, Meinhard: **Gibt es eine Alternative zur Tarifautonomie? –** Thesen zur aktuellen Diskussion, in: DB 1996, 729–735.

Hensche, Detlef: **Tarifvertrag und Unternehmenspolitik** – Von der Unantastbarkeit der Unternehmerfreiheit, in: AuR 2004, 443–450.

Henssler, Martin/Moll, Wilhelm/Bepler, Klaus (Hrsg.): **Der Tarifvertrag –** Handbuch für das gesamte Tarifrecht, Köln 2013.
(zit. als: Henssler/Moll/Bepler/*Bearb.*, Tarifvertrag)

Herschel, Wilhelm: **Zur Entstehung des Tarifvertragsgesetzes**, in: ZfA 1973, 183–200.

Herschel, Wilhelm: **Zur Rechtsnatur der Allgemeinverbindlichkeitserklärung von Tarifverträgen**, in: Jantz (Hrsg.), Sozialreform und Sozialrecht, Festschrift für Walter Bogs, Berlin 1959.
(zit. als: *Herschel*, FS Bogs)

Hölters, Wolfgang: **Harmonie normativer und schuldrechtlicher Abreden in Tarifverträgen,** Berlin 1973.
(zit. als: *Hölters*, Harmonie)

Höpfner, Clemens: **Die Tarifgeltung im Arbeitsverhältnis** – historische, ökonomische und legitimatorische Grundlagen des deutschen Koalitions- und Tarifvertragsrechts, Baden-Baden 2015.
(zit. als: *Höpfner*, Tarifgeltung)

Hueck, Alfred/Nipperdey, Hans Carl: **Lehrbuch des Arbeitsrechts**, Band II, Kollektives Arbeitsrecht, Halbband 1, 7. Aufl., Berlin 1967.
(zit. als: *Hueck/Nipperdey*, Kollektives Arbeitsrecht, II/1)

Hueck, Alfred/Nipperdey, Hans Carl: **Lehrbuch des Arbeitsrechts,** Band II, 3–5 Aufl., Berlin 1932.
(zit. als: *Hueck/Nipperdey*, Lehrbuch des Arbeitsrechts II, 3.-5. Aufl.)

Isensee, Josef: **Grundrechte und Demokratie** – Die polare Legitimation im grundgesetzlichen Gemeinwesen, in: Der Staat 20 (1981), 161–176.

Isensee, Josef: **Die verfassungsrechtliche Verankerung der Tarifautonomie,** in: Walter-Raymond-Stiftung (Hrsg.), Die Zukunft der sozialen Partnerschaft, Köln 1986, S. 159–193.
(zit. als: *Isensee*, in: Walter-Raymond-Stiftung (Hrsg.), Zukunft der sozialen Partnerschaft)

Isensee, Josef/Kirchhof, Paul (Hrsg.): **Handbuch des Staatsrechts der Bundesrepublik Deutschland**, 3. Aufl., Band IV: Aufgaben des Staates, Heidelberg 2006.
(zit. als: HdbStR IV/*Bearbeiter*)

Jacobi, Erwin: **Grundlehren des Arbeitsrechts,** Leipzig 1927.
(zit. als: *Jacobi*, Grundlehren)

Jacobs, Matthias/Krause, Rüdiger/Oetker, Hartmut/Schubert, Claudia: **Tarifvertragsrecht,** 2. Aufl., München 2013.
(zit. als: JKOS/*Bearbeiter*, TVR)

Jarass, Hans D./Pieroth, Bodo: **Grundgesetz für die Bundesrepublik Deutschland – Kommentar**, 13. Aufl., München 2014.
(zit. als: *Jarass/Pieroth*, GG)

Junker, Abbo: **Grundkurs Arbeitsrecht**, 14. Aufl., München 2015.
(zit. als: *Junker*, Arbeitsrecht)

Kahl, Wolfgang: **Vom weiten Schutzbereich zum engen Gewährleistungsgehalt** – Kritik einer neuen Richtung der Grundrechtsdogmatik, in: Der Staat 43 (2004), 167–202.

Karsten, Timo: **Schuldrechtliche Tarifverträge und außertarifliche Sozialpartner-Vereinbarungen** – Eine Untersuchung am Beispiel von Vereinbarungen der Tarifparteien der Chemischen Industrie, Frankfurt am Main 2004.
(zit. als: *Karsten*, Schuldrechtliche Tarifverträge)

Kempen, Otto Ernst/Zachert, Ulrich/Brecht-Heitzmann, Holger: **Tarifvertragsgesetz,** 5. Aufl., Frankfurt am Main 2014.
(zit. als: Kempen/Zachert/*Bearbeiter*, TVG)

Kirchhof, Ferdinand: **Private Rechtsetzung,** Berlin 1987.
(zit. als: *F. Kirchhof*, Private Rechtsetzung)

Kissel, Otto Rudolf von: **Arbeitskampfrecht**, München 2002.
(zit. als: *Kissel*, Arbeitskampfrecht)

Knack, Hans-Joachim (Begr.)/Henneke, Hans-Günter: **Verwaltungsverfahrensgesetz**, 10. Aufl., Köln 2014.
(zit. als: Knack/Henneke/*Bearbeiter*, VwVfG)

Koop, Stefan: **Das Tarifvertragssystem zwischen Koalitionsmonopolismus und Koalitionspluralismus**, Berlin 2009.
(zit. als: *Koop*, Tarifvertragssystem)

Kopp, Ferdinand (Begr.)/Ramsauer, Ulrich: **Verwaltungsverfahrensgesetz**, 15. Aufl., München 2014.
(zit. als: *Kopp/Ramsauer*, VwVfG)

Kraft, Alfons/Konzen, Horst: **Die Arbeiterselbstverwaltung im Spannungsverhältnis von Gesellschafts- und Arbeitsrecht,** Köln 1978.
(zit. als: *Kraft/Konzen*, Arbeiterselbstverwaltung)

Krause, Rüdiger: **Standortsicherung und Arbeitsrecht**, Baden-Baden 2007.
(zit. als: *Krause*, Standortsicherung und Arbeitsrecht)

Krüger, Herbert: **Sinn und Grenzen der Vereinbarungsbefugnis der Tarifvertragsparteien,** in: Verhandlungen des sechsundvierzigsten Deutschen Juristentages, Bd. I/1, München 1966, S. 7–96.
(zit. als: *Krüger*, Verh. des 46. DJT, Bd. I/1)

Kühlng, Jürgen/Bertelsmann, Klaus: **Tarifautonomie und Unternehmerfreiheit** – Arbeitskampf aus Anlass von Standortentscheidungen, in: NZA 2005, 1017–1027.
(zit. als: *Kühling/Bertelsmann*, NZA 2005)

Larenz, Karl: **Methodenlehre der Rechtswissenschaft,** 6. Aufl., Berlin 1991.
(zit. als: *Larenz*, Methodenlehre der Rechtswissenschaft)

Larenz, Karl/Wolf, Manfred: **Allgemeiner Teil des Bürgerlichen Rechts,** 9. Aufl., München 2004.
(zit. als: *Larenz/Wolf*, AT)

Lasson, Maximilian: **Kollektivrechtliche Investitionsvereinbarungen**, Frankfurt am Main 2014.
(zit. als: *Lasson*, Kollektivrechtliche Investitionsvereinbarungen)

Legien, Carl von: **Die deutsche Gewerkschaftsbewegung**, 2. Aufl., Berlin 1911.

Lenz, Sebastian: **Vorbehaltlose Freiheitsrechte** – Stellung und Funktion vorbehaltloser Freiheitsrechte in der Verfassungsordnung, Tübingen 2006.
(zit. als: *Lenz*, Vorbehaltlose Freiheitsrechte)

Lobinger, Thomas: **Arbeitskämpfe bei Standortschließungen und -verlagerungen**, in: Volker Rieble (Hrsg.), Zukunft des Arbeitskampfes, München 2005, S. 56–84.
(zit. als: *Lobinger*, in Rieble (Hrsg.), Zukunft des Arbeitskampfes)

Lobinger, Thomas/Hartmann, Felix: **Einfache Differenzierungsklauseln als Prüfstein interessengerechter Vertragsauslegung und konsistenter Systembildung**, in: RdA 2010, S. 235–241.

Lotmar, Philipp: **Der Arbeitsvertrag nach dem Privatrecht des Deutschen Reiches**, Band 1, Leipzig 1902.
(zit. als: *Lotmar*, Arbeitsvertrag I)

Löwisch, Manfred: **Probleme des Interessenausgleichs**, in: RdA 1989, 216–220.

Löwisch, Manfred/Rieble, Volker: **Tarifvertragsgesetz** – Kommentar, 3. Aufl., München 2012.
(zit. als: *Löwisch/Rieble,* TVG)

Löwisch, Manfred/Kaiser, Dagmar: **Betriebsverfassungsgesetz** – Kommentar, 6. Aufl., Frankfurt am Main 2010.
(zit. als: *Löwisch/Kaiser*, BetrVG)

Mangoldt, Hermann von/Klein, Friedrich/Starck, Christian: **Kommentar zum Grundgesetz**, Band 1: Präambel, Artikel 1 bis 19, 6. Aufl., München 2010.
(zit. als: v. Mangoldt/Klein/Starck/*Bearbeiter*, GG)

Maunz, Theodor/Dürig, Günter (Begr.): **Grundgesetz** – Kommentar, 72. Ergänzungslieferung, München 2014.
(zit. als: Maunz/Dürig/*Bearbeiter*, GG)

Mayer-Maly, Theo: **Leistungsdifferenzierung und Tarifmachtbegrenzung**, in: BB 1966, 1067–1070.

Misera, Karlheinz: **Tarifmacht und Individualbereich unter Berücksichtigung der Sparklausel,** Berlin 1969.
(zit. als: *Misera*, Tarifmacht und Individualbereich)

Molitor, Karl: **Außertarifliche Sozialpartnervereinigungen**, in: Farthmann (Hrsg.), Arbeitsgesetzgebung und Arbeitsrechtsprechung, Festschrift zum 70. Geburtstag von Eugen Stahlhacke, Berlin 1995, S. 339–347.
(zit. als: *Molitor*, FS Stahlhacke)

Müller, Friedrich: **Die Positivität der Grundrechte** – Fragen einer praktischen Grundrechtsdogmatik, 2. Aufl., Berlin 1990.
(zit. als: *Müller*, Die Positivität der Grundrechte)

Münch, Ingo von/Kunig, Philip: **Grundgesetz Kommentar**, Band 1: Präambel bis Art. 69, 6. Aufl., München 2012.
(zit. als: v. Münch/Kunig/*Bearbeiter*, GG)

Münchener Kommentar: **Bürgerliches Gesetzbuch**, Band 2: Schuldrecht, Allgemeiner Teil §§ 241–432 BGB, 6. Aufl., München 2012.
(zit. als: MüKo/*Bearbeiter*, BGB)

Nautz, Jürgen P.: **Die Durchsetzung der Tarifautonomie in Westdeutschland** – das Tarifvertragsgesetz vom 9. April 1949, Frankfurt am Main 1985.
(zit. als: *Nautz*, Die Durchsetzung der Tarifautonomie in Westdeutschland)

Nikisch, Arthur: **Arbeitsrecht**, Tübingen 1951.
(zit. als: *Nikisch*, Arbeitsrecht)

Otto, Hansjörg: **Arbeitskampf- und Schlichtungsrecht,** München 2006.
(zit. als: *Otto*, Arbeitskampf)

Peters, Hans/Ossenbühl, Fritz: **Die Übertragung von öffentlich-rechtlichen Befugnissen auf die Sozialpartner unter besonderer Berücksichtigung des Arbeitszeitschutzes,** Berlin/Frankfurt am Main 1967.
(zit. als: *Peters/Ossenbühl*, Übertragung)

Picker, Eduard: **Die Tarifautonomie am Scheideweg von Selbstbestimmung und Fremdbestimmung im Arbeitsleben** – Zur Legitimation der Regelungsmacht der Koalitionen, in: Hartmut Oetker (Hrsg.), 50 Jahre Bundesarbeitsgericht, München 2004, S. 795–830.
(zit. als: *Picker*, FS BAG)

Picker, Eduard: **Ursprungsidee und Wandlungstendenzen des Tarifvertragswesens.** Ein Lehrstück zur Privatautonomie am Beispiel Otto v. Gierkes, in: ZfA 2009, 215–279.

Picker, Eduard: **Die Tarifautonomie in der deutschen Arbeitsverfassung,** Köln 2000.
(zit. als: *Picker*, Tarifautonomie)

Picker, Eduard: **Die Regelung der „Arbeits- und Wirtschaftsbedingungen“** – Vertragsprinzip oder Kampfprinzip, in: ZfA 1986, 199–339.

Picker, Eduard: **Ursprungsidee und Wandlungstendenzen der Tarifvertragswesens** – Ein Lehrstück zur Privatautonomie am Beispiel Otto v. Gierkes, in: Werner Flume/Wolfgang Schön (Hrsg.), Gedächtnisschrift für Brigitte Knobbe-Keuk, Köln 1997, 879–953.
(zit. als: *Picker*, FS Knobbe-Keuk)

Picker, Eduard: **Vom individualautonomen Kollektivvertrag zum kollektivautonomen Tarifvertrag** – Privatautonomie und Korporatismus im frühen deutschen Kollektivarbeitsrecht – Zugleich ein Beitrag zu Hugo Sinzheimers arbeitsrechtlichen Lehren, in: ZfA 2007, 129–190.

Picker, Eduard: **Tarifautonomie – Betriebsautonomie – Privatautonomie,** in: NZA 2002, 761–770.

Picker, Eduard: **Arbeitsrecht als Privatrecht** – Zur Leitidee der frühen Arbeitsrechtsdogmatik bei Philipp Lotmar und Erwin Jacobi, in: Georg Annuß (Hrsg.), Festschrift für Reinhard Richardi zum 70. Geburtstag, München 2007, S. 141–176.
(zit. als: *Picker*, FS Richardi)

Picker, Eduard: **Privatautonomie und Kollektivautonomie – Arbeitsreicht als Freiheitsproblem** – , in: ders./Bernd Rühters (Hrsg.), Recht und Freiheit. Symposion zu Ehren von Herrn Professor Dr. Reinhard Richardi, München 2003, S. 25–98.
(zit. als: *Picker*, Symposion Richardi)

Picker, Eduard: **Tarifmacht und tarifvertragliche Arbeitsmarktpolitik** – Höchstarbeitszeitregeln als Prüfstein für das Verständnis von Koalitionsfunktion und Tarifautonomie, in: ZfA 1998, 573–714.

Picker, Eduard: **Der Arbeitskampf in der Rechts- und Wirtschaftsordnung – Zu einer Dogmatik des Arbeitskampfrechts** -, in: ZfA 2010, 499–631; ZfA 2011, 443–552; ZfA 2011, 557–646.

Plander, Harro: **Nichttarifliche Übereinkünfte zwischen Gewerkschaften und Trägern öffentlicher Gewalt,** in: Ursula Engelen-Kefer/Michael Schoden/ Ulrich Zachert (Hrsg.), Arbeitsrecht in der Bewährung, Festschrift für Karl Kehrmann zum 65. Geburtstag, Köln 1997.
(zit. als: *Plander*, FS Kehrmann)

Reuter, Dieter: **Der praktische Nutzen der Rechtsgeschichte für das kollektive Arbeitsrecht**, in: Jörn Eckert (Hrsg.), Der praktische Nutzen der Rechtsgeschichte, Hans Hattenhauer zum 8. September 2001, Heidelberg 2003, S. 409–424.
(zit. als: *Reuter*, FS Hattenhauer)

Richardi, Reinhard: **Arbeitsrecht als Teil freiheitlicher Ordnung** – Von der Zwangsordnung im Arbeitsleben zur Arbeitsverfassung der Bundesrepublik Deutschland, Baden-Baden 2002.
(zit. als: *Richardi*, Arbeitsrecht)

Richardi, Reinhard: **Empfiehlt es sich, die Regelungsbefugnisse der Tarifparteien im Verhältnis zu den Betriebsparteien neu zu ordnen?**, Gutachten B zum 61. Deutschen Juristentag Karlsruhe 1996, in: Verhandlungen des einundsechzigsten Deutschen Juristentages, Bd. I, München 1996.
(zit. als: *Richardi*, Gutachten für den 61. Deutschen Juristentag)

Richardi, Reinhard: **Kollektivgewalt und Individualwille bei der Gestaltung des Arbeitsverhältnisses**, München 1968.
(zit. als: *Richardi*, Kollektivgewalt)

Richardi, Reinhard: **Gestaltungsformen der Tarifautonomie**, in: JZ 2011, 282–291.

Richardi, Reinhard: **Verbandsmitgliedschaft und Tarifgeltung als Grundprinzip der Tarifautonomie**, in: NZA 2013, 408–412

Richardi, Reinhard: **Betriebsverfassungsgesetz mit Wahlordnung**, 14. Aufl., München 2014.
(zit. als: Richardi/*Bearbeiter*, BetrVG)

Richardi, Reinhard: **Gewerkschaften und Betrieb – ein Gegenstand der Tarifautonomie?**, in: RdA 1968, 427–429.

Rieble, Volker: **Arbeitsmarkt und Wettbewerb** – Der Schutz von Vertrags- und Wettbewerbsfreiheit im Arbeitsrecht, Berlin 1996.
(zit. als: *Rieble*, Arbeitsmarkt und Wettbewerb)

Rieble, Volker: **Der Tarifvertrag als kollektiv-privatautonomer Vertrag,** in: ZfA 2000, 5–27.

Rieble, Volker: **Tarifvertrag und Beschäftigung,** in: ZfA 2004, 1–65.

Rittner, Fritz (Begr.)/Dreher, Meinrad/Kulka, Michael: **Wettbewerbs- und Kartellrecht**, 8 Aufl., Heidelberg 2014.
(zit. als: Rittner/Dreher/Kulka, Wettbewerbs- und Kartellrecht)

Rolfs, Christian/Clemens, Fabian: **Erstreikbarkeit firmenbezogener Verbandstarifverträge?**, in: DB 2003, 1678–1681.

Rolfs, Christian/Giesen, Richard/Kreikebohm, Ralf/Udsching, Peter: **Beck'scher Onlinekommentar Arbeitsrecht,** 34. Edition, München 2014.
(zit. als: BeckOK-TVG/*Bearbeiter*)

Ruch, Kristina: **Dreiseitige Vereinbarungen**, Frankfurt am Main 2010.
(zit. als: *Ruch*, Dreiseitige Vereinbarungen)

Rusteberg, Benjamin: **Der grundrechtliche Gewährleistungsgehalt,** eine veränderte Perspektive auf die Grundrechtsdogmatik durch eine präzise Schutzbereichsbestimmung, Tübingen 2009.
(zit. als: *Rusteberg*, Gewährleistungsgehalt)

Sachs, Michael (Hrsg.): **Grundgesetz Kommentar**, 7. Aufl., München 2014.
(zit. als: Sachs/*Bearbeiter*, GG)

Säcker, Franz Jürgen/Oetker, Hartmut: **Grundlagen und Grenzen der Tarifautonomie** – erläutert anhand aktueller tarifpolitischer Fragen –, München 1992. (zit. als: *Säcker/Oetker*, Grundlagen)

Säcker, Franz Jürgen: **Grundprobleme der kollektiven Koalitionsfreiheit**, Rechtsquellen- und interpretationstheoretische Bemerkungen zur legislativen und judikativen Konkretisierung des Art. 9 Abs. 3 GG, Düsseldorf 1969. (zit. als: *Säcker*, Grundprobleme)

Schliemann, Harald: **Tarifliches Günstigkeitsprinzip und Arbeitsvertragsfreiheit**, in: Eduard Picker/Bernd Rüthers (Hrsg.), Recht und Freiheit, Symposion zu Ehren von Herrn Professor Dr. Reinhard Richardi, München 2003, S. 1–24. (zit. als: *Schliemann*, Symposion Richardi)

Schliemann, Harald: **Tarifliches Günstigkeitsprinzip und Bindung der Rechtsprechung,** in: NZA 2003, 122–128.

Scholz, Rupert: **Die Koalitionsfreiheit als Verfassungsproblem,** München 1971. (zit. als: *Scholz*, Koalitionsfreiheit als Verfassungsproblem)

Sinzheimer, Hugo: **Der korporative Arbeitsnormenvertag,** Teil 1 und 2, Leipzig 1907/1908.
(zit. als: *Sinzheimer*, Arbeitsnormenvertrag)

Sinzheimer, Hugo: **Grundzüge des Arbeitsrechts**, 2. Aufl., Jena 1927. (zit. als: *Sinzheimer*, Grundzüge des Arbeitsrechts)

Staudinger, Julius von (Begr.): **Kommentar zum Bürgerlichen Gesetzbuch mit Einführungsgesetz und Nebengesetzen**, Buch 2: Recht der Schuldverhältnisse, §§ 328–345, Berlin 2009.
(Zit. als: Staudinger/*Bearbeiter*, BGB)

Stark, Ernst: **Verfassungsfragen einer Arbeitsplatzsicherung durch Tarifvertrag**, München 1989.
(zit. als: *Stark*, Verfassungsfragen)

Thüsing, Gregor: **Dreigliedrige Standortvereinbarungen,** in: NZA 2008, 201–207.

Thüsing, Gregor/Braun, Axel (Hrsg.): **Tarifrecht. Handbuch,** München 2011. (zit. als: Thüsing/Braun/*Bearbeiter*, Tarifrecht)

Wallisch, Jochen: **Die tarifvertraglichen Einwirkungspflichten** – Grundlagen, Grenzen und gerichtliche Geltendmachung, Baden-Baden 1998. (zit. als: *Wallisch*, Einwirkungspflichten)

Waltermann, Raimund: **Entwicklungslinien der Tarifautonomie**, in: RdA 2014, 86–93.

Waltermann, Raimund: **Zu den Grundlagen der Tarifautonomie,** in: ZfA 2000, 53–86.

Waltermann, Raimund: **Zu den Grundlagen der Rechtsetzung durch Tarifvertrag**, in: Köbler (Hrsg.), Europas universale rechtsordnungspolitische Aufgabe im Recht des dritten Jahrtausends, Festschrift für Alfred Söllner zum 70. Geburtstag, München 2000.
(zit. als: *Waltermann*, FS Söllner)

Waltermann, Raimund: **Beschäftigungspolitik durch Tarifvertrag?** in: NZA 1991, 754–760.

Wank, Rolf: **Empfiehlt es sich, die Regelungsbefugnisse der Tarifparteien im Verhältnis zu den Betriebsparteien neu zu ordnen?** in: NJW 1996, 2273–2282.

Weber, Werner: **Die Sozialpartner in der Verfassungsordnung**, in: Göttinger Festschrift für das OLG Celle 1961, S. 239–262.
(zit. als: *Weber*, FS OLG Celle)

Weyand, Joachim: **Die tarifvertragliche Mitbestimmung im Bereich der Arbeitsorganisation,** in: AuR 1991, 65–71.

Weyand, Joachim: **Die tarifvertragliche Mitbestimmung unternehmerischer Personal- und Sachentscheidungen,** eine Studie über die Zulässigkeit und die Möglichkeit der Mitbestimmung durch Tarifvertrag unter besonderer Berücksichtigung ihrer historischen Entwicklung, Baden-Baden 1989.
(zit. als: *Weyand*, Mitbestimmung)

Wiedemann, Herbert: **Tarifvertragsgesetz** mit Durchführungs- und Nebenvorschriften, 7. Aufl., München 2007.
(zit. als: Wiedemann/*Bearbeiter*, TVG)

Wiedemann, Herbert: **Unternehmensautonomie und Tarifvertrag**, in: Jayme (Hrsg.), Ius inter nationes, Festschrift für Stefan Riesenfeld aus Anlaß seines 75. Geburtstages, Heidelberg 1983.
(zit. als: *Wiedemann*, FS Riesenfeld)

Wiedemann, Herbert: **Rationalisierungsschutz, Tarifmacht und Gemeinsame Einrichtung,** in: RdA 1968, 420–424.

Willemsen, Heinz Josef/Hohenstatt, Klaus-Stefan: **Zur umstrittenen Bindungs- und Normwirkung des Interessenausgleichs**, in: NZA 1997, 345–352.

Wolter, Henner: **Standortsicherung, Beschäftigungssicherung, Unternehmensautonomie, Tarifautonomie**, in: RdA 2002, 218–226.

Zachert, Ulrich: **Zur Erweiterung der Mitbestimmung durch Tarifvertrag**, in AuR 1985, 201–210.

Zachert, Ulrich: **Sozialpartnervereinbarungen – ein Modell für die Zukunft?**, in: Isenhardt (Hrsg.), Arbeitsrecht und Sozialpartnerschaft, Festschrift für Peter Hanau, Köln 1999, S. 137–148.
(zit. als: *Zachert*, FS Hanau)

Zöllner, Wolfgang: **Tarifmacht und Außenseiter**, in: RdA 1962, 453–459.

Zöllner, Wolfgang: **Die Rechtsnatur der Tarifnormen nach deutschem Recht** – Zugleich ein Beitrag zur Abgrenzung von Rechtsetzung und Privatautonomie, Wien 1966.
(zit. als: *Zöllner*, Rechtsnatur)

Zöllner, Wolfgang: **Die Rechtsprechung des Bundesverfassungsgerichts zu Artikel 9 Abs. 3 GG**, in: AöR 98 (1973), 71–102.

Zöllner, Wolfgang/Loritz, Karl-Georg/Hergenröder, Wolfgang: **Arbeitsrecht**, ein Studienbuch, 7. Aufl., München 2015.
(zit. als: *Zöllner/Loritz/Hergenröder*, Arbeitsrecht)

Stand: Frühjahr 2016

Einleitung

Charakteristisch für das deutsche Tarifvertragsrecht ist die Möglichkeit, durch Tarifnormen die Arbeitsbedingungen in den erfassten Arbeitsverhältnissen unmittelbar und zwingend zu regeln. Anerkannt ist gleichwohl, dass Tarifvertragsparteien daneben auch schuldrechtliche Vereinbarungen treffen können, um so zwischen den beiden Vertragsparteien lediglich relativ wirkende Verpflichtungen zu begründen. In den letzten Jahren haben sich gerade für diese schuldrechtlichen Vereinbarungen zwischen Tarifvertragsparteien scheinbar neue Anwendungsfälle entwickelt, deren grundsätzliche Zulässigkeit jedoch bisher kaum diskutiert wird. Dabei geht es zusammengefasst darum, dass durch schuldrechtliche Vereinbarungen zwischen den Tarifvertragsparteien mit teilweise unterschiedlichen Motiven Einfluss auf das unternehmerische Verhalten des Arbeitgebers genommen werden soll. Bisher betreffen diese schuldrechtlichen Vereinbarungen zumeist den Erhalt bzw. die Schließung eines Standortes sowie konkrete Investitionen in einen Standort[1] oder die hiermit im Zusammenhang stehende Frage eines Outsourcingverbotes[2] für bestimmte Betriebe oder Betriebsteile. Vereinbarungen wie das im Jahr 2010 unter anderem mit der damaligen Adam Opel GmbH, mehreren Arbeitgeberverbänden, den Betriebsräten und der IG-Metall geschlossene *Master Agreement*[3] zeigen, dass zwischen den Tarifvertragspartnern jedoch nicht nur Standortfragen ein Thema sind, sondern auch auf andere unternehmerische Entscheidungen durch schuldrechtliche Vereinbarungen Einfluss genommen wird. So betraf das sogenannte *Master Agreement* neben einer Kürzung des tariflichen Weihnachtsgeldes und konkreten Investitions- und Produktionszusagen für verschiedene Standorte auch Vereinbarungen zu einer konkreten Modellpolitik des Automobilherstellers Opel sowie einen Rechtsformwechsel zu einer Aktiengesellschaft. Von einer offensichtlich zunehmenden praktischen Relevanz scheint damit die grundlegende Frage, ob bzw. inwieweit die Tarifpartner in schuldrechtlichen Vereinbarungen auf das

---

1 Vgl. hierzu aus der Rechtsprechung BAG (04.04.2002), BAGE 97, 263; LAG Niedersachsen (18.5.2011), 17 SaGa 1939/10, juris; mit umfassenden Investitionsvereinbarungen auch das *Master Agreement* unter Beteiligung der IG Metall mit dem Autobauer „Opel" vgl. Fn. 3.

2 BAG (26.01.2011), BAGE 137, 45; *Löwisch/Rieble*, TVG, § 1 Rn. 1155.

3 http://archiv.labournet.de/branchen/auto/gm-opel/allg/master-agreement.pdf, teilweise abgedruckt in der Entscheidung BAG (21.05.2014), BAGE 148, 139.

unternehmerische Verhalten des Arbeitgebers Einfluss nehmen können. Die damit zwangsläufig einhergehende Frage nach der Reichweite der Tarifautonomie im Verhältnis zur Unternehmensautonomie wurde bisher jedoch zumeist lediglich hinsichtlich der Frage der Erkämpfbarkeit schuldrechtlicher Vereinbarungen über ein unternehmerisches Verhalten, insbesondere der Erstreikbarkeit einer Standortgarantie, diskutiert.[4]

Die vorliegende Untersuchung nimmt diese in der Praxis aufkommenden, vermeintlich zulässigen Anwendungsfälle schuldrechtlicher Vereinbarungen zum Anlass für eine grundlegende Untersuchung der schuldrechtlichen Regelungsbefugnis der Tarifvertragsparteien. Bereits in den 60er und 70er Jahren des vergangenen Jahrhunderts war eine der vieldiskutierten Fragen des Tarifvertragsrechts, inwieweit in einem Tarifvertrag schuldrechtliche Regelungsinhalte zwischen den Tarifvertragsparteien vereinbart werden könnten, die nicht mit normativer Wirkung Bestandteil eines Tarifvertrags sein konnten. Anlass dieser damaligen Diskussion über das grundsätzliche Verhältnis von normativen und schuldrechtlichen Regelungsinhalten in einem Tarifvertrag war die Frage nach der Zulässigkeit einer verpflichtenden Differenzierung zwischen organisierten und nicht-organisierten Arbeitnehmern in einem Tarifvertrag.[5] Rückblickend ist es wohl gerade dieser mit sogenannten Differenzierungsklauseln einhergehenden, nur teilweisen Problemerfassung zuzuschreiben, dass die damalige Auseinandersetzung mit der schuldrechtlichen Regelungsbefugnis aus heutiger Sicht kaum befriedigende Ergebnisse hervorbrachte.[6]

Mit der schuldrechtlichen Regelungsbefugnis in einem Tarifvertrag ist jedoch nur ein Teil der Frage nach der schuldrechtlichen Regelungsbefugnis zwischen Tarifvertragsparteien erfasst. Nach auch heute (noch) ganz herrschender Auffassung soll es der Gewerkschaft und dem Arbeitgeber(verband) frei stehen, gegenseitige Verpflichtungen nicht nur in einem Tarifvertrag, sondern auch in außertariflichen Vereinbarungen einzugehen. Erst in jüngerer Zeit wurden mit *Giesen* gerade unter Berücksichtigung einer möglichen Einflussnahme auf unternehmerisches Verhalten durch schuldrechtliche Vereinbarungen – soweit ersichtlich zum ersten Mal – grundsätzliche Zweifel daran geäußert, dass Tarifvertragsparteien auch außerhalb der besonderen Vertragsform des Tarifvertrages

4 Hierzu ausführlich *Lobinger*, in Rieble (Hrsg.), Zukunft des Arbeitskampfes, S. 56ff; vgl. auch *Franzen*, in: Rieble/Junker/Giesen (Hrsg.), Ausweitung der Tarifmacht, S. 119ff; *Hanau/Thüsing*, ZTR 2001, 49 (51ff).

5 S. unten 1. Kapitel, C. II. 1.

6 S. unten 1. Kapitel, C. II. 3.

schuldrechtliche Vereinbarungen treffen können sollen.[7] Nach bisher ganz herrschender Auffassung hingegen steht den Tarifvertragsparteien ein „duales System“[8] zur kollektivautonomen Einigung zur Verfügung. Gemeint ist damit, dass den Tarifvertragsparteien zum einen die Möglichkeit gegeben sei, schuldrechtliche Verpflichtungen in der besonderen Vertragsform des Tarifvertrages einzugehen und zum anderen „außertarifliche Vereinbarungen“ auf Grundlage des allgemeinen Zivilrechts zu treffen.

Es besteht insofern Einigkeit, dass Tarifvertragsparteien nicht nur normativ wirkende Vereinbarungen für ihre Mitglieder treffen können, sondern auch schuldrechtliche Verpflichtungen in einem Tarifvertrag begründet werden können. Einfachgesetzlich findet diese Möglichkeit, neben Tarifnormen auch schuldrechtliche Vereinbarungen in Tarifverträgen zu vereinbaren, in § 1 Abs. 1 S. 1 Hs. 1 TVG ihre Erwähnung, wonach der Tarifvertrag auch die „Rechte und Pflichten“ der Tarifvertragsparteien regelt. Während für den sogenannten normativen Teil eines Tarifvertrages jedenfalls im Grundsatz geklärt scheint, dass ausschließlich solche Regelungsinhalte von den Tarifvertragsparteien als Tarifnormen in einem Tarifvertrag beschlossen werden können, die unter den in § 1 Abs. 1 S. 1 Hs. 2 TVG aufgezählten Sachkatalog fallen,[9] wird die folgende Untersuchung offenlegen, dass hinsichtlich der Frage, welche Regelungsinhalte im sogenannten schuldrechtlichen Teil beschlossen werden können, ein breites und weitgehend ungeklärtes Meinungsspektrum besteht.[10] Im *Ersten Kapitel* wird daher der Frage nachgegangen, wie weit die schuldrechtliche Regelungsbefugnis der Tarifvertragsparteien in einem Tarifvertrag reicht. Von besonderer praktischer Bedeutung ist die Frage nach der schuldrechtlichen Regelungsbefugnis in einem Tarifvertrag nicht zuletzt deshalb, weil sich hieran unmittelbar die Frage

---

7 *Giesen*, in: Rieble/Junker/Giesen (Hrsg.), Ausweitung der Tarifmacht, S. 57ff.

8 *Säcker/Oetker* gehen davon aus, dass den Koalitionen ein „duales System koalitionsautonomer Einigungsmodelle“ zur Wahrung und Förderung der „Arbeits- und Wirtschaftsbedingungen“ zur Verfügung stehe, *dies.*, Grundlagen, S. 165; ähnlich Däubler/*ders.*, *TVG*, Einl. Rn. 846, der insofern vom „verdeckte(n) Dualismus der Kollektivverhandlungen“ spricht; vgl. auch Kempen/Zachert/*Zeibig/Zachert*, TVG, § 1 Rn. 940 mwN.

9 So für die deutlich herrschende Meinung statt vieler JKOS/*Krause*, TVR, § 1 Rn. 48ff; § 4 Rn. 3; grds. heute auch Wiedemann/*Thüsing*, TVG, § 1 Rn. 334; aA *Gamillscheg*, der die normative Regelungsbefugnis unmittelbar aus Art. 9 Abs. 3 GG ableiten möchte und insofern die Aufzählung der Normgruppen in § 1 Abs. 1 TVG als nicht abschließend ansieht, *ders.*, Kollektives Arbeitsrecht I, S. 539f; ähnlich auch *Weyand*, AuR 1991, 65ff; *Misera*, Tarifmacht und Individualbereich, 20ff.

10 S. unten 1. Kapitel, B.

nach der Zulässigkeit eines Arbeitskampfes zur Durchsetzung entsprechender Vereinbarungen anschließt.

Daneben besteht nach ganz herrschender Auffassung für die Tarifvertragsparteien die Möglichkeit, gegenseitige Verpflichtungen in Vereinbarungen zu begründen, die keine Tarifverträge sind.[11] Je nach Regelungsinhalt sei Rechtsgrundlage dieser „außertariflichen Vereinbarungen“ die Koalitionsfreiheit nach Art. 9 Abs. 3 GG oder die allgemeine Handlungsfreiheit nach Art. 2 Abs. 1 GG. Auch Tarifvertragsparteien sollen sich hierbei, wie andere Privatrechtssubjekte, auf eine umfassende Vertragsfreiheit berufen können. Bei außertariflichen Vereinbarungen seien Tarifvertragsparteien insbesondere nicht an das Handlungssystem des Tarifvertrages und dessen Grenzen nach dem TVG gebunden. Im *Zweiten Kapitel* wird der bisher oftmals vernachlässigten Frage nachgegangen, ob bzw. inwieweit Tarifvertragsparteien überhaupt außerhalb des Tarifvertrages gegenseitige Verpflichtungen begründen können oder ob diese nicht abschließend an die Handlungsform des Tarifvertrages beim Abschluss gegenseitiger Vereinbarungen gebunden sind.

Nachdem die beiden grundlegenden Fragen zur schuldrechtlichen Regelungsbefugnis der Tarifvertragsparteien geklärt sind, werden in einem Ausblick noch mögliche Konsequenzen der nach vorliegender Auffassung begrenzten schuldrechtlichen Regelungsbefugnis der Tarifvertragsparteien angesprochen (*Drittes Kapitel*). Allem voran gilt es, die Unwirksamkeit schuldrechtlicher Verpflichtungen aufzuzeigen, die jenseits der tarifvertraglichen Grenzen nach dem TVG geschlossen werden. Außerdem werden die Möglichkeit einer drohenden Umgehung der begrenzten schuldrechtlichen Regelungsbefugnis durch die Tarifvertragsparteien und die gegebenenfalls erforderlichen Gesetzesänderungen zur Verhinderung einer solchen Umgehung näher untersucht.

---

11 S. unten 2. Kapitel, A.

1. Kapitel: Die schuldrechtliche Regelungsbefugnis der Tarifvertragsparteien in einem Tarifvertrag

Legt man die verbreitete Unterteilung des Tarifvertrages in einen schuldrechtlichen und einen normativen „Teil“ zu Grunde, ergeben sich für die schuldrechtliche Regelungsbefugnis in einem Tarifvertrag strukturell zwei Fragen (A.). Zum einen stellt sich die Frage, ob auch normativ regelbare Inhalte schuldrechtlich zwischen den Vertragsparteien vereinbart werden können. Zum anderen ist zu klären, inwieweit schuldrechtlich in einem Tarifvertrag auch solche Inhalte vereinbart werden können, die nicht mit normativer Wirkung Inhalt eines Tarifvertrages sein können. Hierbei erweist sich insbesondere die zweite Frage nach einer weitergehenden schuldrechtlichen Regelungsbefugnis der Tarifvertragsparteien im Vergleich zur normativen Regelungsbefugnis als entscheidend und umstritten (B.).

Alleine durch Auslegung des einschlägigen Tarifvertragsrechts lässt sich nicht abschließend klären, ob schuldrechtlich im Vergleich zum normativen „Teil“ erweiterte Vereinbarungen in einem Tarifvertrag getroffen werden können (C.). Vielmehr ist die Frage nach der schuldrechtlichen Regelungsbefugnis in einem Tarifvertrag „überlagert“ durch die jeweilige Auffassung über den Umfang der in Art. 9 Abs. 3 GG gewährleisteten Tarifautonomie (D.). Erst nachdem diese Frage nach dem verfassungsrechtlichen Gewährleistungsgehalt der Tarifautonomie nach Art. 9 Abs. 3 GG geklärt ist (E.), lässt sich hierauf aufbauend die schuldrechtliche Regelungsbefugnis in einem Tarifvertrag bestimmen (F.).

A. Die beiden grundlegenden Fragen zur schuldrechtlichen Regelungsbefugnis in einem Tarifvertrag

Heute weitgehend anerkannt ist, dass sich jedenfalls die Regelungsinhalte der Tarifnormen eines Tarifvertrages abschließend aus dem Sachkatalog des § 1 Abs. 1 S. 1 Hs. 2 TVG ergeben.[12] Dagegen besteht für schuldrechtliche Vereinbarungen, wie noch zu zeigen sein wird, große Uneinigkeit über die zulässigen Regelungsinhalte. Einigkeit besteht lediglich insofern, dass auch schuldrechtlich nicht jede beliebige Verpflichtung in einem Tarifvertrag begründet werden kann.

12 S. oben Fn. 9.

Aus dem Zusammenhang zwischen begrenzter normativer Regelungsbefugnis und unterschiedlich bewerteten Grenzen für schuldrechtliche Vereinbarungen in einem Tarifvertrag ergeben sich zwei strukturell zu unterscheidende Fragen, die es zur Bestimmung der schuldrechtlichen Regelungsbefugnis in einem Tarifvertrag zu beantworten gilt. Zum einen stellt sich die Frage nach der Möglichkeit sogenannter „tarifnormersetzender" Vereinbarungen (I.). Zum anderen gilt es, die Frage nach der Reichweite der schuldrechtlichen Regelungsinhalte in einem Tarifvertrag zu beantworten (II.).

I. Die Möglichkeit sogenannter „tarifnormersetzender" schuldrechtlicher Vereinbarungen – Wahlfreiheit oder Rangverhältnis zwischen normativen und schuldrechtlichen Regelungen in einem Tarifvertrag?

Heute weitestgehend geklärt scheint, ob es den Tarifvertragsparteien auch möglich ist, in einem Tarifvertrag auf tarifvertragliche Normen mit unmittelbarer und zwingender Wirkung nach §§ 3 Abs. 1, 4 Abs. 1 S. 1 TVG zu verzichten und stattdessen eine lediglich schuldrechtliche Vereinbarung mit entsprechendem Inhalt zu schließen. Dass es den Tarifvertragsparteien frei stehe, keine unmittelbaren und zwingenden Tarifnormen zu vereinbaren, sondern sich zu entsprechenden Inhalten in einem Tarifvertrag schuldrechtlich zu verpflichten, wird heute, soweit ersichtlich, nicht in Frage gestellt.[13] Eine den Tarifnormen entsprechende Wirkung der schuldrechtlichen Vereinbarungen trotz fehlender „unmittelbarer" und „zwingender" Wirkung im erfassten Einzelarbeitsverhältnis soll durch sogenannte „Einwirkungsverpflichtungen" erreicht werden.[14] Hierbei verpflichten sich die Tarifvertragsparteien auf die Arbeitsverhältnisse ihrer Mitglieder „einzuwirken", um eine angestrebte Änderung in den Einzelarbeitsverhältnissen zu bewirken.[15] Im Gegensatz zur unmittelbaren und zwingenden Wirkung von Tarifnormen bedarf es bei der lediglich schuldrechtlichen Verpflichtung der

---

13 Vgl. für die heute wohl einhellige Auffassung nur etwa Wiedemann/*Thüsing*, TVG, § 1 Rn. 961; *Löwisch/Rieble*, TVG, § 1 Rn. 1166; Däubler/*Reim/Ahrend*, TVG, § 1 Rn. 1070; BeckOK-TVG/*Waas*, TVG, § 1 Rn. 74.

14 *Löwisch/Rieble*, TVG, § 1 Rn. 1135; zu den verschiedenen Intensitätsstufen einer schuldrechtlichen Kollektivvereinbarung im Allgemeinen *Löwisch/Rieble*, TVG, § 1 Rn. 1130ff.

15 Wiedemann/*Thüsing*, TVG, § 1 Rn. 863; zur Umsetzung schuldrechtlicher Vereinbarungen in das Individualarbeitsverhältnis *Löwisch/Rieble*, TVG, § 1 Rn. 1130ff; ausführlich zur Frage tarifvertraglicher Einwirkungsverpflichtungen auch *Wallisch*, Einwirkungspflichten, passim.

Tarifvertragsparteien also noch eines Umsetzungsaktes in das betreffende Einzelarbeitsverhältnis.

Will beispielsweise eine Gewerkschaft durch Tarifvertrag erreichen, dass ihren Mitgliedern zusätzliche Urlaubstage gewährt werden, ist dies ohne weiteres durch die Vereinbarung einer tarifvertraglichen Norm mit entsprechendem Inhalt in einem Tarifvertrag möglich. Der zusätzliche Urlaubsanspruch besteht dann gemäß §§ 3 Abs. 1, 4 Abs. 1 S. 1 TVG ohne weiteren Umsetzungsakt unmittelbar und zwingend in den erfassten Einzelarbeitsverhältnissen. Für dieses Beispiel stellt sich die Frage, ob sich Gewerkschaft und Arbeitgeberseite auch lediglich schuldrechtlich dazu verpflichten können, auf ihre Mitglieder dahingehend „einzuwirken", durch individualrechtliche Vereinbarung im jeweiligen Einzelarbeitsverhältnis die Gewährung zusätzlicher Urlaubstage umzusetzen. Die Verpflichtung der Gewerkschaft würde sich insofern darin erschöpfen, ihre Mitglieder anzuhalten, ein Angebot zur Vertragsänderung anzunehmen. Die Verpflichtung der Arbeitgeberseite bestünde darin, den einzelnen Gewerkschaftsmitgliedern eine entsprechende Vertragsänderung anzubieten (Firmentarifvertrag) oder ihrerseits auf ihre Mitglieder einzuwirken, den jeweils organisierten Arbeitnehmern ein entsprechendes Angebot zur Vertragsänderung zu unterbreiten (Verbandstarifvertrag).

Die heute möglicherweise etwas vorschnell, wohl jedoch einhellig bejahte Frage einer freien Wahl zwischen Tarifnormen und „tarifnormersetzenden" schuldrechtlichen Vereinbarungen in einem Tarifvertrag soll zunächst hinten angestellt werden und wird zu einem späteren Zeitpunkt wieder aufgegriffen (1. Kapitel, F. II.).

II. Die inhaltliche Reichweite der schuldrechtlichen Regelungsbefugnis in einem Tarifvertrag

Die entscheidendere und nach aktuellem Meinungsstand deutlich umstrittenere Frage ist, inwieweit es den Tarifvertragsparteien möglich ist, in der besonderen Vertragsform des Tarifvertrages schuldrechtliche Vereinbarungen zu treffen, für die eine normative Regelung aus rechtlichen oder tatsächlichen Gründen ausscheidet. Hierin liegt zwangsläufig die eigentliche Bedeutung schuldrechtlicher Vereinbarungen in Tarifverträgen. Erst wenn die Frage der Zulässigkeit einer schuldrechtlichen Vereinbarung in einem Tarifvertrag sich nicht in der Frage einer alternativen schuldrechtlichen Regelung zu ansonsten auch möglichen Tarifnormen erschöpft („tarifnormersetzende" Vereinbarungen), stellt eine schuldrechtliche Vereinbarung zwischen den Tarifvertragsparteien zugleich eine Erweiterung der Regelungsinhalte eines Tarifvertrages dar und legt damit die Grenzen der tarifvertraglichen Regelungsbefugnis insgesamt fest. Inwieweit also durch schuldrechtliche Vereinbarungen die sachlich-gegenständliche und personelle Reichweite des Tarifvertrages im Vergleich zu den dahingehend begrenzten Tarifnormen erweitert wird, ist die zentrale Frage im Zusammenhang mit der schuldrechtlichen Regelungsbefugnis in Tarifverträgen. Gerade die in jüngerer Zeit zunehmenden schuldrechtlichen Verpflichtungen der Arbeitgeberseite gegenüber der Gewerkschaft zu einem unternehmerischen Verhalten sollen nach verbreiteter Auffassung ein Beispiel für die – im Vergleich zur normativen – erweiterte schuldrechtliche Regelungsbefugnis in einem Tarifvertrag sein.[16] Stets in unmittelbarem Zusammenhang hiermit steht die Frage, ob zur Durchsetzung jener schuldrechtlichen Tarifvertragsinhalte dann auch das Mittel des Arbeitskampfes zur Verfügung steht.[17] Im Folgenden soll daher zunächst ein Überblick über das aktuelle Meinungsspektrum zur Reichweite der schuldrechtlichen Regelungsbefugnis der Tarifvertragsparteien in einem Tarifvertrag erfolgen.

B. Der Meinungsstand zur Reichweite der schuldrechtlichen Regelungsbefugnis der Tarifvertragsparteien in einem Tarifvertrag

Die Reichweite der schuldrechtlichen Regelungsbefugnis der Tarifvertragsparteien in einem Tarifvertrag wird unterschiedlich beurteilt. Ein Teil der Literatur geht davon aus, dass sich die zulässigen schuldrechtlichen Vereinbarungen in einem Tarifvertrag weitgehend mit den normativen Regelungsinhalten eines Tarifvertrages decken und lediglich noch solche schuldrechtlichen Verpflichtungen in einem Tarifvertrag vereinbart werden können, die sich auf den normativen Teil des Tarifvertrages beziehen und diesem „dienen" (I.). Nach der wohl überwiegenden Auffassung im Schrifttum (II.) und nach der Rechtsprechung (III.) bestimmen sich die zulässigen Regelungsinhalte eines Tarifvertrages unmittelbar aus der Reichweite der nach Art. 9 Abs. 3 GG verfassungsrechtlich gewährleisteten Tarifautonomie, was im Ergebnis zu einer Erweiterung der schuldrechtlichen Regelungsinhalte im Vergleich zu dem nach dem TVG begrenzten Sachkatalog zulässiger Tarifnormen führt.

---

16 Hierzu zugleich näher 1. Kapitel, B. II.

17 Zu der in jüngerer Zeit vordringenden Auffassung, dass gerade schuldrechtliche Regelungsinhalte eines Tarifvertrages nicht erstreikbar seien, 1. Kapitel, B. IV.

I. Keine sachlich-gegenständliche Erweiterung der schuldrechtlichen Regelungsinhalte im Vergleich zu den Tarifnormen – sogenannte „Harmonielehren“

Ein Teil der Literatur geht davon aus, dass schuldrechtlich in einem Tarifvertrag keine anderen Inhalte von den Tarifvertragsparteien geregelt werden können, als dies nach dem TVG auch durch Tarifnormen möglich ist.[18] Die „Tarifmacht“ auch für schuldrechtliche Verpflichtungen in einem Tarifvertrag sei auf die Regelungsgegenstände nach § 1 Abs. 1 S. 1 TVG begrenzt (Inhalt, Abschluss und die Beendigung von Arbeitsverhältnissen, betriebliche und betriebsverfassungsrechtliche Fragen).[19] In einem Tarifvertrag könnten daher zunächst nur solche schuldrechtlichen Verpflichtungen zwischen den Tarifvertragsparteien vereinbart werden, die ebenso Inhalt eines normativen Tarifvertrages sein könnten („tarifnormersetzende“ Vereinbarungen).[20] Daneben könnten in einem Tarifvertrag noch lediglich solche schuldrechtlichen Verpflichtungen begründet werden, die „im Dienste der Tarifnormen“ stünden („tarifnormdienende“ Vereinbarungen bzw. „tarifnormflankierende Schuldpflichten“ eines Tarifvertrages).[21] Hierzu zählten beispielsweise die Durchführungs- und Friedenspflicht, die heute ganz überwiegend bereits als immanente Pflichten jedes Tarifvertrages anerkannt sind.[22] Auch ausdrückliche Erweiterungen dieser ansonsten immanent geltenden Pflichten seien im schuldrechtlichen Teil eines Tarifvertrages möglich.[23] Neben solchen Verpflichtungen, die im Ergebnis der Durchsetzung bestehender

---

18 *Löwisch/Rieble*, TVG, § 1 Rn. 1166ff; *Boeck*, Tarifverträge und andere Koalitionsverträge, S. 118ff, zusammenfassend S. 133; *Beuthien*, ZfA 1983, 141 (159ff); *Säcker/Oetker*, Grundlagen, S. 155ff; *Lasson*, Kollektivrechtliche Investitionsvereinbarungen, S. 43ff; wohl im Grundsatz auch *Zöllner/Loritz/Hergenröder*, Arbeitsrecht, S. 499f; aus dem älteren Schrifttum *Hueck/Nipperdey*, Kollektives Arbeitsrecht II/1, S. 330, 337; *Mayer-Maly*, BB 1966, 1067 (1069); *Richardi*, Kollektivgewalt, S. 197ff; zur ausführliche Auseinandersetzung mit der Begründung des älterem Schrifttums aus Sicht der heutigen Problemstellung s. 1. Kapitel, C. II.

19 *Löwisch/Rieble*, TVG, § 1 Rn. 1168; *Beuthien*, ZfA 1983, 141 (159ff); *Säcker/Oetker*, Grundlagen, S. 155ff (insbes. S. 162); *Boeck*, Tarifverträge und andere Koalitionsverträge, S. 133.

20 S. oben 1. Kapitel, A. I.

21 *Löwisch/Rieble*, TVG, § 1 Rn. 987ff; *Beuthien*, ZfA 1983, 141 (160).

22 *Löwisch/Rieble*, TVG, § 1 Rn. 987, 1018ff, 1085ff.

23 *Löwisch/Rieble*, TVG, § 1 Rn. 1070ff, 1102ff.

Tarifnormen „dienten“[24], seien auch solche Verpflichtungen in Tarifverträgen möglich, die das Zustandekommen künftiger Tarifverträge fördern sollen. Hierunter fielen beispielsweise Verhandlungsansprüche, die auch während der Laufzeit eines Tarifvertrages und damit trotz bestehender Friedenspflicht einen gegenseitigen Dialog verbindlich festlegen.[25] Insbesondere „dienten“ jedoch konkrete Schlichtungs- und Arbeitskampfregeln als schuldrechtliche Tarifvertragsbestandteile dem Abschluss künftiger Tarifverträge.[26]

Im Ergebnis seien in einem Tarifvertrag damit neben „tarifnormersetzenden“ Vereinbarungen nur noch solche Verpflichtungen möglich, die sich auf die Durchsetzung bestehender Tarifnormen oder das Zustandekommen künftiger Tarifnormen bezögen. Eine sachlich-gegenständliche oder auch personelle Erweiterung der tarifvertraglichen Regelungsbefugnis gehe mit dem sogenannten schuldrechtlichen Teil also gerade nicht einher. Für die heute aktuelle Frage einer Verpflichtung der Arbeitgeberseite zu einem bestimmten unternehmerischen Verhalten bedeute dies, dass entsprechende Verpflichtungen in aller Regel nicht in einem Tarifvertrag vereinbart werden können, da diese außerhalb der in § 1 Abs. 1 S. 1 TVG abschließend geregelten „Tarifmacht“ lägen.[27]

Löwisch/Rieble[28] kommen zu diesem Ergebnis, indem sie die schuldrechtlich in einem Tarifvertrag regelbaren Inhalte anhand der einfachgesetzlichen Ausgestaltung nach dem TVG bestimmen und hierbei an die in § 1 Abs. 1 S. 1 Hs. 1 TVG erwähnten „Rechte und Pflichten“ als gesetzlichen Ausgangspunkt anknüpfen. Dass es sich bei den „Rechte(n) und Pflichten“ der Tarifvertragsparteien lediglich um solche schuldrechtlichen Vereinbarungen handeln könne, die in direktem Zusammenhang mit dem normativen Teil des Tarifvertrages stünden und diesen entweder „ersetzen“ oder diesem „dienen“, ergebe sich aus der Auslegung des einfachen Rechts. Bereits aus dem Wortlaut des § 1 Abs. 1 S. 1 TVG lasse sich eine entsprechende Verknüpfung der schuldrechtlichen Verpflichtungen mit

---

24 Von solch einer „dienenden“ Funktion schuldrechtlicher Vereinbarungen bereits ausgehend *Nikisch*, Arbeitsrecht, S. 308; näher hierzu 1. Kapitel, F. I.

25 *Löwisch/Rieble*, TVG, § 1 Rn. 1109; Kempen/Zachert/*Seifert*, TVG, § 1 Rn. 935.

26 *Beuthien*, ZfA 1983, 141 (160); *Löwisch/Rieble*, TVG, § 1 Rn. 1110ff; Kempen/Zachert/*Seifert*, TVG, § 1 Rn. 935.

27 *Löwisch/Rieble*, TVG, § 1 Rn. 1168, zu den einzelnen Regelungsgegenständen über Unternehmerverhalten Rn. 1151ff; *Säcker/Oetker*, Grundlagen, S. 164; vgl. auch *Beuthien*, ZfA 1983, 141 (159ff).

28 *Löwisch/Rieble*, TVG, § 1 Rn. 1166ff; ähnlich auch *Boeck*, Tarifverträge und andere Koalitionsverträge, S. 115ff.

den Tarifnormen des Tarifvertrages ableiten.[29] Ähnlich forderte bereits *Beuthien*, dass dem Tarifvertrag nach dem TVG ein „funktionales Gesamtverständnis“ zu Grunde gelegt werden müsse.[30] Aufgrund dieser „funktionalen Einheit“ nach dem TVG gelten für normative und schuldrechtliche Regelungen eines Tarifvertrages „*sachlich dieselben rechtlichen Höchstschranken*“[31], die wiederum dem Sachkatalog nach § 1 Abs. 1 S. 1 Hs. 2 TVG zu entnehmen seien.[32]

Zum ersten Mal wurde eine solche „Harmonie“[33] schuldrechtlicher und normativer Regelungsinhalte in einem Tarifvertrag in den 60er und 70er Jahren des vergangenen Jahrhunderts vertreten. Diskutiert wurde die Frage nach der Reichweite der schuldrechtlichen Regelungsbefugnis in einem Tarifvertrag zu dieser Zeit anhand sogenannter Differenzierungsklauseln, mit denen die Gewerkschaften eine verpflichtende Besserstellung ihrer Mitglieder gegenüber den nicht-organisierten Arbeitnehmern erreichen wollten.[34] In diesem Zusammenhang begründeten die „frühen Harmonielehren“ einen entsprechenden Gleichklang zwischen schuldrechtlichen und normativen Regelungen in einem Tarifvertrag weniger anhand des Wortlautes, sondern im Wesentlichen anhand einer ansonsten drohenden „Umgehung“ der begrenzten normativen Regelungsbefugnis durch schuldrechtliche Verpflichtungen.[35] Eine Analyse dieser „frühen Harmonielehren“ wird zeigen, dass diese eine lediglich begrenzte Fragestellung zugrunde gelegt haben und auch deshalb, vor dem Hintergrund der aus heutiger Sicht wesentlich weiter zu fassenden Problemstellung, nur wenig aussagekräftig sind.[36] Gerade die heute so umstrittene Frage, inwieweit sich die Arbeitgeberseite in einem Tarifvertrag zu einem bestimmten unternehmerischen Verhalten verpflichten kann, bezogen die „frühen Harmonielehren“ nicht in ihre Überlegungen mit ein.

---

29 *Löwisch/Rieble*, TVG, § 1 Rn. 987.

30 *Beuthien*, ZfA 1983, 141 (159ff); zustimmend *Lasson*, Kollektivrechtliche Investitionsvereinbarungen, S. 45.

31 So *Beuthien*, ZfA 1983, 141 (160).

32 *Beuthien*, ZfA 1983, 141 (159ff); ähnlich auch *Säcker/Oetker*, Grundlagen, 155ff (insbes. S. 162f).

33 Entsprechende Ansichten unter dem Begriff der „Harmonie“ zusammenfassend beispielsweise *Hölters*, Harmonie, passim (insbes. 46ff).

34 S. unten 1. Kapitel, C. II. 1.

35 S. unten 1. Kapitel, C. II. 2.

36 S. unten 1. Kapitel, C. II. 3.

II. Sachlich-gegenständliche Erweiterung der schuldrechtlichen Regelungsinhalte im Vergleich zu den Tarifnormen aufgrund der in Art. 9 Abs. 3 GG gewährleisteten Tarifautonomie

Nach einer zweiten, wohl überwiegenden Ansicht in der Literatur bestimmt sich die Reichweite der schuldrechtlichen Regelungsbefugnis in einem Tarifvertrag unmittelbar anhand der verfassungsrechtlich gewährleisteten Koalitionsfreiheit nach Art. 9 Abs. 3 GG und dem Begriffspaar der „Arbeits- und Wirtschaftsbedingungen". [37]

Die sachlich-gegenständliche Einschränkung auf Inhalts-, Abschluss- und Beendigungsnormen, betriebliche und betriebsverfassungsrechtliche Fragen sowie die Regelung gemeinsamer Einrichtungen nach dem TVG sei hiernach allenfalls eine abschließende Aufzählung der unmittelbar und zwingend wirkenden Tarifnormen.[38] Aus dem TVG und dessen Regelungstatbeständen ergäben sich hingegen keine Beschränkungen zum Abschluss schuldrechtlicher Vereinbarungen in einem Tarifvertrag.[39]

Trotz des einheitlichen methodischen Ansatzes,[40] die zulässigen schuldrechtlichen Regelungsinhalte anhand der in Art. 9 Abs. 3 GG gewährleisteten Tarifautonomie näher zu bestimmen, beurteilen die einzelnen Vertreter unterschiedlich, welche Vereinbarungen im Einzelnen schuldrechtlich in einem Tarifvertrag vereinbart werden können. Divergierend beurteilt wird insbesondere die heute aktuelle Frage nach der schuldrechtlichen Verpflichtung des Arbeitgebers in einem Tarifvertrag zu einem bestimmten unternehmerischen Verhalten. Während grundlegende unternehmerische Entscheidungen wie der Erhalt oder die Investitionen in einen Standort nach mancher Auffassung außerhalb der verfassungsrechtlich gewährleisteten Tarifautonomie nach Art. 9 Abs. 3 GG liegen sollen,[41] kommen andere zu dem Ergebnis, dass auch solche grundlegenden

---

37 Däubler/*Reim/Ahrend*, TVG, § 1 Rn. 1069ff; *Däubler*, Mitbestimmung, S. 193f; *ders.*, TVR, Rn. 175 d; *Gamillscheg*, Kollektives Arbeitsrecht I, S. 539f; JKOS/*Krause*, TVR, § 1 Rn. 46ff, 50, § 4 Rn. 158f; Wiedemann/*Thüsing*, TVG, § 1 Rn. 856, 865, 960; Kempen/Zachert/*Seifert*, TVG, § 1 Rn. 884, 934, 944; *Karsten*, Schuldrechtliche Tarifverträge, S. 131f; *Weyand*, Mitbestimmung, S. 104.

38 So etwa JKOS/*Krause*, TVR, § 1 Rn. 50, § 4 Rn. 3, 158f; Däubler/*Reim/Ahrend*, TVG, § 1 Rn. 1069ff; Kempen/Zachert/*Zeibig/Zachert*, TVG, § 1 Rn. 939.

39 Vgl. wiederum statt Vieler JKOS/*Krause*, TVR, § 1 Rn. 50, § 4 Rn. 3, 158f; Däubler/*Reim/Ahrend*, TVG, § 1 Rn. 1069ff; Kempen/Zachert/*Zeibig/Zachert*, TVG, § 1 Rn. 939.

40 Zur Kritik an diesem Ansatz s. 1. Kapitel, E. I.

41 Wiedemann/*ders.*, TVG, Einl. Rn. 328; *ders.*, FS Riesenfeld, 301 (insbes. 314ff); mit noch weitergehender Differenzierung *Gamillscheg*, Kollektives Arbeitsrecht I, S. 339ff,

unternehmerischen Entscheidungen von der in Art. 9 Abs. 3 GG gewährleisteten Tarifautonomie erfasst werden und daher entsprechende Vereinbarungen und diesbezügliche Verpflichtungen in einem Tarifvertrag möglich seien.[42] Eine zunehmend vertretene vermittelnde Position hält entsprechende schuldrechtliche Verpflichtungen in einem Tarifvertrag ebenfalls auf Grundlage der Tarifautonomie nach Art. 9 Abs. 3 GG für möglich, lehnt jedoch die Erkämpfbarkeit entsprechender Vereinbarungen mit den Mitteln des Arbeitskampfes ab.[43]

III. Die Auffassung der Rechtsprechung zur schuldrechtlichen Regelungsbefugnis in Tarifverträgen

Bereits in einer frühen Entscheidung stellt der Große Senat des BAG fest, dass die besondere Vertragsform des Tarifvertrages konstitutiv keine Tarifnormen voraussetze, sondern auch „rein" schuldrechtliche Vereinbarungen in einem Tarifvertrag vereinbart werden können. Hierzu führt das Gericht aus: „Für den Tarifvertrag ist es aber nicht begriffswesentlich, daß dieser stets auch Normen für Einzelarbeitsverhältnisse setzt. Auch Verträge unter den Sozialpartnern über Regeln, die beim Abschluß, bei der Verlängerung, Änderung oder Ergänzung von Tarifverträgen beachtet werden müssen, weiter Verträge über Friedenspflicht, Arbeitskämpfe und Schlichtung sind als Tarifverträge anzusehen."[44] Für die Reichweite schuldrechtlicher Regelungsinhalte in einem Tarifvertrag hingegen war diese Entscheidung noch wenig aussagekräftig. So wurden als Beispiele schuldrechtlicher Tarifverträge gerade solche Vereinbarungen genannt, die auch nach dem im Schrifttum vertretenen engen Verständnis schuldrechtlicher Vereinbarungen unproblematisch als solche anerkannt sind und bezogen auf ihre Funktion als „tarifnormdienende" schuldrechtliche Tarifvertragsvereinbarungen bezeichnet werden können.

---

wonach der Erhalt eines Betriebes noch den „Arbeits- und Wirtschaftsbedingungen" zuzuordnen sei, die Neugründung oder die Erweiterung eines bestehenden Betriebes hingegen nicht; ähnlich auch JKOS/*Krause*, TVG, § 1 Rn. 108.

42 Däubler/*Reim/Ahrend*, TVG, § 1 Rn. 1072; vgl. auch *Berg/Wendeling-Schröder/Wolter*, RdA 1980, 299 (307); *Hensche*, AuR 2004, 443 (448).

43 Hierzu näher zugleich 1. Kapitel, B. IV., für die vermittelnden Auffassungen s. insbes. Fn. 57.

44 BAG (31.10.1958), BAGE 6, 321 (341).

Demgegenüber lassen sich gerade in jüngeren Entscheidungen des BAG im Zusammenhang mit Standortzusagen[45] oder der Vereinbarung eines Outsourcingverbots[46] keine Bedenken des Gerichts erkennen, dass auch entsprechende Verpflichtungen schuldrechtlich in einem Tarifvertrag vereinbart werden können. Hierbei geht das BAG im Einklang mit der überwiegenden Auffassung in der Literatur davon aus, dass die schuldrechtliche Regelungsbefugnis in einem Tarifvertrag unabhängig von der Befugnis zur Normsetzung nach dem TVG ist und daher auch in sachlicher Hinsicht weiter reicht als diese.[47] Wie die Literatur geht das BAG ebenfalls von einer verfassungsrechtlich an Art. 9 Abs. 3 GG ausgerichteten Bestimmung der schuldrechtlichen Regelungsinhalte eines Tarifvertrages aus. Dies zeigt sich, wenn die Zulässigkeit unternehmerischer Entscheidungen in einem Tarifvertrag durch eine Abwägung der Tarifautonomie nach Art. 9 Abs. 3 GG und der Unternehmensautonomie nach Art. 12 Abs. 1 GG bestimmt werden soll.[48] Nach dem LAG Niedersachsen sind schuldrechtliche Vereinbarungen über Unternehmerverhalten wie beispielsweise Standortvereinbarungen, zumindest solange sie „freiwillig“ erfolgten, in einem Tarifvertrag nach Art. 9 Abs. 3 GG unbedenklich zulässig.[49]

IV. Der Meinungsstand zur Erkämpfbarkeit schuldrechtlicher Regelungsinhalte eines Tarifvertrages

Einigkeit besteht sowohl in der Rechtsprechung als auch im Schrifttum, dass zumindest zentrale Arbeitsbedingungen wie das Arbeitsentgelt mit den spezifischen Mitteln des Arbeitskampfes durchgesetzt werden können müssen.[50] Wie das BVerfG betont, werden Arbeitskampfmaßnahmen „jedenfalls insoweit von der Koalitionsfreiheit erfaßt, als sie allgemein erforderlich sind, um eine funktionierende Tarifautonomie sicherzustellen“.[51] Mit der auch vom BAG

45 BAG (04.04.2002), BAGE 97, 263 (270).

46 BAG (26.01.2011), BAGE 137, 45 (insbes. Rn. 19ff); bestätigt durch BAG (21.05.2014), BAGE 148, 139 (Rn. 31).

47 Nur aus diesem Grund kann eine Entscheidung, ob ein entsprechender Inhalt auch normativ als Betriebsnorm nach § 3 Abs. 2 TVG hätte geregelt werden können, aus Sicht des BAG offen bleiben, vgl. BAG (26.01.2011), BAGE 137, 45 (Rn. 25).

48 So BAG (03.04.1990), BAGE 64, 284 (295f).

49 LAG Niedersachsen (18.5.2011), 17 SaGa 1939/10, juris Rn. 32.

50 Vgl. nur etwa *Löwisch/Rieble*, TVG, Grundl. Rn. 444; Wiedemann/*Thüsing*, TVG, § 1 Rn. 342.

51 BVerfG (26.06.1991), BVerfGE 84, 212 (225).

übernommenen Formulierung seien Tarifverhandlungen ohne die Möglichkeit zum Streik nicht mehr als „kollektives Betteln"[52].

Ausgehend von dieser grundlegenden Bedeutung des Arbeitskampfrechtes für das spezifische Handlungsinstrument des Tarifvertrages gehen viele Stimmen in der Literatur davon aus, dass schuldrechtliche Regelungsinhalte eines Tarifvertrages wie normative im Zweifel gleichfalls durch Arbeitskampf durchsetzbar sein müssen.[53] Insbesondere diejenigen Stimmen, die auch für die schuldrechtlichen Regelungsinhalte von einer einfachgesetzlichen Ausgestaltung durch das TVG ausgehen, halten auch für schuldrechtliche Vereinbarungen in einem Tarifvertrag an dem Grundsatz fest, dass alles das, was tariflich regelbar sei, auch erkämpft werden könne.[54] Jedoch finden sich ebenso durchaus namhafte Stimmen im Schrifttum, die auf Grundlage der Tarifautonomie nach Art. 9 Abs. 3 GG von einer über die normative Regelungsbefugnis reichenden schuldrechtlichen Regelungsbefugnis der Tarifvertragsparteien in einem Tarifvertrag ausgehen und zur Durchsetzung auch dieser sachlich weiter reichenden Forderungen die Möglichkeit des Arbeitskampfes umfassend für gegeben halten.[55] Wenn auch nicht einschränkungslos, doch jedenfalls im Grundsatz wird dann beispielsweise auch die streikweise Durchsetzung einer schuldrechtlichen Verpflichtung zum Standorterhalt durch die Gewerkschaft für möglich gehalten.[56]

Gerade in jüngerer Zeit mehren sich die Stimmen im Schrifttum, die eine Kongruenz zwischen Tarifierbarkeit und Erkämpfbarkeit ablehnen.[57] Nach Auffassung dieser Stimmen gebe es gerade schuldrechtliche Verpflichtungen in

---

52 BAG (10.06.1980), BAGE 33, 140 (151); vgl. auch BVerfG (26.06.1991), BVerfGE 84, 212 (224f) mwN.

53 Däubler/*Reim/Ahrend*, TVG, § 1 Rn. 1074; *Löwisch/Rieble*, TVG, § 1 Rn. 1167; ErfK/*Linsenmaier*, GG, Art. 9 Rn. 114; *Karsten*, Schuldrechtliche Tarifverträge, S. 147f.

54 *Löwisch/Rieble*, TVG, § 1 Rn. 1017,1168; *Säcker/Oetker*, Grundlagen, S. 165; *Beuthien*, ZfA 1983, 141 (161f).

55 Däubler-AK/*Däubler*, § 13 Rn. 12; so auch Däubler/*Reim/Ahrend*, TVG, § 1 Rn. 1074; Däubler/*Hensche/Heuschmid*, TVG, § 1 Rn. 969, 970.

56 Däubler-AK/*Däubler*, § 13 Rn. 40; *Hensche*, AuR 2004, 443 (445); *Wolter*, RdA 2002, 218 (225f); *Kühling/Bertelsmann*, NZA 2005, 1017 (1019ff); vgl. dazu auch ausführlich mit Fallgruppenbildung und kaum überschaubaren marktwirtschaftlichen Abwägungsfaktoren *Krause*, Standortsicherung und Arbeitsrecht, S. 96ff (insbes. 100f); ähnlich ErfK/*Linsenmaier*, GG, Art. 9 Rn. 116.

57 *Gamillscheg*, Kollektives Arbeitsrecht I, S. 339, 344, 1069f; *Franzen*, in: Rieble/Junker/Giesen (Hrsg.), Ausweitung der Tarifmacht, S. 119 (135); *Otto*, Arbeitskampf, § 5 Rn. 15 (S. 96f); im Ergebnis auch *Ruch*, Dreiseitige Vereinbarungen, S. 202ff; *Krause*, Standortsicherung und Arbeitsrecht, S. 83ff (insbes. 96ff).

Tarifverträgen, insbesondere zu einem bestimmten unternehmerischen Verhalten, die zwar in einem Tarifvertrag von den Tarifvertragsparteien vereinbart werden könnten, deren Durchsetzung jedoch nicht mit den Mitteln des Arbeitskampfes erreicht werden könne. Diese tariflichen Vereinbarungen stünden insofern unter einem „Freiwilligkeitsvorbehalt“[58]. Auch die Rechtsprechung geht im Ergebnis, jedenfalls für schuldrechtliche Verpflichtungen über Unternehmerverhalten in einem Tarifvertrag, von einem solchen „Freiwilligkeitsvorbehalt“ aus. Zur Begründung heißt es als Ergebnis einer verfassungsrechtlichen Abwägung zwischen der Tarifautonomie nach Art. 9 Abs. 3 GG und der Unternehmensautonomie nach Art. 12 GG, dass die unternehmerische Leitung „ohne Streikdruck“ der Gewerkschaft „die Entscheidung über Schließung oder Veräußerung [des] Betriebes, über Standortverlagerung und Personalabbau, über Festlegung von Produktions-, Organisations- und Vertriebsstrukturen sowie Investitionen“ treffen müsse.[59]

V. Zusammenfassung

Im Ergebnis erweist sich das aktuelle Meinungsspektrum zur schuldrechtlichen Regelungsbefugnis in einem Tarifvertrag bereits in grundlegenden Fragen als vielfältig und im Einzelnen als nur schwer zu überblicken. Unterschiedlich beurteilt wird bereits, ob sich die schuldrechtlichen Regelungsinhalte eines Tarifvertrages abschließend aus den einfachgesetzlichen Regelungen des TVG ergeben oder ob die in Art. 9 Abs. 3 GG gewährleistete Tarifautonomie zu einer Erweiterung der schuldrechtlichen Regelungsinhalte eines Tarifvertrages im Vergleich zu dem abschließenden Sachkatalog der Tarifnormen nach dem TVG führt. Aus Sicht des einfachen Rechts stellt sich die Frage, ob den in § 1 Abs. 1 S. 1 Hs. 1 TVG erwähnten „Rechte(n) und Pflichten“ der Tarifvertragsparteien zugleich eine sachlich-gegenständliche Einschränkung schuldrechtlicher Vereinbarungen in einem Tarifvertrag auf solche Gegenstände zu entnehmen ist, die den Inhalt, den Abschluss und die Beendigung von Arbeitsverhältnissen bzw. betriebliche und betriebsverfassungsrechtliche Fragen betreffen.[60]

---

58 Zum Begriff des „Freiwilligkeitsvorbehalts“ in diesem Zusammenhang vgl. *Franzen*, in: Rieble/Junker/Giesen (Hrsg.), Ausweitung der Tarifmacht, S. 119 (125) mwN.

59 LAG Schleswig-Holstein (27.03.2003), 5 Sa 137/03, AP Nr. 165 zu Art. 9 Arbeitskampf, sub B II 1.2.2.; mit ganz ähnlicher Aufzählung eines streikfreien „Kernbereichs“ der Unternehmensautonomie BAG (03.04.1990), BAGE 64, 284 (295f); LAG Hamm (31. 5. 2000), 18a Sa 858/00, NZA-RR 2000, 535 (536f).

60 Hierzu zugleich 1. Kapitel, C.

Verneint man mit der überwiegenden Ansicht im Schrifttum und der Rechtsprechung eine solche abschließende Wirkung des TVG für schuldrechtliche Regelungsinhalte in einem Tarifvertrag, bleibt die Frage, welche Regelungsinhalte darüber hinaus schuldrechtlich zwischen den Tarifvertragsparteien in einem Tarifvertrag geschlossen werden können. Als Anknüpfungspunkt zur Bestimmung schuldrechtlicher Regelungsinhalte in einem Tarifvertrag dient heute stets das Begriffspaar der „Arbeits- und Wirtschaftsbedingungen" nach Art. 9 Abs. 3 GG. Die verfassungsrechtlich gewährleistete Tarifautonomie zum Abschluss von Tarifverträgen umfasse hiernach alles, was unter die „Arbeits- und Wirtschaftsbedingungen" nach Art. 9 Abs. 3 GG zu fassen sei. Trotz des mit Art. 9 Abs. 3 GG einheitlichen Ausgangspunktes wird insbesondere die Frage, inwieweit auf Grundlage der verfassungsrechtlich gewährleisteten Tarifautonomie auch schuldrechtliche Verpflichtungen zu einem unternehmerischen Verhalten in einem Tarifvertrag geregelt werden können, unterschiedlich beurteilt.

In engem Zusammenhang mit dieser Frage, ob und, wenn ja, welche unternehmerischen Entscheidungen schuldrechtlich in einem Tarifvertrag geregelt werden können, steht die Frage, ob entsprechende Vereinbarungen dann auch mit dem Mittel des Arbeitskampfes durchsetzbar sind. In der Tendenz lässt sich hierbei eine Zunahme derjenigen Stimmen im Schrifttum ausmachen, die von einer sachlich-gegenständlichen Erweiterung der schuldrechtlichen Regelungsinhalte eines Tarifvertrages auf Grundlage der in Art. 9 Abs. 3 GG gewährleisteten Tarifautonomie im Vergleich zu dem Sachkatalog nach § 1 Abs. 1 S. 1 Hs. 2 TVG ausgehen, deren Durchsetzung mit dem Arbeitskampf jedoch ablehnen. Auch die Rechtsprechung scheint gerade im Zusammenhang mit unternehmerischen Entscheidungen davon auszugehen, dass es schuldrechtliche Verpflichtungen des Arbeitgebers gibt, die zwar schuldrechtlich in einem Tarifvertrag beschlossen werden können, zu deren Durchsetzung jedoch nicht das Mittel des Arbeitskampfes eingesetzt werden dürfe.

C. Kritische Betrachtung der bisherigen Begründungen einer auf normativ regelbare Inhalte begrenzten schuldrechtlichen Regelungsbefugnis

Im Folgenden soll zunächst die Stichhaltigkeit der Begründung derjenigen kritisch hinterfragt werden, die allein durch Auslegung des TVG eine auf „tarifnormersetzende" und „tarifnormdienende" Vereinbarungen begrenzte schuldrechtliche Regelungsbefugnis in einem Tarifvertrag befürworten (I.). Im Anschluss hieran soll aufgezeigt werden, dass die Begründung einer begrenzten schuldrechtlichen Regelungsbefugnis der „frühen Harmonielehren" in den 60er und 70er Jahren des vergangenen Jahrhunderts für die heutige Problemstellung schuldrechtlicher Tarifvertragsvereinbarungen zu kurz greift und daher ebenfalls keine abschließenden Erkenntnisse liefert (II).

I. Die Annahme einer begrenzten schuldrechtlichen Regelungsbefugnis durch Auslegung des TVG

Wie sich im Folgenden zeigen wird, ist denjenigen Stimmen im Schrifttum, die eine auf „tarifnormersetzende" und „tarifnormdienende" begrenzte schuldrechtliche Regelungsbefugnis der Tarifvertragsparteien ablehnen, darin zuzustimmen, dass eine solche Begrenzung schuldrechtlicher Verpflichtungen allein der einfachgesetzlichen Ausgestaltung des TVG nicht entnommen werden kann.

1. Grammatikalische Auslegung des TVG

Als Ausgangspunkt jeder Auslegung ist zunächst der Wortlaut heranzuziehen.[61] Alleine dem Wortlaut des § 1 Abs. 1 S. 1 TVG lässt sich keine inhaltliche Bestimmung des schuldrechtlichen Teils eines Tarifvertrages entnehmen.[62] Schließlich handelt es sich bei „Rechten" und „Pflichten" letztlich um nicht mehr und nicht weniger als eine Beschreibung dessen, was durch schuldrechtliche Verpflichtungen jeder Art bezweckt ist. Zutreffend ist deshalb, dass eine grammatikalische Auslegung der „Rechte und Pflichten" in § 1 Abs. 1 S. 1 Hs. 1 TVG sowohl ein begrenztes als auch ein extensives Verständnis schuldrechtlicher Regelungsinhalte zulässt.[63]

Von den Befürwortern einer abschließenden Ausgestaltung auch der schuldrechtlichen Regelungsbefugnis durch das TVG wird daher der gesamte Wortlaut des § 1 Abs. 1 S. 1 TVG herangezogen. So bringe die Konjunktion „und" zwischen „Rechte und Pflichten der Tarifvertragsparteien" und den „Tarifnormen" zum Ausdruck, dass diese beiden Teile auch inhaltlich aufeinander bezogen seien.[64] Die Gegenauffassung begreift die in § 1 Abs. 1 S. 1 TVG angesprochenen „Rechte und Pflichten" hingegen als rein deklaratorische Erwähnung, ohne dieser einfachgesetzlichen Normierung im TVG eine Bedeutung für die sachliche Reichweite der schuldrechtlichen Vereinbarungen beizumessen.[65]

---

61 *Larenz*, Methodenlehre der Rechtswissenschaft, S. 343.

62 So auch *Karsten*, Schuldrechtliche Tarifverträge, S. 79.

63 So auch *Säcker/Oetker*, Grundlagen, S. 158.

64 *Löwisch/Rieble*, TVG, § 1 Rn. 987.

65 So statt Vieler Däubler/*Reim/Ahrend*, TVG, § 1 Rn. 1069.

Zunächst ist festzuhalten, dass eine Auslegung, mit dem Ergebnis einer abschließenden Ausgestaltung auch schuldrechtlicher Tarifvertragsinhalte durch das TVG, durchaus mit dem Wortlaut des § 1 Abs. 1 S. 1 TVG im Einklang steht. Zweifelhaft ist hingegen, ob solch ein Verständnis zwingend mit dem Wortlaut vorgegeben ist. Aus der einfachen Konjunktion „und" in der Formulierung des § 1 Abs. 1 S. 1 TVG zu folgern, dass eine auch inhaltliche Bezugnahme schuldrechtlicher Verpflichtungen zu den Tarifnormen gewollt sei, überzeugt jedenfalls nicht. Dabei ist bereits fraglich, wie eine alternative Formulierung aussehen sollte, die deutlich macht, dass keine inhaltliche Bezugnahme, sondern lediglich eine Aufzählung der beiden „Teile" eines Tarifvertrages bezweckt sei. Zumindest ist eine Auslegung, welche in der kumulativen Aufzählung lediglich die Erwähnung der beiden möglichen „Teile" eines Tarifvertrages sieht ohne diese inhaltlich in Bezug zu setzen, ebenso von dem Wortlaut gedeckt.

Allein nach dem Wortlaut lässt sich demnach nicht sagen, ob das TVG eine abschließende inhaltliche Ausgestaltung auch der schuldrechtlichen Regelungsinhalte auf die dort genannten Sachmaterien enthält.

2. *Systematik des TVG*

Fraglich ist daher, ob sich aus einer systematischen Betrachtung des TVG Rückschlüsse ziehen lassen. Unbestritten konzentriert sich das TVG nicht nur in § 1 Abs. 1 TVG, sondern auch in den folgenden Vorschriften auf die Ausgestaltung und Regelung der Tarifnormen. Exemplarisch seien hierzu nur §§ 3, 4 TVG zur Regelung der Tarifgebundenheit und der Wirkung der Rechtsnormen genannt. Diese Konzentration des TVG auf den normativen Teil eines Tarifvertrages lässt sich auf zweifache Weise interpretieren. Zum einen könnte dies durchaus dafür sprechen, dass sich das TVG als Ganzes lediglich auf den normativen Teil bezieht und die „Rechte und Pflichten der Tarifvertragsparteien" in § 1 Abs. 1 S. 1 TVG als weiterer „Teil" eines Tarifvertrages lediglich seine Erwähnung findet. In diesem Fall wären aus dem TVG keine inhaltlichen Schlussfolgerungen für den schuldrechtlichen Teil eines Tarifvertrages zu ziehen.

Andererseits ließe sich ebenso gut aus der offensichtlichen Konzentration des TVG auf den „normativen" Teil schließen, dass dieser die inhaltlichen Grenzen des Tarifvertrages insgesamt vorgibt.[66] So erscheint es jedenfalls zweifelhaft, dass der einfache Gesetzgeber dem normativen Teil des Tarifvertrages ausdrückliche

66 Für eine dahingehende systematische Auslegung des TVG *Beuthien*, ZfA 1983, 141 (159ff); *Boeck*, Tarifverträge und andere Koalitionsverträge, S. 123; *Lasson*, Kollektivrechtliche Investitionsvereinbarungen, S. 43ff.

Grenzen setzte, dabei aber die inhaltlichen Vorgaben für schuldrechtliche Inhalte gänzlich ungeregelt lassen wollte. Dies wird besonders dann deutlich, wenn man sich vor Augen führt, dass auch nach einem weiten, verfassungsrechtlich geprägten Verständnis der schuldrechtlichen Regelungsbefugnis unbestritten ist, dass dem schuldrechtlichen Tarifvertrag nicht jegliche Regelungsinhalte offen stehen, sondern nur solche Verpflichtungen in einem Tarifvertrag möglich seien, die den „Arbeits- und Wirtschaftsbedingungen" zugeordnet werden könnten.[67]

Im Ergebnis lassen demnach auch systematische Überlegungen offen, ob das TVG abschließend auch die schuldrechtlichen Regelungsinhalte festlegt.

3. Entwicklungsgeschichtliche Betrachtung der „Rechte und Pflichten" nach § 1 Abs. 1 S. 1 Hs. 1 TVG

Erstmals einfachgesetzlich geregelt wurde der „schuldrechtliche Teil" des Tarifvertrages in § 1 Abs. 1 TVG in der Fassung vom 9. April 1949 mit der auch heute noch vorzufindenden Formulierung der „Rechte und Pflichten der Tarifvertragsparteien". Dagegen fand sich in der TVVO der Weimarer Zeit keine ausdrückliche Erwähnung schuldrechtlicher Vereinbarungen in einem Tarifvertrag. Bis zu dem Erlass der auch heute in weiten Teilen noch gültigen Fassung des TVG am 9. April 1949 bedurfte es einer Vielzahl von Entwürfen, die insbesondere aufgrund teilweise parallel verlaufender Auseinandersetzungen in den einzelnen Besatzungszonen ein vielschichtiges Bild der Entwicklungsgeschichte liefern.[68]

Bereits vor Erlass der TVVO von 1918 als auch während der Weimarer Zeit unter der Geltung der TVVO gab es schuldrechtliche Regelungen zwischen den Tarifvertragsparteien, ohne dass die Möglichkeit schuldrechtlicher Inhalte in einem Tarifvertrag einfachgesetzlich normiert war. Aus dieser Tatsache wird teilweise der Schluss gezogen, dass die TVVO, wie auch das TVG, die schuldrechtliche Regelungsbefugnis der Tarifvertragsparteien unberührt ließen und insofern nur den Handlungsspielraum der Tarifvertragsparteien durch eine normative Regelungsbefugnis erweiterten.[69] Eine solche Argumentation kann jedoch bereits deshalb nicht überzeugen, weil sie die Aufnahme der „Rechte und Pflichten" in den Gesetzestext des TVG ignoriert. Mit Blick auf die Entwicklungsgeschichte des TVG ist vielmehr gerade die entscheidende Frage, ob mit der Aufnahme der „Rechte und Pflichten" der Tarifvertragsparteien auch ein inhaltlicher Bezug

---

67 *Gamillscheg*, Kollektives Arbeitsrecht I, S. 539f.

68 Ausführlich hierzu *Nautz*, Die Durchsetzung der Tarifautonomie in Westdeutschland, passim; zu den Grundzügen vgl. Wiedemann/*Oetker*, TVG, Geschichte Rn. 19ff.

69 *Weyand*, Mitbestimmung, S. 103f.

schuldrechtlicher Vereinbarungen zu den im weiteren Teil aufgezählten und näher ausgestalteten Tarifnormen nach dem TVG bezweckt war.

Die Formulierung der „Rechte und Pflichten der Tarifvertragsparteien“ geht dabei zurück auf einen Entwurf der Gewerkschaften, der seine endgültige Fassung im Entwurf vom 7. September 1948 fand.[70] In der Begründung zu diesem Entwurf, aufgestellt vom Gewerkschaftsrat der Vereinten Zonen, heißt es zu den „Rechte(n) und Pflichten“ in § 1 Abs. 1 TVG unter Nr. 7 lediglich: „Es ist richtig den denkbaren Inhalt des Tarifvertrages, d.h. seinen obligatorischen und seinen normativen Teil, anzugeben, [...], nicht aber eine lehrbuchmäßige Definition des Tarifvertrages vorzunehmen.“[71] So wurde bereits bei den frühen Entwürfen offen gelegt, was heute immer wieder Anlass zur Diskussion gibt, nämlich, dass eine abschließende Definition des Tarifvertrages durch das TVG nicht erfolgen sollte. Als Zeitzeuge und maßgeblich an der Gesetzentwicklung beteiligte Kraft bestätigt *Herschel*, dass eine Regelung des schuldrechtlichen Teils bewusst unterblieb, da die Gefahr bestand, dass eine ausführliche Regelung des schuldrechtlichen Teils das gesamte Gesetzesvorhaben hätte gefährden können.[72]

Vor diesem Hintergrund könnte man daher durchaus zweifeln, dass sich die schuldrechtlichen Regelungsinhalte sachlich-gegenständlich abschließend aus dem TVG bestimmen sollen. Andererseits greift umgekehrt eine von der einfachgesetzlichen Ausgestaltung des TVG losgelöste Bestimmung schuldrechtlicher Regelungsinhalte vor diesem entwicklungsgeschichtlichen Hintergrund ebenfalls zu kurz. Dies wird bereits dann deutlich, wenn man die damals in der Diskussion stehenden schuldrechtlichen Regelungsinhalte näher betrachtet, die nach *Herschel* aufgrund unterschiedlicher Positionen eine abschließende positivrechtliche Ausgestaltung verhinderten. So gab, neben gewissen Unstimmigkeiten hinsichtlich der Durchführungs- und Friedenspflicht, den Ausschlag, dass man insbesondere glaubte, hinsichtlich möglicher Schadensersatzpflichten bei sog. Tarifvertragsbruch nur schwer eine gesetzliche Lösung finden zu können.[73] Vor dem Hintergrund, dass der damalige Gesetzesentwurf des TVG stets nur als Provisorium für die Nachkriegszeit gedacht war und dass die bisherige gesetzliche

70 Grundlegend zur Entwicklung der einzelnen Entwürfe der verschiedenen Gremien nach dem zweiten Weltkrieg bis hin zum Inkrafttreten des TVG im Vereinigten Wirtschaftsgebiet am 09.04.1949 Wiedemann/*Oetker*, TVG, Geschichte Rn. 19ff; speziell zu den Entwürfen der Gewerkschaften *ders.*, a.a.O., Rn. 28ff.

71 Wiedemann/*Oetker*, TVG, Geschichte Rn. 33.

72 *Herschel*, ZfA 1973, 183 (186); zur führenden Rolle Herschels während der Gesetzesentwicklung vgl. Wiedemann/*Oetker*, TVG, Geschichte Rn. 19ff (insbes. Rn. 22, 27).

73 *Herschel*, ZfA 1973, 183 (186).

Lösung mit der Tarifvertragsverordnung vom 23. Dezember 1918 eine solche positive Bestimmung der schuldrechtlichen Regelungsinhalte ebenfalls nicht enthielt, glaubte man, auf eine ausdrückliche Bestimmung der schuldrechtlichen Regelungsinhalte verzichten zu können.[74]

Jedenfalls lässt sich aus der unterlassenen ausdrücklichen Aufzählung möglicher schuldrechtlicher Vereinbarungen in einem Tarifvertrag damit umgekehrt ebenso wenig eine über die sachliche Reichweite des TVG reichende schuldrechtliche Regelungsbefugnis der Tarifvertragsparteien ableiten. Dies überzeugt insbesondere dann nicht, wenn man die damals in Frage stehenden schuldrechtlichen Tarifvertragsvereinbarungen zur Zeit der Entstehung des TVG mit Blick auf die gegenwärtige Fragestellung näher betrachtet. So handelt es sich bei den damaligen Fragen rund um die Friedens- und Durchführungspflicht wie auch bei der Frage nach tarifvertraglichen Schadensersatzregelungen um Inhalte, deren tarifvertragliche Regelung als schuldrechtlicher Bestandteil eines Tarifvertrages bis heute grundsätzlich anerkannt ist.[75] Die heute im Zusammenhang mit schuldrechtlichen Vereinbarungen der Tarifvertragsparteien so heftig umstrittene Frage möglicher Vereinbarungen über unternehmerisches Verhalten in einem Tarifvertrag spielte hingegen zur damaligen Zeit keine Rolle. Dass der einfache Gesetzgeber mit der gewählten offenen Formulierung also gerade den schuldrechtlichen Teil für unternehmerische Vereinbarungen zugänglich machen wollte, kann mit Blick auf die Gesetzesentwicklung verneint werden und wäre, wie die weitere Untersuchung zeigen wird, mit den verfassungsrechtlichen Vorgaben der in Art. 9 Abs. 3 GG gewährleisteten Tarifautonomie wohl nicht zu vereinbaren.

---

74 *Herschel*, ZfA 1973, 183 (186f); vgl. auch die ähnlichen Überlegungen bereits in der Begründung zum sog. Lemgoer Entwurf von Anfang 1948 zu § 3 Abs. 1: „Der Vollständigkeit halber werde hier zunächst ‚die Beziehung der Tarifvertragsparteien selbst' also die schuldrechtlichen (obligatorischen) Bestimmungen des Tarifvertrages genannt. Der Entwurf glaubt sich mit der bloßen Erwähnung begnügen zu können, da dieser Rechtsbereich durch die ältere Praxis so sehr geklärt ist, dass sich für die Übergangszeit weiteres erübrigt", abgedruckt bei Wiedemann/*Oetker*, TVG, Geschichte Rn. 22.

75 Zu den Überlegungen des Gesetzgebers vgl. wiederum *Herschel*, ZfA 1973, 183 (186f); zur grundsätzlichen Zulässigkeit entsprechender Verpflichtungen als schuldrechtliche Vereinbarungen in einem Tarifvertrag vgl., trotz ansonsten restriktiver Auffassung schuldrechtlicher Vereinbarungen in einem Tarifvertrag, *Löwisch/Rieble*, TVG, § 1 Rn. 1018ff (Friedenspflicht), 1085ff (Durchführungspflicht), 1256ff (zu den Sanktionen bei Nichterfüllung des Tarifvertrages).

Im Ergebnis liefert die Entwicklungsgeschichte des TVG daher ebenso keinen entscheidenden Aufschluss über die schuldrechtliche Regelungsbefugnis in einem Tarifvertrag.

4. *Ergebnis: Keine inhaltlichen Rückschlüsse für die schuldrechtlichen Regelungsinhalte eines Tarifvertrages allein durch Auslegung des TVG*

Alleine einer Auslegung des einfachen Rechts lässt sich damit nicht entnehmen, ob die schuldrechtlichen Reglungsinhalte eines Tarifvertrages abschließend auf „tarifnormdienende" und „tarifnormersetzende" Vereinbarungen durch das TVG begrenzt sind.[76]

Betrachtet man den gesamten Wortlaut des § 1 Abs. 1 S. 1 TVG und bezieht die weitere Systematik mit ein, spricht dennoch einiges dafür, dass die „Rechte und Pflichten" im Vergleich zu den weit überwiegend geregelten Tarifnormen im TVG zu keinem erweiterten sachlichen Anwendungsbereich des besonderen Vertragsinstrumentes des Tarifvertrages führen sollen. Andererseits lässt sich der Entwicklungsgeschichte des § 1 Abs. 1 S. 1 TVG nicht entnehmen, dass der einfache Gesetzgeber durch die Erwähnung der „Rechte und Pflichten der Tarifvertragsparteien" bewusst einen inhaltlichen Bezug des schuldrechtlichen zum normativen Teil setzen wollte.

II. Die Begründung einer „Harmonie" schuldrechtlicher und normativer Regelungsinhalte in den 60er und 70er Jahren des 20. Jahrhunderts

Die Forderung, dass schuldrechtlich in einem Tarifvertrag nicht „mehr" geregelt werden könne als durch Tarifnormen, kam zum ersten Mal in den 60er und 70er Jahren des 20. Jahrhunderts anhand sogenannter Differenzierungsklauseln auf (1.). Mit unterschiedlichen Begründungen (2.) wurde vertreten, dass schuldrechtlich in einem Tarifvertrag nichts geregelt werden könne, was nicht auch einer normativen Regelung zugänglich sei. Trotz der in weiten Teilen durchaus auch heute noch zutreffenden Bedenken, insbesondere bezüglich einer drohenden „Umgehung" der begrenzten normativen Regelungsbefugnis durch schuldrechtliche Vereinbarungen in einem Tarifvertrag, kann für die heutige Problemstellung hinsichtlich der *sachlich-gegenständlichen* Reichweite schuldrechtlicher Vereinbarungen in einem Tarifvertrag den frühen „Harmonielehren" keine abschließende Aussage entnommen werden (3.).

---

76 So auch *Säcker/Oetker*, Grundlagen, S. 158.

1. *Hintergrund und Anlass der frühen „Harmonielehren“*

Die Diskussion um die schuldrechtliche Regelungsbefugnis der Tarifvertragsparteien in einem Tarifvertrag entfachte sich zum ersten Mal in den 60er und 70er Jahren des vergangenen Jahrhunderts an sogenannten qualifizierten Differenzierungsklauseln.[77] Hierunter versteht man Vereinbarungen mit der Arbeitgeberseite, die nicht nur eine Vergünstigung oder besondere Leistung für organisierte Arbeitnehmer vorsehen, sondern gleichzeitig den Arbeitgeber daran hindern sollen, nichtorganisierten Arbeitnehmern eine Vergünstigung oder Leistung in gleichem Umfang zu gewähren. Beispielsweise mit sogenannten Abstands- oder Spannensicherungsklauseln soll der Arbeitgeber verpflichtet werden, im Falle einer den nichtorganisierten Arbeitnehmern zusätzlich gewährten Leistung diese in gleichem Umfang auch den organisierten Arbeitnehmern zu gewähren. So soll sichergestellt werden, dass ein effektiver Abstand bzw. eine Spanne zwischen der Leistung an organisierte Arbeitnehmer und der Leistung an nichtorganisierte Arbeitnehmer stets erhalten bleibt und die organisierten Arbeitnehmer damit verbindlich besser gestellt sind als nichtorganisierte. Bestätigt durch den Beschluss des Großen Senates des BAG vom 29.11.1967[78] bestand auch damals bereits weitgehende Einigkeit dahingehend, dass eine solche qualifizierte Differenzierung in Form einer Spannensicherungsklausel jedenfalls normativ nicht zu erreichen war. Auch wenn dies im Ergebnis vom BAG ebenfalls verneint wurde, war fraglich, ob die Gewerkschaften schuldrechtlich eine solche verpflichtende Besserstellung ihrer Mitglieder gegenüber dem Arbeitgeber in einem Tarifvertrag erreichen konnten.

Das Charakteristische an diesen schuldrechtlichen Verpflichtungen, deren Zulässigkeit insbesondere mit den qualifizierten Differenzierungsklauseln zu dieser Zeit im Fokus stand, war dabei, dass es sich um die schuldrechtliche Begründung sogenannter Einwirkungsverpflichtungen mit Drittwirkung für Außenseiter handelte.[79] Anders als bei den eingangs erörterten „tarifnormersetzenden“

77 Vgl. zur Terminologie, den verschiedenen Gestaltungsformen und der Abgrenzung zu „einfachen Differenzierungsklauseln“ aus der jüngeren Zeit *Hartmann,* SAE 2011, 225 (225f); *Franzen,* RdA 2006, 1 (2f); mit einem Überblick über den damaligen Stand der Diskussion *Hölters,* Harmonie, S. 22ff (insbes. 30f); zur heutigen Beurteilung sogenannter Differenzierungsklauseln durch die Rechtsprechung vgl. BAG (18.03.2009), BAGE 130, 43; BAG (23.03.2011), BAGE 137, 231.

78 BAG (29.11.1967), BAGE 20, 175.

79 Ausführlich hierzu *Clausen,* Der schuldrechtliche Teil des Tarifvertrages, S. 8ff (insbes. 14ff).

Einwirkungspflichten,[80] standen mit den qualifizierenden Differenzierungsklauseln Einwirkungsverpflichtungen im Raum, deren Zielsetzung auf eine Drittwirkung gegenüber sogenannten Außenseitern angelegt war. Durch die Vereinbarung schuldrechtlicher Verpflichtungen wollten die Tarifvertragsparteien also letztlich nicht nur die Einzelarbeitsverhältnisse ihrer Mitglieder gestalten, sondern zugleich auf die Einzelarbeitsverhältnisse der Außenseiter Einfluss nehmen. Durch diese schuldrechtlichen Einwirkungsverpflichtungen auf Dritte wurde eine Diskussion angestoßen, ob die Grenzen normativer Vereinbarungen nach dem TVG in *personeller* Hinsicht auch für schuldrechtliche Verpflichtungen in einem Tarifvertrag zu beachten seien. Die „frühen Harmonielehren" stellten hierbei den Grundsatz auf, dass schuldrechtlich von den Tarifvertragsparteien in einem Tarifvertrag nicht geregelt werden könne, was nicht auch normativ in einem Tarifvertrag erreicht werden kann.[81]

2. Die verschiedenen Begründungen der „frühen Harmonielehren"

Auch wenn die frühen Auffassungen einer inhaltlichen Deckung zwischen schuldrechtlichem und normativem Teil eines Tarifvertrages heute weitgehend pauschalisiert als „Harmonielehren" zusammengefasst werden, zeigt eine genaue Auseinandersetzung, dass den Lehren lediglich das Ergebnis gemeinsam war, jedoch keine einheitliche Begründung zu Grunde lag.

a. Die Begründung Nipperdeys

Nipperdey stellte den Grundsatz auf, dass die „Grenzen der Tarifautonomie" nicht nur für den normativen Teil, sondern auch für den schuldrechtlichen Teil eines Tarifvertrages gelten, und trat damit für eine „Harmonie" schuldrechtlicher und normativer Inhalte des Tarifvertrages ein.[82] Dies sei dadurch zu begründen, dass der Tarifvertrag mit seinem schuldrechtlichen und normativen Teil ein einheitliches Gebilde darstelle.[83] Zu dieser Erkenntnis kommt *Nipperdey* aufgrund eines Umgehungsarguments, das er anhand sogenannter Lohnverwendungsabreden gewinnt und anschließend verallgemeinert.[84] Da in diesen Fällen

---

80 Zu „tarifnormersetzenden" Vereinbarungen bereits 1. Kapitel A. I .

81 *Hueck/Nipperdey,* Lehrbuch des Arbeitsrechts, II/1, S. 330, 337f; *Mayer-Maly*, BB 1966, 1067 (1069); *Richardi*, Kollektivgewalt, S. 199ff; *ders.*, RdA 1968, 427 (429).

82 *Hueck/Nipperdey,* Lehrbuch des Arbeitsrechts, II/1, S. 330, 337f.

83 *Hueck/Nipperdey,* Lehrbuch des Arbeitsrechts, II/1, S. 336 Fn. 1.

84 So in der Analyse *Hölters*, Harmonie, S. 26f; *Karsten*, Schuldrechtliche Tarifverträge, S. 112.

versucht würde, mit schuldrechtlichen Tarifvertragsvereinbarungen Ergebnisse herbeizuführen, die mit Tarifnormen nicht erreicht werden könnten, seien diese unzulässig.[85] Ausdrücklich ausgeschlossen seien daher folgende schuldrechtliche Vereinbarungen (unabhängig davon, ob man diesen eine für die Außenseiter günstige oder belastende Wirkung zuspricht): Solidaritätsbeiträge für Außenseiter, Abbedingung des Günstigkeitsprinzips und damit die Vereinbarung von Höchstarbeitsbedingungen, Tarifausschlussklauseln und die Einziehung von Gewerkschaftsbeiträgen.[86]

Die ausdrückliche Aufzählung unzulässiger schuldrechtlicher Vereinbarungen zeigt, wie sehr *Nipperdey* schuldrechtliche Vereinbarungen mit Drittwirkung für Außenseiter im Blick hatte, als er sein „Harmoniepostulat" aufstellte. *Nipperdey* selbst führt aus, dass „Eigenverpflichtungen"[87], wie das Verbot des Kampfes auch nach Beendigung des Tarifvertrages oder die Pflicht zur Unterhaltung von Schiedsgerichten, ausdrücklich in der besonderen Vertragsform des Tarifvertrages vereinbart werden könnten.[88] Dies erscheint nach der Begründung *Nipperdeys* auch insoweit konsequent, als Eigenverpflichtungen der Tarifvertragsparteien bereits konstruktiv durch Tarifnormen nicht möglich sind, sodass eine „Umgehung" als Argument zur Begründung einer „Harmonie" für diese Verpflichtungen denklogisch ausscheidet.

h. Die Begründung Mayer-Malys

Ein ganz ähnliches Bild ergibt sich bei genauer Betrachtung der Auffassung *Mayer-Malys*. Dieser misst die schuldrechtlichen Vereinbarungen der Tarifvertragsparteien an den Grenzen des normativen Teils, wenn sie „im Ergebnis die erfassten Arbeitsverhältnisse gestalten"[89]. Dabei begründet er seine „Harmonie" normativer und schuldrechtlicher Vereinbarung anhand eines „materielle[n] Verständnis[ses] des Normativen".[90] Insbesondere dürfe und könne es für die Zulässigkeit einer tarifvertraglichen Regelung nicht auf die „Formulierungskünste" der Vertragsparteien ankommen.[91] Allein entscheidend sei die Funktion und Wirkung einer Klausel. Schuldrechtliche Vereinbarungen, die auf

85 *Hueck/Nipperdey,* Lehrbuch des Arbeitsrechts, II/1, S. 330, 337f.
86 *Hueck/Nipperdey,* Lehrbuch des Arbeitsrechts, II/1, S. 338.
87 *Nipperdey* bezeichnet diese als „Selbstpflichten", vgl. *Hueck/Nipperdey,* Lehrbuch des Arbeitsrechts, II/1, S. 304.
88 *Hueck/Nipperdey,* Lehrbuch des Arbeitsrechts, II/1, S. 304.
89 *Mayer-Maly*, BB 1966, 1067 (1069).
90 *Mayer-Maly*, BB 1966, 1067 (1069).
91 *Mayer-Maly*, BB 1966, 1067 (1069).

normative Wirkung angelegt seien, müssten sich daher ebenso an den in §§ 1, 3 TVG konkretisierten Grenzen der Tarifmacht messen lassen. Schuldrechtliche Vereinbarungen, die nach einem „materielle[n] Verständnis des Normativen" die Ordnung der Arbeitsverhältnisse zum Gegenstand hätten, müssten auch die Grenzen beachten, die für normative Tarifbestimmungen gelten. Ein Beispiel hierfür seien die qualifizierten Differenzierungsklauseln.[92]

Wiederum zeigt sich auch bei *Mayer-Maly*, wie sehr auch seine Begründung einer „Harmonie" auf Vereinbarungen mit Drittbezug gegenüber Außenseitern angelegt ist, wenn auch er davon ausgeht, dass schuldrechtliche Tarifvertragsbestimmungen, die in der Sache die Beziehung zwischen Gewerkschaft und Arbeitgeberverband (bzw. einzelnem Arbeitgeber beim Firmentarifvertrag) ausgestalten, unproblematisch wirksam seien.[93] *Mayer-Maly* will seinen Ansatz ausdrücklich nicht als „Umgehungsargument" verstanden wissen,[94] sondern hält die einzig objektiv zu beurteilende „Wirkung auf die Arbeitsverhältnisse" für entscheidend. Sobald eine Regelung die Ordnung der Arbeitsverhältnisse betreffe, müsse sie sich an den Grenzen der Tarifmacht messen lassen. Sei dies nicht der Fall, so nimmt *Mayer-Maly* ausdrücklich an, dass die Tarifvertragsparteien „zur Regelung ihrer Beziehung"[95] schuldrechtrechtlich wirksame Tarifvertragsbestimmungen treffen können.

c. Die Begründung Richardis

Richardi stellt bei der Begründung einer „Harmonie ausdrücklich klar, dass seine Überlegungen nur zur Begrenzung schuldrechtlicher Vereinbarungen mit Drittbezug gelten.[96] Er geht davon aus, dass es die grundlegende Funktion des TVG sei, die allgemeine Vertragsfreiheit der Tarifvertragsparteien zu begrenzen.[97] Ausgangspunkt ist also die von *Richardi* in den Mittelpunkt gestellte „Kartellwirkung" des Tarifvertrages.[98] Das besondere Vertragsinstrument diene gerade dazu, durch Kollektivgewalt geschlossene Marktmacht auszuüben und damit gezielt den Wettbewerb zu beeinflussen. Dabei begrenze das TVG die durch den Tarifvertrag erzielte „Kartellwirkung" als Gesetz zur Regulierung dieser Wettbewerbsbeschränkungen in personeller Hinsicht (§ 3 TVG), auf bestimmte

---

92 *Mayer-Maly*, BB 1966, 1067 (1069).
93 *Mayer-Maly*, BB 1966, 1067 (1069).
94 *Mayer-Maly*, BB 1966, 1067 (1069).
95 *Mayer-Maly*, BB 1966, 1067 (1069).
96 *Richardi*, Kollektivgewalt, S. 199.
97 *Richardi*, Kollektivgewalt, S. 199f.
98 *Richardi*, Kollektivgewalt, S. 200, 179ff.

Angelegenheiten (§§ 1 Abs. 1, 4 Abs. 2 TVG) und im Umfang (§ 4 Abs. 3 TVG).[99] Als Höchstschranken zulässiger Kartellwirkung gälten die Grenzen des TVG gleichermaßen für normative wie auch schuldrechtliche Regelungen.[100]

Auf Grundlage dieser Erkenntnis kommt *Richardi* zu folgender differenzierenden Betrachtung hinsichtlich der Zulässigkeit schuldrechtlicher Vereinbarungen in einem Tarifvertrag: Für Abreden, die ausschließlich die rechtliche Beziehung der Tarifvertragsparteien zueinander regelten, ohne sich auf Dritte zu beziehen, gelte das allgemeine Schuldrecht.[101] Für schuldrechtliche Vereinbarungen, die auch normativ nach dem TVG möglich sind, gälten die gleichen dort enthaltenen Schranken.[102] Bei Abreden, die das Rechtsverhältnis Dritter zum Gegenstand hätten, sei eine weitere Differenzierung vorzunehmen. Zu unterscheiden sei in persönlicher Hinsicht zwischen Tarifgebundenen und Außenseitern sowie in sachlicher Hinsicht zwischen Abreden zur Ordnung der abhängigen Arbeit und sonstigen Abreden.[103] Demnach seien Vereinbarungen zur Ordnung der abhängigen Arbeit auch in schuldrechtlichen Vereinbarungen unzulässig, wenn diese auch Außenseiter beträfen. Eine Ausnahme sei lediglich für die Außenseiter begünstigenden Vereinbarungen zuzulassen. Für Regelungen außerhalb der Ordnung der abhängigen Arbeit gälten wiederum die allgemeinen Vorschriften des Schuldrechts und die Vertragsfreiheit, wobei dann auch die allgemeinen wettbewerbsbeschränkenden Gesetze zu beachten seien.[104]

3. *Stellungnahme: Der aus heutiger Sicht begrenzte Untersuchungsgegenstand der „frühen" Harmonielehren auf die* personellen Grenzen *schuldrechtlicher Vereinbarungen in einem Tarifvertrag*

In ihrer Begründung konzentrieren sich die „frühen Harmonielehren" auf die damalige Problemstellung schuldrechtlicher Vereinbarungen mit Drittwirkung für Außenseiter. Im Fokus dieser Zeit stand die Frage, inwieweit insbesondere die *personellen Grenzen* der normativen Regelungsbefugnis nach §§ 3 Abs. 1, 4 Abs. 1 S. 1 TVG auch für schuldrechtliche Vereinbarungen in einem Tarifvertrag gleichermaßen gelten. Dies gilt nicht nur für *Richardi*, der seine Kongruenz

99 *Richardi*, Kollektivgewalt, S. 200.
100 *Richardi*, Kollektivgewalt, S. 200.
101 *Richardi*, Kollektivgewalt, S. 202.
102 *Richardi*, Kollektivgewalt, S. 202.
103 *Richardi*, Kollektivgewalt, S. 202f.
104 *Richardi*, Kollektivgewalt, S. 203.

schuldrechtlicher und normativer Regelungen in einem Tarifvertrag ausdrücklich auf Abreden mit belastender Auswirkung für Außenseiter begrenzt sieht, sondern letztlich auch für *Nipperdey*, dessen „Harmonie" begründendes Argument der „Umgehung" bereits dort denklogisch ausscheiden muss, wo eine normative Gestaltung konstruktiv nicht möglich ist. Auch *Mayer-Malys* Ansatz einer „materiellen Betrachtung des Normativen" konzentriert sich in der Begründung auf die Unzulässigkeit schuldrechtlicher Einwirkungsverpflichtungen mit Drittwirkung gegenüber Außenseitern.

Für unbedenklich halten die frühen „Harmonielehren" allesamt sogenannte Eigenverpflichtungen der Tarifvertragsparteien, in denen sich die Tarifvertragsparteien selbst zu einem bestimmten Verhalten verpflichten, ohne dass zu dessen Erfüllung unmittelbar auf die Einzelarbeitsverhältnisse eingewirkt werden müsse. Doch sind es nicht zuletzt gerade die Eigenverpflichtungen der Tarifvertragsparteien, insbesondere die Verpflichtung der Arbeitgeberseite zu einem bestimmten unternehmerischen Verhalten, deren Zulässigkeit in einem Tarifvertrag heute kontrovers diskutiert wird.[105] Entsprechende Verpflichtungen, etwa zu einem unternehmerischen Verhalten in einem Tarifvertrag, werden von den „frühen Harmonielehren" hingegen nicht problematisiert.

Umgekehrt kann hieraus jedoch auch nicht der Schluss gezogen werden, dass die Vertreter der „frühen Harmonielehren" („Eigen"-)Verpflichtungen zu einem unternehmerischen Verhalten in einem Tarifvertrag für möglich gehalten hätten. Die Problemstellung, inwieweit unternehmerisches Verhalten durch schuldrechtliche Verpflichtungen in einem Tarifvertrag geregelt werden könne, scheint von den Vertretern einer „frühen Harmonielehre" nicht bedacht worden zu sein. Dies kann jedoch bereits deshalb nicht verwundern, da die Frage nach beispielsweise der Zulässigkeit einer schuldrechtlichen Verpflichtung des Arbeitgebers in einem Tarifvertrag zum Erhalt eines Standortes erst in jüngerer Zeit sowohl in der Praxis als auch in der arbeitsrechtlichen Diskussion aufkam. Ob sich etwa aus der Argumentation *Mayer-Malys* einer „materiellen Betrachtung des Normativen" oder aus einer objektiv zu beurteilenden Wirkung zur „Ordnung des Arbeitslebens" ergäbe, dass schuldrechtliche Vereinbarungen zum Erhalt eines Standortes mangels normativer Regelungsbefugnis auch schuldrechtlich nicht in einem Tarifvertrag geregelt werden könnten, ließe sich allenfalls vermuten.[106]

---

105 S. oben 1. Kapitel, B.

106 Vgl. hierzu *Lobinger*, in Rieble (Hrsg.), Zukunft des Arbeitskampfes, S. 55ff (Rn. 15), der davon ausgeht, dass bei einer Anwendung des Harmoniegrundsatzes im Sinne der „frühen Harmonielehren" keine schuldrechtlichen Standortvereinbarungen in einem Tarifvertag möglich seien.

Im Ergebnis kann die Begründung einer auf normative Inhalte begrenzten schuldrechtlichen Regelungsbefugnis der „frühen Harmonielehren" aus heutiger Sicht bereits deshalb nicht überzeugen, da die Problemstellung der damaligen Zeit mit der Konzentration auf sogenannte Einwirkungsverpflichtungen deutlich zu eng gefasst wurde. Für die heutige Frage der *sachlich-gegenständlichen* Reichweite schuldrechtlicher („Eigen-")Verpflichtungen, insbesondere zu einem bestimmten unternehmerischen Verhalten, ist den frühen Harmonielehren keine Aussage zu entnehmen.

Auf der anderen Seite bedeutet dies nicht, dass die zur damaligen Zeit gerade von den Vertretern der „Harmonielehren" betonte Forderung einer begrenzten *personellen Reichweite* auch schuldrechtlicher Vereinbarungen in einem Tarifvertrag heute an Aktualität verloren hat.[107] Wie sich im weiteren Verlauf der Untersuchung zeigen wird, ist den frühen „Harmonielehren" gerade hinsichtlich ihrer zentralen These einer begrenzten personellen Reichweite schuldrechtlicher Vereinbarungen in einem Tarifvertrag zuzustimmen.[108] Der Grund hierfür liegt jedoch in dem sachlich begrenzten Mandat der Tarifvertragsparteien durch ihre Mitglieder sowie insbesondere in dem fehlenden Mandat der nicht-organisierten Arbeitnehmer.

D. Die Überlagerung der Reichweite schuldrechtlicher Vereinbarungen in einem Tarifvertrag durch das jeweilige Verständnis des Gewährleistungsumfangs der Tarifautonomie nach Art. 9 Abs. 3 GG

Nachdem alleine dem TVG als einfachgesetzlicher Ausgestaltung des Tarifvertragsrechts nicht zu entnehmen ist, welche Regelungsinhalte schuldrechtlich in einem Tarifvertrag beschlossen werden können, und auch den „frühen Harmonielehren" für die heutige Problemstellung der sachlich-gegenständlichen Reichweite schuldrechtlicher Vereinbarungen keine abschließende Erkenntnis zu entnehmen ist, erscheint es naheliegend, zusätzliche Kriterien aus dem Verfassungsrecht heranzuziehen, um die schuldrechtlichen Regelungsinhalte eines Tarifvertrages sachlich-gegenständlich näher zu bestimmen. Die Rechtsprechung und der überwiegende Teil der Literatur greift hierzu unmittelbar auf die in Art. 9 Abs. 3 GG gewährleistete Tarifautonomie zurück (I.). Jedoch erkennt

107 Nicht zuletzt waren sogenannte Differenzierungsklauseln bis in die jüngste Zeit Anlass für höchstrichterliche Rechtsprechung, s. nur etwa BAG (18.03.2009), BAGE 130, 43; BAG (23.03.2011), BAGE 137, 231.

108 S. unten 1. Kapitel, F.

auch die Gegenansicht die in Art. 9 Abs. 3 GG gewährleistete Tarifautonomie als verfassungsrechtlich gewährleistete Befugnis zum Abschluss von Kollektivverträgen an. Dabei gehen diejenigen Stimmen in der Literatur, die zu dem Ergebnis kommen, dass die sachlich-gegenständliche Reichweite des normativen und schuldrechtlichen „Teils" des Tarifvertrages abschließend durch das TVG ausgestaltet ist, in aller Regel von einem engeren sachlich-gegenständlichen Gewährleistungsumfang der Tarifautonomie nach Art. 9 Abs. 3 GG aus (II.). Im Ergebnis zeigt sich, dass die Reichweite schuldrechtlicher Vereinbarungen in einem Tarifvertrag mit der grundlegenden Frage nach dem Gewährleistungsumfang der Tarifautonomie nach Art. 9 Abs. 3 GG in unmittelbarem Zusammenhang steht und durch diese „überlagert" wird (III.).

I. Unmittelbarer Rückgriff auf die Tarifautonomie nach Art. 9 Abs. 3 GG zur Bestimmung der schuldrechtlichen Regelungsbefugnis in einem Tarifvertrag

Wie bereits dargestellt,[109] greifen sowohl die Rechtsprechung als auch der überwiegende Teil der Literatur auf die verfassungsrechtlich in Art. 9 Abs. 3 GG gewährleistete Tarifautonomie zurück, um die schuldrechtlichen Regelungsinhalte eines Tarifvertrages zu bestimmen. Die Frage nach den schuldrechtlichen Regelungsinhalten in einem Tarifvertrag wird insofern zu einer unmittelbar verfassungsrechtlichen Frage. Hierbei unterscheidet die herrschende Ansicht nicht zwischen der sachlich-gegenständlichen Reichweite der Koalitionsfreiheit und der Reichweite der Tarifautonomie als Befugnis zum Abschluss von Tarifverträgen.[110] Oftmals drängt sich der Verdacht auf, als würden die Tarifautonomie als verfassungsrechtlich gewährleistete Regelungsbefugnis zum Abschluss von Kollektivverträgen und der Gewährleistungsumfang der Koalitionsfreiheit nach Art. 9 Abs. 3 GG unreflektiert gleichgesetzt. Hierdurch erstrecke sich dann die tarifvertragliche Regelungsbefugnis sachlich-gegenständlich auf alle Regelungsinhalte, die dem Begriffspaar der „Arbeits- und Wirtschaftsbedingungen" zuzuordnen seien.[111]

Dass über die sich hieraus ergebende Reichweite der in Art. 9 Abs. 3 GG verankerten Tarifautonomie kaum Einigkeit besteht, kann bereits dann nicht verwundern, wenn man bedenkt, dass bis heute umstritten ist, was unter dem

109 S. oben 1. Kapitel, B. II.

110 Dass eine solche Unterscheidung jedoch erforderlich ist, s. 1. Kapitel, E. I. 1.

111 Vgl. für die entsprechenden Ansichten im Schrifttum Fn. 37; zur Kritik an einer solchen unreflektierten Gleichsetzung 1. Kapitel, E. I. 1.

Begriffspaar der „Arbeits- und Wirtschaftsbedingungen“ nach Art. 9 Abs. 3 GG zu verstehen ist. Die Bandbreite der Auslegung ist groß.[112] Nach einem relativ engen Verständnis der „Arbeits- und Wirtschaftsbedingungen“ begrenze das Begriffspaar die Reichweite der Koalitionsfreiheit auf Lohn und Arbeitsbedingungen und erfasse insbesondere keine „sonstigen Bedingungen des Wirtschaftens“.[113] Sehr weitgehende Auffassungen dagegen wollen die „Arbeits- und Wirtschaftsbedingungen“ auf „alle im Produktionsprozess fallenden Entscheidungen“ [114] erstreckt sehen. Teilweise wird dann auch noch davon ausgegangen, dass die „Arbeits- und Wirtschaftsbedingungen“ in einer stetigen Neuinterpretation „weit und zeitoffen“ auszulegen seien, weshalb unmittelbar aus der Verfassung eine stetige Fortentwicklung schuldrechtlicher Tarifvertragsinhalte folge.[115]

II. Die Tarifautonomie als verfassungsrechtliche Grundlage auch der Gegenauffassung

Auch die Gegenauffassung geht ausnahmslos davon aus, dass die Tarifautonomie als Regelungsbefugnis der Tarifvertragsparteien verfassungsrechtlich in Art. 9 Abs. 3 GG gewährleistet wird.[116] Eine genaue Betrachtung legt jedoch einen grundlegenden Unterschied offen. So gehen diejenigen, die eine Erweiterung der schuldrechtlichen Regelungsinhalte im Vergleich zu den Tarifnormen ablehnen, in aller Regel davon aus, dass die verfassungsrechtlich in Art. 9 Abs. 3 GG

---

112 Vgl. hierzu kritisch *Hartmann*, in: Rieble/Junker/Giesen (Hrsg.), Ausweitung der Tarifmacht, S. 15ff (21ff).

113 So *Zöllner/Loritz/Hergenröder*, Arbeitsrecht, S. 119f; vgl. auch *Forsthoff*, BB 1965, 381 (385f); *Weber*, FS OLG Celle, 239 (246).

114 So *Däubler*, Mitbestimmung, S. 185ff (Zitat auf S. 187); vgl. auch *Berg/Wendeling-Schröder/Wolter*, RdA 1980, 299 (307); *Hensche*, AuR 2004, 443 (448).

115 Kempen/Zachert/*Zeibig/Zachert*, TVG, § 1 Rn. 944; *Karsten*, Schuldrechtliche Tarifverträge, insbes. S. 126f; teilweise wird dahingehend angenommen, es handle sich bei den schuldrechtlichen Tarifvertragsinhalten bereits historisch um ein „geradezu [...] klassisches Vehikel der tariflichen Rechtsfortbildung auf Sektoren, die einer normativen Regelung nicht zugänglich sind“, so Kempen/Zachert/*Zeibig/Zachert*, TVG, § 1 Rn. 939; ähnlich auch *Wiedemann*, RdA 1968, 420 (423); *Kraft/Konzen*, Arbeiterselbstverwaltung, S. 61; *Karsten*, Schuldrechtliche Tarifverträge, S. 126f; *Berg/Wendeling-Schröder/Wolter*, RdA 1980, 299 (307); a.A. unter ausdrücklicher Ablehnung schuldrechtlicher Vereinbarungen als „Experimentierklauseln“ *Beuthien*, ZfA 1983, 141 (161).

116 *Löwisch/Rieble*, TVG, Grundl. Rn. 84ff (insbes. 123ff); *Beuthien*, ZfA 1984, 1 (9ff, 22ff); *Säcker/Oetker*, Grundlagen, S. 33ff; *Boeck*, Tarifverträge und andere Koalitionsverträge, S. 115ff (insbes. 122ff).

gewährleistete Tarifautonomie lediglich einen Teilbereich der Koalitionsfreiheit nach Art. 9 Abs. 3 GG umfasse.[117] Der verfassungsrechtlich gewährleistete Umfang der Tarifautonomie nach Art. 9 Abs. 3 GG sei gerade nicht mit dem sachlich-gegenständlichen Umfang der „Arbeits- und Wirtschaftsbedingungen" der Koalitionsfreiheit nach Art. 9 Abs. 3 GG gleichzusetzen.[118] Wohl gerade aufgrund dieses im Vergleich zur Koalitionsfreiheit sachlich-gegenständlich engeren verfassungsrechtlichen Gewährleistungsumfangs der Tarifautonomie nach Art. 9 Abs. 3 GG legen diese Stimmen das einfache Recht so aus, dass mit dem TVG auch eine abschließende Regelung für die schuldrechtlichen Regelungsinhalte eines Tarifvertrages einhergehe. So kommen sie zu dem Ergebnis, dass in einem Tarifvertrag lediglich solche schuldrechtlichen Verpflichtungen möglich seien, welche den Tarifnormen „dienen" oder diese „ersetzen".[119]

III. Die Überlagerung der schuldrechtlichen Regelungsbefugnis in einem Tarifvertrag durch die in Art. 9 Abs. 3 GG verfassungsrechtlich gewährleistete Tarifautonomie

Betrachtet man die Frage der schuldrechtlichen Regelungsbefugnis der Tarifvertragsparteien unter Einbeziehung der in Art. 9 Abs. 3 GG gewährleisteten Tarifautonomie, so scheint die Frage nach der Reichweite der schuldrechtlichen Regelungsbefugnis in einem Tarifvertrag überlagert durch eben diese Grundlagenfrage nach dem sachlich-gegenständlichen Gewährleistungsumfang der Tarifautonomie. Bei denjenigen, die zur Bestimmung der schuldrechtlichen Regelungsinhalte unmittelbar auf die Koalitionsfreiheit nach Art. 9 Abs. 3 GG und das Begriffspaar der „Arbeits- und Wirtschaftsbedingungen" zurückgreifen, liegt eine solche verfassungsrechtliche Überlagerung bereits offen zu Tage. Wie sich gezeigt hat, gehen jedoch in aller Regel gerade die Stimmen, die eine abschließende einfachgesetzliche Ausgestaltung der schuldrechtlichen Regelungsbefugnis durch das TVG vertreten, zugleich von einem vergleichsweise engeren sachlich-gegenständlichen Gewährleistungsumfang der in Art. 9 Abs. 3 GG

---

117 Mit ausführlicher Auseinandersetzung *Beuthien*, ZfA 1984, 1 (9ff, 22ff); *Säcker/Oetker*, Grundlagen, S. 155ff (insbes. 158ff, 164ff); im Ergebnis ebenso *Löwisch/Rieble*, TVG, Grundl. Rn. 135ff, § 1 Rn. 1166, 1168; *Boeck*, Tarifverträge und andere Koalitionsverträge, S. 122ff.

118 *Löwisch/Rieble*, TVG, Grundl. 133ff; *Beuthien*, ZfA 1984, 1 (22 insbes. Fn. 55), wenn auch unter Bezugnahme auf die mittlerweile aufgegebene „Kernbereichslehre"; für die auch heute jedenfalls gedanklich zwingende Trennung zwischen Koalitionsfreiheit und Tarifautonomie s. unten 1. Kapitel, E. I. 1.

119 Zur Auslegung des einfachen Rechts s. oben 1. Kapitel, C. I.

verfassungsrechtlich garantierten Tarifautonomie aus. Dieser Zusammenhang ist letztlich kein Zufall, sondern zwingend, um das TVG nicht als verfassungswidrig verwerfen zu müssen. Würde nämlich der grundrechtliche Schutz der Tarifautonomie nach Art. 9 Abs. 3 GG inhaltlich weiter reichen als die für abschließend gehaltene, einfachgesetzliche Ausgestaltung durch das TVG, wäre das TVG aufgrund der Normhierarchie verfassungswidrig.[120] Umgekehrt stellt sich die Frage der Verfassungswidrigkeit des TVG für diejenigen, die von einem tendenziell weiten Verständnis der in Art. 9 Abs. 3 GG gewährleisteten Tarifautonomie ausgehen, nur deshalb nicht, weil sie bei der Auslegung des einfachen Rechts ausnahmslos den „Rechte(n) und Pflichten" nach § 1 Abs. 1 S. 1 Hs. 1 TVG eine lediglich deklaratorische Bedeutung beimessen.

Letztlich bestätigen diese Kontrollüberlegungen die verfassungsrechtliche „Überlagerung" der Frage nach der schuldrechtlichen Regelungsbefugnis in einem Tarifvertrag durch die Grundlagenfrage nach der Reichweite der in Art. 9 Abs. 3 GG gewährleisteten Tarifautonomie. Um die Frage zu beantworten, ob schuldrechtlich in einem Tarifvertrag auch andere als „tarifnormersetzende" und „tarifnormdienende" Vereinbarungen getroffen werden können, ist damit zunächst zu klären, wie weit der sachlich-gegenständliche Umfang der Tarifautonomie als verfassungsrechtlich gewährleistete Regelungsbefugnis zum Abschluss von Tarifverträgen nach Art. 9 Abs. 3 GG reicht.

E. Der verfassungsrechtliche Gewährleistungsgehalt der Tarifautonomie nach Art. 9 Abs. 3 GG und deren privatrechtlich-mandatarische Legitimation als „kollektiv ausgeübte Privatautonomie"

Auch wenn heute wohl unbestritten ist, dass die Tarifautonomie als Regelungsbefugnis der Tarifvertragsparteien in Art. 9 Abs. 3 GG verfassungsrechtlich gewährleistet wird,[121] zählt die Frage nach der Funktion, der Legitimation und, letztlich hieraus resultierend, der Reichweite der Tarifautonomie zu den bis

---

120 Mit ähnlichem Hinweis auf eine konkrete Normenkontrolle nach Art. 100 GG, wenn auch unklar, ob nur auf die normative Regelungsbefugnis nach dem TVG bezogen, *Löwisch/Rieble*, TVG, Grundl. Rn. 137.

121 BVerfG (18.11.1954), BVerfGE 4, 96 (106); BVerfG (08.12.1974), BVerfGE 38, 281 (305f); BVerfG (26.06.1991), BVerfGE 84, 212 (224); BVerfG (10.01.1996), BVerfGE 92, 26 (38); BVerfG (27.04.1999), BVerfGE 100, 271 (282); BVerfG (03.04.2001), BVerfGE 103, 293 (304); aus der Literatur statt Vieler Däubler/*ders.*, TVG, Einl. Rn. 68ff.

heute wohl umstrittensten Fragen des kollektiven Arbeitsrechts. Nicht zuletzt auch für die vorliegende Untersuchung der schuldrechtlichen Regelungsbefugnis der Tarifvertragsparteien hat sich eben diese Grundlagenfrage als wesentlich erwiesen. Im Folgenden soll daher die Reichweite der in Art. 9 Abs. 3 GG gewährleisteten Tarifautonomie näher bestimmt werden, um hierauf aufbauend eine Bestimmung der schuldrechtlichen Regelungsbefugnis der Tarifvertragsparteien in einem Tarifvertrag zu ermöglichen.

Ehe der Gewährleistungsgehalt der Tarifautonomie nach Art. 9 Abs. 3 GG als Grundlagenfrage für die schuldrechtlichen Regelungsinhalte eines Tarifvertrages näher bestimmt werden kann, muss zunächst die bisher vorherrschende Methodik zur Bestimmung der sachlich-gegenständlichen Reichweite der Tarifautonomie kritisch hinterfragt werden (I.). Eine solche Überprüfung der vorherrschenden Methodik erscheint nach den bisherigen Erkenntnissen bereits deshalb angebracht, weil trotz einheitlichen Ansatzes zur inhaltlichen Bestimmung der Reichweite der Tarifautonomie nach Art. 9 Abs. 3 GG die einzelnen Auffassungen zu teilweise erheblich abweichenden Ergebnissen kommen.[122] Im Anschluss erfolgt eine funktionsorientierte und am Schutzzweck ausgerichtete Bestimmung des verfassungsrechtlichen Gewährleistungsgehalts der Tarifautonomie nach Art. 9 Abs. 3 GG (II.). Hieraus ergeben sich klare Vorgaben hinsichtlich der sachlich-gegenständlichen und personellen Reichweite der Tarifautonomie als in Art. 9 Abs. 3 GG geschützte Grundrechtsposition (III.). Diese verfassungsrechtlichen Vorgaben hat zum einen der einfache Gesetzgeber bei der näheren Ausgestaltung des Tarifsystems zu beachten, zum anderen muss sich eine verfassungskonforme Auslegung bestehender einfachgesetzlicher Regelungen hieran messen lassen.

I. Kritik an der bisher herrschenden Methodik zur Bestimmung der Reichweite der Tarifautonomie nach Art. 9 Abs. 3 GG

Wie die bisherige Untersuchung gezeigt hat,[123] besteht die erste Unsicherheit darin, ob die Tarifautonomie mit dem sachlich-gegenständlichen Schutzbereich der Koalitionsfreiheit nach Art. 9 Abs. 3 GG identisch ist oder im Vergleich zum sachlichen Schutzbereich des Grundrechts der Koalitionsfreiheit enger zu fassen ist. Dabei geht die wohl herrschende Auffassung davon aus, dass die

---

122 Im vorliegenden Zusammenhang ist besonders umstritten, ob sogenannte Standortvereinbarungen noch von der Tarifautonomie nach Art. 9 Abs. 3 GG erfasst sind s. oben 1. Kapitel, B. II.

123 S. oben 1. Kapitel, E. I. 1.

Tarifautonomie sachlich-gegenständlich mit der Reichweite der Koalitionsfreiheit nach Art. 9 Abs. 3 GG gleichzusetzen ist, und bestimmt die Reichweite der Tarifautonomie durch Auslegung des Begriffspaars der „Arbeits- und Wirtschaftsbedingungen". Eine unreflektierte Gleichsetzung der Tarifautonomie als Teilgarantie der Koalitionsfreiheit mit dem sachlich-gegenständlichen Schutzbereich der Koalitionsfreiheit nach Art. 9 Abs. 3 GG ist jedoch abzulehnen (1.).

Auch der bisher herrschende Ansatz, durch Abwägung antagonistischer Verfassungspositionen mit dem Ziel der praktischen Konkordanz die sachlich-gegenständliche Reichweite der Tarifautonomie nach Art. 9 Abs. 3 GG näher zu bestimmen, kann bereits aufgrund in der Methodik als solcher angelegter Widersprüche nicht überzeugen (2.).

1. Die berechtigte Kritik an der sachlich-gegenständlichen Gleichsetzung von Tarifautonomie und Koalitionsfreiheit nach Art. 9 Abs. 3 GG

Wie selbstverständlich greift die überwiegende Ansicht zur Bestimmung der Tarifautonomie zunächst auf den Wortlaut der Koalitionsfreiheit nach Art. 9 Abs. 3 GG und das Begriffspaar der „Arbeits- und Wirtschaftsbedingungen" zurück.[124] Unklar ist dabei bis heute, welche Bedeutung den „Wirtschaftsbedingungen" als zweitem Teil des Begriffspaars zukommt. Die Bandbreite der Auslegung reicht von einem relativ engen Verständnis[125] der „Arbeits- und Wirtschaftsbedingungen" bis hin zu sehr weitgehenden Auffassungen, welche die „Arbeits- und Wirtschaftsbedingungen" auf „alle im Produktionsprozess fallenden Entscheidungen" [126] erstreckt sehen wollen[127]. Bereits dieses breite Meinungsspektrum lässt insofern an dem Klärungspotential des Begriffspaars der „Arbeits- und Wirtschaftsbedingungen" zur näheren Bestimmung der Reichweite der Tarifautonomie zweifeln. *Lobinger* stellt die Tragfähigkeit einer solchen Gleichsetzung noch grundlegender in Frage. Zumeist ohne jegliche kritische Auseinandersetzung komme es bei der Bestimmung der Tarifautonomie anhand der „Arbeits- und Wirtschaftsbedingungen" zu einer Gleichsetzung des durch die Verfassung eröffneten „Betätigungs*feld*[es]" der Koalitionsfreiheit nach Art. 9

124 S. oben 1. Kapitel, B. II. u. III.

125 S. Fn. 117.

126 So *Däubler*, Mitbestimmung, S. 185ff (Zitat auf S. 187); weitere Nachweise für ein weites Verständnis des Begriffspaars bei Fn. 114.

127 Vgl. hierzu kritisch *Hartmann*, in: Rieble/Junker/Giesen (Hrsg.), Ausweitung der Tarifmacht, S. 15ff (21ff).

Abs. 3 GG und der Tarifautonomie als spezifischem „Betätigungs*mittel*".[128] Dies sei deshalb besonders kritisch, weil keine Zweifel bestehen könnten, dass sich das durch die Verfassung eröffnete „Betätigungsfeld" und das „Betätigungsmittel", im Konkreten also die Koalitionsfreiheit und die Tarifautonomie, in ihrer sachlich-gegenständlichen Reichweite keinesfalls decken müssten.[129] Dem ist nicht zuletzt auf Grundlage der verfassungsrechtlichen Rechtsprechung zuzustimmen. Denn auch nach Aufgabe der sogenannten Kernbereichslehre entspricht es der ständigen Rechtsprechung des BVerfG, dass die Tarifautonomie lediglich als „wesentlicher Bestandteil" der Koalitionsfreiheit verfassungsrechtlich garantiert wird.[130] Eine Gleichsetzung des verfassungsrechtlichen Betätigungsfeldes der Koalitionsfreiheit nach Art. 9 Abs. 3 GG und der Tarifautonomie als tarifvertragliche Regelungsbefugnis ist demnach auch nach dem BVerfG gerade nicht gefordert. *Lobinger* führt in diesem Zusammenhang weiter zutreffend aus: „Vielmehr handelt es sich hierbei [gemeint sind Betätigungsmittel und Betätigungsfeld] um gedanklich wie rechtlich zu trennende Sachfragen, die, werden sie nicht auseinandergehalten, zu einem dogmatischen Kurzschluß führen müßten".[131] Auch eine noch so genaue Bestimmung der „Wirtschaftsbedingungen" nach Art. 9 Abs. 3 GG liefere nämlich, unterstellt eine solche sei möglich, noch keinen zwingenden Rückschluss über das Betätigungsmittel der Tarifautonomie.[132] Diese zumindest potentielle Gefahr eines unreflektierten Rückschlusses von dem „Betätigungsfeld" der Koalitionsfreiheit auf die Tarifautonomie als in Art. 9 Abs. 3 GG gewährleistetes „Betätigungsmittel" liegt der vorherrschenden Methodik als solcher zu Grunde und ist nicht von der Hand zu weisen. Zwar ist eine Erstreckung der Tarifautonomie als tarifvertragliche Regelungsbefugnis auf das gesamte Betätigungsfeld der Koalitionsfreiheit denkbar, bei der Bestimmung der sachlich-gegenständlichen Reichweite der Tarifautonomie kann hiervon jedoch keinesfalls unreflektiert ausgegangen werden.

---

128 *Lobinger*, in Rieble (Hrsg.), Zukunft des Arbeitskampfes, S. 55ff (Rn. 18) – mit entsprechender Hervorhebung des Originals.

129 *Lobinger*, in Rieble (Hrsg.), Zukunft des Arbeitskampfes, S. 55ff (Rn. 18); *Karsten*, Schuldrechtliche Tarifverträge, S. 77.

130 BVerfG (24.04.1996), BVerfGE 94, 268 (283); BVerfG (27.04.1999), BVerfGE 100, 271 (282); BVerfG (11.07.2006), BVerfGE 116, 202 (219); *Karsten*, Schuldrechtliche Tarifverträge, S. 77.

131 *Lobinger*, in Rieble (Hrsg.), Zukunft des Arbeitskampfes, S. 55ff (Rn. 18) mit Verweis auf das BVerfG (01.03.1979), BVerfGE 50, 290, (371).

132 *Lobinger*, in Rieble (Hrsg.), Zukunft des Arbeitskampfes, S. 55ff (Rn. 18).

2. *Die berechtigte Kritik an der vorherrschenden Bestimmung der Tarifautonomie durch verfassungsrechtliche Interessenabwägung mit dem Ziel der praktischen Konkordanz*

Nicht zuletzt aufgrund der Unbestimmtheit des Begriffspaars der „Arbeits- und Wirtschaftsbedingungen" werden in aller Regel zusätzliche Überlegungen angeführt, um die Reichweite der Tarifautonomie nach Art. 9 Abs. 3 GG näher zu bestimmen.[133] Als dominanter Ansatz hat sich hierbei die Abwägung antagonistischer Verfassungspositionen mit dem Ziel der praktischen Konkordanz entwickelt.[134] Für die auch vorliegend zentrale Frage, inwieweit auf Grundlage der Tarifautonomie nach Art. 9 Abs. 3 GG in einem Tarifvertrag Verpflichtungen zu einem unternehmerischen Verhalten zwischen der Gewerkschaft und der Arbeitgeberseite geregelt werden können, wird verbreitet auf eine Abwägung der in Art. 9 Abs. 3 GG verorteten Tarifautonomie mit der zumeist in Art. 12 GG verorteten Unternehmerfreiheit zurückgegriffen.[135]

Trotz der durchaus (noch) bestehenden Dominanz erfährt jene Abwägungsmethodik mit dem Ziel der praktischen Konkordanz gerade für die Tarifautonomie nach Art. 9 Abs. 3 GG zu Recht zunehmende Kritik.[136] Diese gründet auf mehreren Aspekten. Zum einen ist bereits zweifelhaft, ob durch die Hinzunahme einer weiteren verfassungsrechtlichen Schutzposition als Gegenspieler zur Tarifautonomie überhaupt eine zusätzliche Klarheit bei der Bestimmung der

---

133 So in der Analyse auch *Lobinger*, in Rieble (Hrsg.), Zukunft des Arbeitskampfes, S. 55ff (Rn. 18) mwN; vgl. hierzu auch *Kühling/Bertelsmann*, NZA 2005, 1017 (1023ff).

134 Kritisch *Hartmann*, in: Rieble/Junker/Giesen (Hrsg.), Ausweitung der Tarifmacht, S. 15ff (20ff).

135 Nicht zuletzt das BAG spricht im Zusammenhang mit unternehmerischen Entscheidungen in einem Tarifvertrag davon, dass „diese Grundrechtsgewährleistungen so auszudeuten" seien, „daß beide jeweils bestmöglich wirksam werden", BAG (03.04.1990), BAGE 64, 284 (295); zur Methodik der praktischen Konkordanz zur Bestimmung der Reichweite der Tarifautonomie vgl. aus der Literatur nur etwa *Kühling/Bertelsmann*, NZA 2005, 1017 (1023ff) mwN; ErfK/*Linsenmaier*, GG, Art. 9 Rn. 73f; *Wiedemann*, FS Riesenfeld, 301 (insbes. 320ff); teilweise wird auch in Art. 9 Abs. 3 GG selbst die verfassungsrechtlich vorgegebene Auflösung einer Grundrechtskollision zwischen der Berufsfreiheit des Arbeitgebers nach Art. 12 GG und der Berufsfreiheit des Arbeitnehmers nach Art. 12 GG gesehen, so Däubler-AK/*Däubler*, § 13 Rn. 42; Däubler/*Hensche/Heuschmid*, TVG, § 1 Rn. 945.

136 *Lobinger*, in Rieble (Hrsg.), Zukunft des Arbeitskampfes, S. 55ff (Rn. 19ff); *Hartmann*, in: Rieble/Junker/Giesen (Hrsg.), Ausweitung der Tarifmacht, S. 15ff (23ff); in etwas anderem Zusammenhang *ders.*, Negative Tarifvertragsfreiheit, S. 96ff.

sachlich-gegenständlichen Reichweite der Tarifautonomie erreicht werden kann.[137] So muss eine Abwägung zwischen Tarifautonomie und Unternehmensautonomie fast schon zwangsläufig zu unterschiedlichen Ergebnissen führen, wenn der Unternehmensautonomie als Abwägungsposition nach einer Auffassung einmal eine zu vernachlässigende Bedeutung attestiert wird[138] und nach anderer Auffassung die Unternehmensautonomie von klar überwiegender Bedeutung[139] bei unternehmerischen Entscheidungen, wie beispielsweise dem Erhalt eines Standortes, sei.[140]

Ein weiterer Aspekt, der gegen die immer noch verbreitete Methodik der praktischen Konkordanz zur Bestimmung der sachlich-gegenständlichen Reichweite der Tarifautonomie nach Art. 9 Abs. 3 GG spricht, ist die Abwägung zwischen zwei antagonistischen Verfassungspositionen als solchen.[141] Dies liegt zunächst daran, dass die Abwägung, die mit dem Ziel der praktischen Konkordanz für den Einzelfall in die Hände des jeweiligen Rechtsanwenders gelegt wird, im Ergebnis stets eine gewisse Beliebigkeit mit sich bringt, die dann wiederum zu einer Rechtsunsicherheit für alle Beteiligten führt.[142]

Zu Recht weist *Lobinger* speziell für die Tarifautonomie darauf hin, dass die Bestimmung der Reichweite der Tarifautonomie durch die verfassungsrechtliche Abwägung mit der Unternehmensautonomie nicht überzeugen kann: „Der Weg, die Grenze einer Grundrechtsgewährleistung maßgeblich mittels Abwägung zu bestimmen, beruht auf einer weitgehend zirkulären Grundannahme. Denn wenn man akzeptable Ergebnisse nur dadurch erzielen zu können glaubt, daß man dem betroffenen Prinzip ein konträr wirkendes entgegenstellt und somit bildlich

---

137 *Lobinger*, in Rieble (Hrsg.), Zukunft des Arbeitskampfes, S. 55ff (Rn. 20); *Hartmann*, in: Rieble/Junker/Giesen (Hrsg.), Ausweitung der Tarifmacht, S. 15ff (24).

138 Hierfür etwa Däubler/*Hensche/Heuschmid*, TVG, § 1 Rn. 944; Däubler-AK/*Däubler*, § 13 Rn. 42, wonach sich der Unternehmer ohnehin „stets in einem Geflecht von Einflussnahmen und Abhängigkeiten bewegt"; vgl. auch ArbG Lübeck (29.05.2001), AiB 2002, 122 (125).

139 *Wiedemann*, FS Riesenfeld, 301 (311ff, insbes. 314f).

140 In der kritischen Analyse ebenso *Lobinger*, in Rieble (Hrsg.), Zukunft des Arbeitskampfes, S. 55ff (Rn. 19); *Hartmann*, in: Rieble/Junker/Giesen (Hrsg.), Ausweitung der Tarifmacht, S. 15ff (23f).

141 *Lobinger*, in Rieble (Hrsg.), Zukunft des Arbeitskampfes, S. 55ff (Rn. 20f); *Hartmann*, in: Rieble/Junker/Giesen (Hrsg.), Ausweitung der Tarifmacht, S. 15ff (24f); vgl. hierzu auch allgemein und nicht im Speziellen auf die Abwägung zwischen Tarifautonomie und Unternehmensautonomie bezogen *Rusteberg*, Gewährleistungsgehalt, S. 50ff (zusammenfassend S. 64).

142 *Böckenförde*, Der Staat 42 (2003), 165 (174), der in diesem Zusammenhang von „Beliebigkeitseffekten" in der bisherigen Grundrechtsdogmatik spricht.

betrachtet **Außen**schranken errichtet, impliziert das ja, daß es an hinreichend wirksamen **Innen**schranken fehlt. Man unterstellt folglich, daß der Gewährleistungsgehalt des Grundrechts ‚an sich' schon so weit gehe, wie er konkret zur Debatte steht. Unausgesprochen setzt man damit aber eben immer auch gerade das voraus, was es im konkreten Fall eigentlich erst noch zu zeigen gilt".[143]

3. Ergebnis: Ablehnung der bisher herrschenden Methodik zur Bestimmung der Reichweite der Tarifautonomie nach Art. 9 Abs. 3 GG

Wie sich gezeigt hat, ist die Ursache des breiten Meinungsspektrums zur Frage der Reichweite der Tarifautonomie bereits in der vorherrschenden Methodik zur Bestimmung des verfassungsrechtlichen Gewährleistungsumfangs der Tarifautonomie nach Art. 9 Abs. 3 GG angelegt.

Abzulehnen ist zum einen die vielfach unreflektierte Gleichsetzung der Tarifautonomie mit der sachlich-gegenständlichen Reichweite der Koalitionsfreiheit nach Art. 9 Abs. 3 GG. Zum anderen überzeugt auch die nähere Bestimmung der Tarifautonomie durch Abwägung antagonistischer Verfassungspositionen nicht.

Aus diesem Grund liegt es nahe und ist nicht zuletzt unter dem Aspekt eines effektiven Grundrechtsschutzes[144] sogar erforderlich, die Reichweite der nach Art. 9 Abs. 3 GG geschützten Tarifautonomie abweichend von dieser bisher herrschenden Methodik zunächst einmal „positiv" aus sich heraus zu bestimmen.

II. Tarifautonomie als in Art. 9 Abs. 3 GG geschützte „kollektiv ausgeübte Privatautonomie"

Zunächst soll auf den vorliegend verfolgten, funktionsorientierten und am Schutzzweck der grundrechtlichen Gewährleistung ausgerichteten methodischen Ansatz zur „positiven" Bestimmung der Reichweite der Tarifautonomie nach Art. 9 Abs. 3 GG näher eingegangen werden (1.). In Übereinstimmung mit den entwicklungsgeschichtlichen Ursprüngen kommt der Tarifautonomie auch heute noch eine „Schutzfunktion" zu mit dem Ziel, „die strukturelle Unterlegenheit der einzelnen Arbeitnehmer beim Abschluß von Arbeitsverträgen durch kollektives Handeln auszugleichen und damit ein annähernd gleichgewichtiges Aushandeln der Löhne und Arbeitsbedingungen zu ermöglichen"[145] (2.).

---

143 *Lobinger*, in Rieble (Hrsg.), Zukunft des Arbeitskampfes, S. 55ff (Rn. 21) – Hervorhebung wie im Original; zustimmend *Hartmann*, in: Rieble/Junker/Giesen (Hrsg.), Ausweitung der Tarifmacht, S. 15ff (24).

144 S. unten 1. Kapitel, E. II. 1.

145 BVerfG (26.06.1991), BVerfGE 84, 212 (229).

Aufgrund der historischen Entwicklungsgeschichte, systemimmanenter Vorgaben einer freiheitlichen Arbeits- und Wirtschaftsordnung und nicht zuletzt bestätigt durch das geltende Tarifvertragsrecht ist die legitimatorische Grundlage der in Art. 9 Abs. 3 GG gewährleisteten Tarifautonomie zur Erfüllung dieser „Schutzfunktion" im privatrechtlichen Mandat der Mitglieder zu sehen (3.). Eine darüber hinaus gehende gesamtgesellschaftliche oder beschäftigungspolitische Funktion der Tarifvertragsparteien wird mit der Tarifautonomie nach Art. 9 Abs. 3 GG hingegen nicht geschützt (4.).

1. Die funktionsorientierte und am Schutzzweck ausgerichtete „positive" Bestimmung des verfassungsrechtlichen Gewährleistungsgehalts der Tarifautonomie nach Art. 9 Abs. 3 GG

Nicht nur im Speziellen für die Tarifautonomie,[146] sondern gerade auch in der allgemeinen Grundrechtsdogmatik erfährt die Methodik der verfassungsrechtlichen Abwägung zunehmende Kritik[147]. Zutreffend ist wohl eine dahingehende „Tendenz"[148] zu einer Neuausrichtung in der jüngeren Grundrechtsdogmatik.[149] Das besondere Augenmerk entsprechender Neuausrichtungen liegt auf der „positiven" Bestimmung des „Gewährleistungsgehaltsgehalts" der einzelnen Grundrechte.[150] Hierbei müsse insbesondere der grundrechtliche Gewährleistungsgehalt

146 *Hartmann*, Negative Tarifvertragsfreiheit, S. 96f; *ders.*, in: Rieble/Junker/Giesen (Hrsg.), Ausweitung der Tarifmacht, S. 15ff (24f); *Arnold*, Betriebliche Tarifnormen, S. 178f; *Lobinger*, in Rieble (Hrsg.), Zukunft des Arbeitskampfes, S. 55ff (Rn. 21ff).

147 Instruktiv dahingehend etwa *Rusteberg*, Gewährleistungsgehalt, S. 64ff; vgl. auch *Camilo de Oliveira*, Grundrechtsdogmatik, insbes. S. 173ff.

148 Eine solche Tendenz erkennend *Hartmann*, Negative Tarifvertragsfreiheit, S. 96f; *ders.* in: Rieble/Junker/Giesen (Hrsg.), Ausweitung der Tarifmacht, S. 15ff (24).

149 Für solch eine Neuausrichtung *Rusteberg*, Gewährleistungsgehalt, passim, der auch eine entsprechende Tendenz des BVerfG dahingehend ausmachen will, *ders.*, a.a.O., S. 85ff; *Lenz*, Vorbehaltlose Freiheitsrechte, S. 228ff; *Müller*, Die Positivität der Grundrechte, insb. S. 87ff; *Camilo de Oliveira*, Grundrechtsdogmatik, insbes. 281ff; *Böckenförde*, Der Staat 42 (2003), 165 (174ff); zu den „Anklängen" entsprechender Tendenzen in der Rechtsprechung des BVerfG auch Sachs/*Murswiek*, GG, Art. 2 Rn. 23a.

150 Vgl. nicht im Speziellen für die Tarifautonomie *Rustenberg*, Gewährleistungsgehalt, S. 169ff, der ebenfalls ein entsprechendes Vorgehen als „positive" Bestimmung des Gewährleistungsgehalts bezeichnet, *ders.*, a.a.O., S. 173; *Böckenförde*, Der Staat 42 (2003), 165 (174ff); *Camilo de Oliveira*, Grundrechtsdogmatik, insbes. S. 292ff; im Speziellen für die Tarifautonomie *Lobinger*, in Rieble (Hrsg.), Zukunft des Arbeitskampfes, S. 55ff (Rn. 21ff), der insofern von einer Bestimmung der Tarifautonomie „von innen heraus" (Rn. 22) bzw. einer Bestimmung der „Innenschranken" (S. 21)

als freiheitliche Schutzposition des einzelnen Grundrechtträgers von dem allgemeinen „Sach-“ bzw. „Lebensbereich“, auf den sich das Grundrecht bezieht, unterschieden werden.[151]

Im Ergebnis ist davon auszugehen, dass eine solche „positive“ Bestimmung des grundrechtlichen Gewährleistungsgehalts nicht nur die angeführten Bedenken gegen den (noch) vorherrschenden Abwägungsansatz auflöst, sondern sogar zu einer Stärkung des grundrechtlichen Schutzes führt.[152] Grundlage dieser Annahme ist, dass ein genau umrissener Gewährleistungsgehalt trotz sachlich-gegenständlich engerer Grenzen einen effektiveren Grundrechtsschutz für den einzelnen Grundrechtsträger mit sich bringt. Ein tendenziell zwar weiter gefasster Schutzbereich im Rahmen der Abwägungslehren, der dem einzelnen Grundrechtsträger aufgrund oftmals überlagernder Allgemeinwohlüberlegungen keine „positiv“ definierte grundrechtliche Schutzposition einräumt, biete unter dem Strich ein geringeres Schutzniveau trotz im Ausgangspunkt weiter gefassten Schutzbereichs.[153]

Ausgehend von diesen Überlegungen und aufgrund der aufgezeigten Defizite in der bisherigen Abwägungsmethodik verspricht eine funktionsorientierte und am Schutzzweck ausgerichtete „positive“ Bestimmung, gerade für die verfassungsrechtlich in Art. 9 Abs. 3 GG verankerte Schutzposition der Tarifautonomie entscheidende Erkenntnisse zu liefern. Jenen verfassungsrechtlich in Art. 9 Abs. 3 GG gewährleisteten Schutzzweck der Tarifautonomie gilt es im Folgenden zu bestimmen.

2. Die sogenannte „Schutzfunktion“ der Tarifautonomie nach Art. 9 Abs. 3 GG

Ursprünglicher Schutzzweck der Tarifautonomie war der Ausgleich der strukturellen Unterlegenheit des einzelnen Arbeitnehmers beim Aushandeln seiner Arbeitsbedingungen am freiheitlichen Arbeitsmarkt (a.). Dieser Schutzzweck ist

---

spricht; dem zustimmend *Hartmann*, in: Rieble/Junker/Giesen (Hrsg.), Ausweitung der Tarifmacht, S. 15ff (24f).

151 Besonders deutlich dahingehend *Rusteberg*, Gewährleistungsgehalt, S. 169ff; ähnlich auch *Böckenförde*, Der Staat 42 (2003), 165 (174ff).

152 *Böckenförde*, Der Staat 42 (2003), 165 (191f); *Lenz*, Vorbehaltlose Freiheitsrechte, S. 236ff.

153 *Rusteberg*, Gewährleistungsgehalt, S. 64ff; *Böckenförde*, Der Staat 42 (2003), 165; *Lenz*, Vorbehaltlose Freiheitsrechte, S. 238; aA hingegen *Kahl*, Der Staat 43 (2004), 167ff; im Speziellen für die Tarifautonomie nach Art. 9 Abs. 3 GG *Lobinger*, in Rieble (Hrsg.), Zukunft des Arbeitskampfes, S. 55ff (Rn. 22); *Hartmann*, in: Rieble/Junker/Giesen (Hrsg.), Ausweitung der Tarifmacht, S. 15ff (24).

auch heute noch als sogenannte „Schutzfunktion“ der Tarifautonomie anerkannt und wird durch Art. 9 Abs. 3 GG verfassungsrechtlich gewährleistet (b.).

a. Der Ausgleich der strukturellen Unterlegenheit der Arbeitnehmer beim Aushandeln der Arbeitsbedingungen am freiheitlichen Arbeitsmarkt als Ursprungskonzeption der Tarifautonomie

Wie das BVerfG[154] in ständiger Rechtsprechung unter breitem Zuspruch im Schrifttum[155] betont, ist die geschichtliche Entwicklung gerade für die Koalitionsfreiheit und die Tarifautonomie als junge verfassungsrechtliche Schutzpositionen[156] von wesentlicher Bedeutung. Zudem bildet gerade für die vorliegend verfolgte funktionsorientierte „positive“ Bestimmung des Gewährleistungsgehalts eines Grundrechts die „historische Gefährdungslage“, in der sich das Bedürfnis nach einer grundrechtlichen Schutzposition entwickelt hat, den zentralen Ausgangspunkt für eine „positive“ Bestimmung des grundrechtlichen Gewährleistungsgehalts.[157]

Nachdem im 19. Jahrhundert mit der Einführung der Gewerbefreiheit die ständisch-zünftische Ordnung zugunsten des freien Arbeitsvertrages beseitigt wurde, offenbarte sich die strukturelle Unterlegenheit des einzelnen Arbeitnehmers beim Aushandeln seiner Arbeitsbedingungen am freien Arbeitsmarkt.[158] Aufgrund der überlegenen Marktstellung des Arbeitgebers erwies sich in jener Zeit die gewonnene Arbeitsvertragsfreiheit für den einzelnen Arbeitnehmer als bloße formale Freiheit, die alleine unter der nun herrschenden marktwirtschaftlichen Arbeits- und Wirtschaftsordnung nicht in der Lage war, gerechte Arbeitsbedingungen hervorzubringen. Als Lösung dieser sogenannten Arbeiterfrage

---

154 BVerfG (01.03.1979), BVerfGE 50, 290 (366f, 371) mwN; vgl. für einen Rückgriff auf die Entwicklungsgeschichte im Zusammenhang mit der Koalitionsfreiheit bereits BVerfG (18.11.1954), BVerfGE 4, 96 (101, 106, 107).

155 *Picker*, FS BAG, 795 (801ff); *ders.*, Tarifautonomie, S. 39ff; *Rieble*, Arbeitsmarkt und Wettbewerb, 1108ff; Däubler/*ders.*, TVG, Einl. 75f, 99; *Säcker/Oetker*, Grundlagen, S. 55f; *Waltermann*, ZfA 2000, 53 (69ff); Wiedemann/*ders.*, TVG, Einl. Rn. 3ff; *Scholz*, Koalitionsfreiheit als Verfassungsproblem, S. 19ff; aA *Reuter*, FS Hattenhauer, S. 409, hiergegen wiederum *Picker*, FS BAG, 795 (803ff).

156 Mit den Worten des BVerfG gehört die Koalitionsfreiheit nicht zu den „klassischen“ Grundrechten BVerfG (01.03.1979), BVerfGE 50, 290 (366).

157 So *Rusteberg*, Gewährleistungsgehalt, S. 175f; ähnlich bereits *Müller*, Die Positivität der Grundrechte, S. 99.

158 *Picker*, ZfA 2009, 215 (216ff, insbes. 219ff); *ders.*, Tarifautonomie, S. 23f; *ders.*, FS Knobbe-Keuk, 879 (889ff); *Becker*, Arbeitsvertrag, S. 51ff; Höpfner, Tarifgeltung, S. 33ff; *Scholz*, Koalitionsfreiheit als Verfassungsproblem, S. 19ff; *Richardi*, Arbeitsrecht, S. 24ff.

standen zunächst zwei völlig unterschiedliche Ansätze im Raum. Diejenigen, die am liberalen Grundgedanken festhielten, suchten eine systemkonforme Lösung zum Ausgleich des ursächlichen Verhandlungsungleichgewichts. Dagegen sah die sozial-revolutionäre Gegenströmung die Lösung im völligen Umsturz der freiheitlich-kapitalistischen Wirtschaftsordnung.[159] Während diese revolutionären Stimmen im aufkommenden Tarifvertrag allenfalls eine Interimslösung bis zum völligen Systemumsturz sahen, erkannten die systemkonformen Kräfte im Tarifvertrag das Rechtsinstitut zur Etablierung der freiheitlich-marktwirtschaftlichen Ordnung auch für den Arbeitsmarkt.[160] Durchgesetzt hat sich das letztere, systemkonforme Verständnis des Tarifvertrages als Instrument zum Ausgleich der strukturellen Imparität zwischen Arbeitgeber und Arbeitnehmer auf dem Boden einer freiheitlichen Marktwirtschaft.[161]

Der Ursprung der Tarifautonomie liegt damit im 19. Jahrhundert. Der Tarifvertrag stellte eine Reaktion auf das sich offenbarende Verhandlungsungleichgewicht zwischen Arbeitgebern und Arbeitnehmern am freiheitlichen Arbeitsmarkt dar.

b. Die „Schutzfunktion" der Tarifautonomie als Grundlage der Tarifautonomie nach Art. 9 Abs. 3 GG bis heute

Das BVerfG geht bis heute davon aus, dass „Tarifautonomie [...] darauf angelegt [ist], die strukturelle Unterlegenheit der einzelnen Arbeitnehmer beim Abschluß von Arbeitsverträgen durch kollektives Handeln auszugleichen und damit ein annähernd gleichgewichtiges Aushandeln der Löhne und Arbeitsbedingungen zu ermöglichen".[162] Ebenso verweist das BAG in ständiger Rechtsprechung auf die Funktion der Tarifautonomie, die strukturelle Unterlegenheit der einzelnen Arbeitnehmer auszugleichen.[163] Auch in der Literatur findet dieser funktionelle Aspekt der Tarifautonomie bzw. des Tarifvertrages zu Recht breiten Zuspruch und wird zumeist als „Schutzfunktion" der Tarifautonomie bezeichnet.[164] Umstritten

---

159 Ausführlich hierzu *Picker*, FS Knobbe-Keuk, 879 (884ff); *ders.*, Tarifautonomie, S. 24ff; *Richardi*, Kollektivgewalt, S. 82ff; vgl. auch *Becker*, Arbeitsvertrag, S. 61ff.

160 *Picker*, FS Knobbe-Keuk, 879 (884ff, 889ff); *ders.*, Tarifautonomie, S. 24ff.

161 Vgl. unten 1. Kapitel, E. II. 3. b) bb).

162 So BVerfG (26.06.1991), BVerfGE 84, 212 (229); vgl. hierzu auch BVerfG (04.07.1995), BVerfGE 92, 365 (395) sowie jüngst BVerfG, NZA 2011, 60 (61).

163 Vgl. hierfür jüngst BAG (21.05.2014), BAGE 148, 139 (Rn. 29).

164 So anstatt vieler JKOS/*Krause*, TVR, § 1 Rn. 22; *Löwisch/Rieble*, TVG, Grundl. Rn. 19f; Wiedemann/*ders.*, TVG, Einl. Rn. 3ff; *Höpfner*, Tarifgeltung, S. 227f; vorbehaltlich ausdrücklicher Abweichungen ist im Folgenden mit der Bezeichnung als

ist demgegenüber bis heute, ob der Tarifautonomie in Erfüllung dieser „Schutzfunktion" eine rein privatrechtlich fundierte Legitimation zu Grunde liegt.[165]

3. *Die privatrechtlich-mandatarische Legitimation der Tarifautonomie als „kollektiv ausgeübte Privatautonomie"*

Wie sich noch zeigen wird, ist neben dem verfassungsrechtlichen „Schutzziel" der Tarifautonomie von mindestens ebenso großer Bedeutung zur Bestimmung des Gewährleistungsgehalts der Tarifautonomie nach Art. 9 Abs. 3 GG, worin die legitimatorische Grundlage der Tarifautonomie besteht. Einig ist man sich heute darüber, dass die Tarifautonomie keine unabhängige Legitimationsgrundlage darstellt, welche die Tarifvertragsparteien als solche berechtigt, Einfluss auf die Arbeitsbedingungen der einzelnen Arbeitnehmer zu nehmen.[166] Um der aufgezeigten „Schutzfunktion" entsprechend durch „kollektives Handeln" die Arbeitsbedingungen der ansonsten strukturell unterlegenen Arbeitnehmer verbessern zu können, bedarf die Tarifautonomie daher einer legitimatorischen Grundlage, welche rechtfertigt, dass die kollektiv ausgehandelten Arbeitsbedingungen im einzelnen Arbeitsverhältnis zur Anwendung gelangen.[167] Mit anderen Worten geht es bei der legitimatorischen Grundlage der Tarifautonomie um den Geltungsgrund tarifvertraglicher Vereinbarungen in dem Arbeitsverhältnis der einzelnen Arbeitnehmer.[168] Jener Geltungsgrund bzw. jene Legitimation der Tarifautonomie ist letztlich Funktionsvoraussetzung zur Erfüllung der verfassungsrechtlichen „Schutzfunktion" nach Art. 9 Abs. 3 GG.

Im Einklang mit der heute allgegenwärtigen Floskel der Tarifautonomie als „kollektiv ausgeübte Privatautonomie"[169] wird sich im Folgenden zeigen, dass die legitimatorische Grundlage der Tarifautonomie ausschließlich im privatrechtlichen Mandat der Mitglieder liegt. Dass die in Art. 9 Abs. 3 GG gewährleistete Tarifautonomie auf einer „rein" privatrechtlich-mandatarischen Legitimation durch die eigenen Mitglieder der Tarifvertragsparteien aufbaut, legt zum einen

---

„Schutzfunktion" der Tarifautonomie eben dieser strukturelle Ausgleich beim Aushandeln der Arbeitsbedingungen durch kollektives Handeln gemeint.

165 Hierzu zugleich 1. Kapitel, E. II. 3; ablehnend jüngst etwa *Waltermann*, RdA 2014, 86 (88).

166 Näher hierzu 1. Kapitel, E. II. 3. a) aa) (2.).

167 Näher hierzu 1. Kapitel, E. II. 3. a) aa) (2.).

168 Ähnlich *Hartmann*, Negative Tarifvertragsfreiheit, S. 101.

169 So die vor knapp zwei Jahrzehnten auch vom BAG aufgegriffene und seitdem ständige Formulierung des BAG (14.10.1997), BAGE 87, 1 (4), jüngst nur etwa BAG (25.09.2013), BAGE 146, 133 (Rn. 26).

die einfachgesetzliche Ausgestaltung des einfachen Tarifvertragsrechts durch das TVG nahe (a.), wird entscheidend durch die Entwicklungsgeschichte der Koalitionsfreiheit und des Tarifvertragswesens bestätigt und erweist sich dabei als einzig systemkonforme Legitimationsgrundlage der Tarifautonomie nach Art. 9 Abs. 3 GG in einer freiheitlichen Arbeits- und Wirtschaftsordnung (b.).

a. Die rein privatrechtlich-mandatarische Legitimation der Tarifautonomie als Grundlage des gegenwärtigen Tarifvertragsrechts

Wie nicht zuletzt das BVerfG betont, folgt aus der in Art. 9 Abs. 3 GG verfassungsrechtlich gewährleisteten Tarifautonomie die Vorgabe an den einfachen Gesetzgeber, „ein Tarifsystem im Sinne des modernen Arbeitsrechts staatlicherseits [...] bereitzustellen“[170]. Auch wenn vorliegend gerade geklärt werden soll, welche Vorgaben auf Grundlage der Tarifautonomie nach Art. 9 Abs. 3 GG der einfache Gesetzgeber bei der Bereitstellung eines geeigneten Tarifvertragsrechts zu beachten hat, bietet sich zunächst der umgekehrte Blick auf die einfachgesetzlichen Regelungen des gegenwärtigen Tarifvertragsrechts an. Dies erscheint gerade für die legitimatorische Grundlage der Tarifautonomie deshalb sinnvoll, da es sich bei der Tarifautonomie nach Art. 9 Abs. 3 GG als junge Verfassungsgarantie um ein seit jeher stark normativ geprägtes Grundrecht handelt.[171] Zum anderen bestehen heute, soweit ersichtlich, keine Zweifel, dass der einfache Gesetzgeber mit dem geltenden Tarifvertragsrecht, jedenfalls in den grundsätzlichen Strukturen, die verfassungsrechtlichen Vorgaben der Tarifautonomie nach Art. 9 Abs. 3 GG entsprechend umgesetzt hat.

aa. Die privatrechtlich-mandatarische Legitimation der unmittelbar und zwingenden Wirkung der Tarifnormen nach dem TVG

Wie nicht zuletzt die teilweise turbulent und gegensätzlich verlaufende Entwicklungsgeschichte hinsichtlich der legitimatorischen Begründung der Tarifautonomie

---

170 So die bereits frühe Formulierung des BVerfG, s. BVerfG (18.11.1954), BVerfGE 4, 96 (106).

171 Andere Ansicht wohl *Gamillscheg*, Kollektives Arbeitsrecht I, S. 539f, obwohl dieser selbst darauf hinweist, dass das TVG älter als Art. 9 Abs. 3 GG ist und somit wohl kaum von der Hand zu weisen ist, dass die in Art. 9 Abs. 3 GG gewährleistete Tarifautonomie durch die einfachgesetzliche Ausgestaltung des Tarifvertragsrechts und dessen Entwicklung geprägt war; vgl. hierzu auch *Säcker/Oetker*, Grundlagen, S. 101ff; zur Koalitionsfreiheit als „normgeprägtes“ Grundrecht *Löwisch/Rieble*, TVG, Grundl. Rn. 94.

zeigt,[172] erweist sich die Besonderheit des deutschen Tarifvertragsrechts, Tarifnormen mit unmittelbarer und zwingender Wirkung in einem Tarifvertrag zu beschließen, als „Prüfstein"[173] für die Legitimation der Tarifautonomie ((1.)). Breite Einigkeit besteht heute jedenfalls dahingehend, dass es sich bei der Tarifautonomie nach Art. 9 Abs. 3 GG um keine „originäre" Regelungsbefugnis der Tarifvertragsparteien handelt, die überhaupt keiner weiteren Legitimationsgrundlage bedürfe ((2.)). Während jedoch über weite Teile des vergangenen Jahrhunderts in einer staatlich „delegierten" Rechtssetzungsbefugnis die legitimatorische Grundlage gesehen wurde, lässt sich in den vergangenen beiden Jahrzehnten eine Tendenz dahingehend ausmachen, die Legitimation der Tarifautonomie nicht mehr durch eine staatliche Delegation „von oben", sondern durch das privatrechtliche Mandat der Mitglieder „von unten" zu erklären ((3.)). Im Ergebnis erweist sich eine bisher nur selten konsequent verfolgte „rein" privatrechtlich-mandatarische Legitimation gegenüber den auch heute noch vertretenen Auffassungen einer zusätzlichen bzw. ergänzenden Legitimation der Tarifautonomie durch den Staat als dogmatisch überlegene Grundlage des Tarifvertragsrechts ((4.)).

(1) Die unmittelbare und zwingende Wirkung als historischer und gegenwärtiger „Prüfstein" der Legitimation der Tarifautonomie

Dass die unmittelbare und zwingende Wirkung der Tarifnormen zum „Prüfstein"[174] für die Frage nach der Legitimation der Tarifautonomie wird, kann deshalb nicht verwundern, weil sich gerade bei den Tarifnormen und deren heute in §§ 3 Abs. 1, 4 Abs. 1 S. 1 TVG einfachgesetzlich angeordneter, unmittelbarer und zwingender Wirkung die Frage nach dem Geltungsgrund der kollektiv ausgehandelten Arbeitsbedingungen gegenüber den erfassten Arbeitnehmern in besonderer Deutlichkeit stellt. Aus diesem Grund ist für die legitimatorische Grundlage der Tarifautonomie, trotz der abweichenden Ausgangsfrage nach der schuldrechtlichen Regelungsbefugnis in einem Tarifvertrag, gerade die normative Regelungsbefugnis in einem Tarifvertrag in den Mittelpunkt zu stellen. Dies

---

172 Für die historische Entwicklung vgl. *Picker*, Tarifautonomie, S. 27ff; *ders.*, ZfA 2007, 129 (137ff, 152ff); *Hartmann*, Negative Tarifvertragsfreiheit, S. 118ff; *Arnold*, Betriebliche Tarifnormen, S. 198ff; *Höpfner*, Tarifgeltung, S. 109ff.

173 So ebenfalls mit der Bezeichnung als „Prüfstein" *Hartmann*, Jb.J.ZivRWiss. 2008, S. 381; *ders.*, Negative Tarifvertragsfreiheit, S. 121, 142, dort mit der Bezeichnung als die „maßgebliche[n] dogmatische[n] Grundlagenfrage" bzw. als „dogmatisches Grundlagenproblem"; ähnlich auch bereits *Picker*, Symposion Richardi, S. 25 (47ff); *ders.*, ZfA 2007, 129 (152ff); *Arnold*, Betriebliche Tarifnormen, S. 205ff.

174 S. Fn. 173.

gilt zum einen deshalb, weil nur unter Einbeziehung der Tarifnormen ein umfassendes Bild über die Legitimation der Tarifautonomie überhaupt gewonnen werden kann, und zum anderen deshalb, weil gerade die Begründung der unmittelbaren und zwingenden Wirkung der Tarifnormen eine klare Antwort auf die Frage der legitimatorischen Grundlage der Tarifautonomie verspricht. Eine abschließende Beurteilung der legitimatorischen Grundlage der Tarifautonomie ist damit ausschließlich unter Einbeziehung der normativen Regelungsbefugnis möglich.

Bestätigt wird diese zentrale Rolle der unmittelbar und zwingend geltenden Tarifnormen für die Frage der legitimatorischen Grundlage der Tarifautonomie dadurch, dass sich die entsprechende Diskussion um die Legitimationsgrundlage der Tarifautonomie auch in der Vergangenheit überhaupt erst anhand der unmittelbar und zwingend wirkenden Tarifnormen entzündet hat und letztlich auch entscheidend durch die entsprechenden gesetzlichen Regelungen geprägt wurde.[175]

(2) Das grundsätzliche Erfordernis eines Legitimationsgrundes der Tarifautonomie

Bis in die Mitte des 20. Jahrhunderts wurde in der arbeitsrechtlichen Literatur noch die Auffassung vertreten, bei der Tarifautonomie handele es sich um eine „originäre" Regelungsbefugnis der Tarifvertragsparteien, welche weder einer gesonderten Legitimation durch den Staat noch durch die vom Tarifvertrag erfassten Arbeitsvertragsparteien bedürfe.[176] Heute hingegen wird eine eigenständige Regelungsbefugnis, trotz des etablierten Begriffs der Tarif*autonomie*, jedenfalls ausdrücklich nicht mehr vertreten.[177] Vielmehr besteht Einigkeit, dass die Regelungsbefugnis der Tarifautonomie, wenn es darum geht unmittelbare und zwingende Regelungen für die Parteien des Einzelarbeitsvertrages zu schaffen, entweder durch den Staat oder durch die erfassten Arbeitsvertragsparteien selbst legitimiert sein muss.[178] Zu Recht weist *Hartmann* in diesem

175 *Picker*, Tarifautonomie, S. 27ff; *ders.*, ZfA 2007, 129 (152ff); *Hartmann*, Negative Tarifvertragsfreiheit, S. 118ff; *Arnold*, Betriebliche Tarifnormen, S. 198ff.

176 *Bogs*, RdA 1956, 1 (4); *Herschel*, FS Bogs, S. 129ff; für die Zeit der Weimarer Republik stellvertretend *Sinzheimer*, Grundzüge des Arbeitsrechts, S. 46ff.

177 So in der Analyse *Hartmann*, Negative Tarifvertragsfreiheit, S. 109; *Arnold*, Betriebliche Tarifnormen, S. 220; zur insofern unglücklichen Bezeichnung als Tarif*autonomie* vgl. *Picker*, NZA 2002, 761; *Hartmann*, a.a.O., S. 110.

178 Aus der Rechtsprechung hierzu BVerfG (24.05.1977), BVerfGE 44, 322 (347f); BVerfG (14.06.1983), BVerfGE 64, 208 (214f); aus der Literatur hierzu ausführlich *Picker*,

Zusammenhang darauf hin, dass trotz dieser verbreiteten Ablehnung der Tarifautonomie als „originärer" Regelungsbefugnis aufgrund zumeist unerkannter, rudimentärer Fortwirkungen entsprechender Vorstellungen „die Lehre von der originären Rechtsetzungskompetenz der Verbände keineswegs als überwunden gelten kann", weshalb es gerade bei „der Suche nach den Grenzen der tarifvertraglichen Regelungsmacht [...] darauf ankommen wird, das Augenmerk noch konsequenter auf das verdeckte Fortwirken der entsprechenden Vorstellungen in den heute vertretenen Lösungen zu richten".[179]

(3) Die heute überwiegende Anerkennung der Tarifautonomie „als kollektiv ausgeübte Privatautonomie" und die Frage nach einer „zusätzlichen" Legitimierung der Tarifnormen durch den Staat

Bezüglich der Legitimation der Tarifautonomie nach Art. 9 Abs. 3 GG als verfassungsrechtlich gewährleistete Regelungsbefugnis der Tarifvertragsparteien scheint sich mit der vor knapp zwei Jahrzehnten auch vom BAG[180] übernommenen Redeweise von der Tarifautonomie als einer „kollektiv ausgeübten Privatautonomie" eine entscheidende Richtungsänderung vollzogen zu haben. Bis zu dieser Rechtsprechungsänderung war das Verständnis der Tarifautonomie sowohl in der Rechtsprechung als auch im Schrifttum dadurch geprägt, dass die Tarifautonomie als staatlich „delegierte" Regelungsbefugnis durch den Staat legitimiert sei.[181] Grund hierfür war insbesondere, dass man glaubte, die unmittelbare und zwingende Wirkung der Tarifnormen nach §§ 3 Abs. 1, 4 Abs. 1 S. 1 TVG lediglich durch die „Delegation" einer staatlichen Regelungsbefugnis an die Tarifvertragsparteien erklären zu können.[182] Zutreffend ist die Annahme

---

NZA 2002, 761; *Arnold*, Betriebliche Tarifnormen, S. 196ff, 220f; *Hartmann*, Negative Tarifvertragsfreiheit, S. 109f jeweils mwN; sowie allgemein und nicht nur auf die Tarifautonomie bezogen *Isensee*, Der Staat 1981, 161 (162).

179 *Hartmann*, Negative Tarifvertragsfreiheit, S. 109ff (für die Zitate S. 109 und S. 114), der als Beispiel für eine verdeckte Fortwirkung entsprechender Vorstellungen zu Recht die Lehre vom Doppelgrundrecht anführt, *ders.*, a.a.O., S. 109f, 107ff.

180 So die vor knapp zwei Jahrzehnten auch vom BAG aufgegriffene und seitdem ständige Formulierung des BAG (14.10.1997), BAGE 87, 1 (4), jüngst nur etwa BAG (25.09.2013), BAGE 146, 133 (Rn. 26).

181 Vgl. hierfür BAG (15.01.1955), BAGE 1, 258 (264); BAG (23.3.1957), BAGE 4, 240 (251); *Säcker*, Grundprobleme, S. 28f, 74f; *Biedenkopf*, Grenzen, S. 104; *Gamillscheg*, Kollektives Arbeitsrecht I, S. 557f; *Peters/Ossenbühl*, Übertragung, S. 12ff.

182 Hierzu eingehend mwN *Hartmann*, Negative Tarifvertragsfreiheit, S. 122ff; auch heute noch von einer staatlichen „Delegation" ausgehend etwa *Gamillscheg*, Kollektives Arbeitsrecht I, S. 557f.

einer Richtungsänderung jedenfalls insoweit, als, wohl auch bedingt durch die Rechtsprechungsänderung des BAG, heute die privatrechtlich geprägten Auffassungen hinsichtlich der Legitimation tarifvertraglicher Normsetzung im Vergleich zu den früher dominierenden Auffassungen einer staatlichen „Delegation" auch im Schrifttum als überwiegend bezeichnet werden können.[183]

Allerdings legen gerade jüngere Auseinandersetzungen zur privatrechtlichen Legitimation der Tarifautonomie offen, dass bisher von einer „rein" privatrechtlich-mandatarischen Erklärung der Legitimation der Tarifautonomie mit allen auch inhaltlich damit verbunden Konsequenzen gerade für die personelle Reichweite der Tarifautonomie weder in der Rechtsprechung noch im breiten Schrifttum die Rede sein kann.[184] Denn trotz grundsätzlich breiten Bekenntnisses zur Tarifautonomie als „kollektiv ausgeübte Privatautonomie" halten gerade entsprechende Stimmen im Schrifttum daran fest, dass jedenfalls die unmittelbar und zwingend wirkenden Tarifnormen für ihre Geltung im einzelnen Arbeitsverhältnis einer zusätzlichen Legitimierung durch den Staat bedürfen.[185] Hiernach seien die Tarifnormen nicht ausschließlich durch das privatrechtliche Mandat der einzelnen Arbeitnehmer zu erklären, sondern es sei eine zusätzliche Legitimation durch den Staat erforderlich, der die privatrechtliche Regelbildung der Tarifvertragsparteien entweder gegenüber den einzelnen Arbeitnehmern „in Geltung setze" oder konstitutiv „anerkenne", um die unmittelbare und zwingende Wirkung der

183 *Löwisch/Rieble* bezeichnen entsprechende „Delegationstheorien" heute sogar als „überholt", *dies.*, TVG, Grundl. Rn. 22; für das heute vorherrschende Bekenntnis zur Tarifautonomie als „kollektiv ausgeübte Privatautonomie" vgl. BAG (14.10.1997), BAGE 87, 1 (4); jüngst BAG (25.09.2013), BAGE 146, 133 (Rn. 26); aus der Literatur nur etwa *Bayreuther*, Tarifautonomie, S. 59; *Höpfner*, Tarifgeltung, S. 308ff; Thüsing/Braun/*Thüsing*, Tarifrecht, Kapitel 1 Rn. 3; *Richardi*, JZ 2011, 282 (283); *Löwisch/Rieble*, TVG, Grundl. Rn. 22ff; *Rieble*, Arbeitsmarkt und Wettbewerb, 1102ff.

184 So besonders deutlich wiederum *Hartmann*, Negative Tarifvertragsfreiheit, S. 126ff, der daher eine privatrechtlich-mandatarische Rekonstruktion des Tarifvertragswesens fordert, eine solche jedoch angesichts der bisherigen Inkonsequenzen der entsprechender Lehren als „Entwicklungsaufgabe des kollektiven Arbeitsrecht" bezeichnet, *ders.*, a.a.O., S. 126; ebenfalls für eine konsequente privatrechtliche Ausrichtung der Tarifautonomie bereits *Picker*, Tarifautonomie, S. 39ff mwN; gegen eine solche rein privatrechtliche Rekonstruktion der Tarifautonomie ausdrücklich *Höpfner*, Tarifgeltung, S. 325ff.

185 So in der Analyse der einzelnen Auffassungen *Hartmann*, Negative Tarifvertragsfreiheit, S. 124ff.

Tarifnormen zu begründen.[186] Allen diesen Ansichten ist mit den ursprünglich, aber auch heute[187] noch vertretenen „Delegationstheorien" gemein, dass es sich im Ergebnis bei der Tarifautonomie um keine privatautonome Selbstbestimmung der Mitglieder handele, sondern um das Resultat einer „heteronomen Rechtssetzung".[188]

(4) Die dogmatisch überlegene Erklärung der unmittelbaren und zwingenden Wirkung allein durch das privatrechtliche Mandat der Mitglieder

Nimmt man die Formulierung des BAG ernst und versteht man die Tarifautonomie auch mit Blick auf ihre legitimatorischen Ursprünge als „kollektiv ausgeübte Privatautonomie", rückt zwangsläufig der privatautonome Willensentschluss zum Eintritt in eine Gewerkschaft (bzw. den Arbeitgeberverband[189]) in den Fokus der Betrachtung. Entsprechende Untersuchungen haben bereits nachgewiesen, dass sowohl die unmittelbare als auch die zwingende Wirkung der Tarifnormen durch den Koalitionsbeitritt als privatautonome Willensentscheidung der Mitglieder erklärbar sind.[190] Im Folgenden sollen aufgrund der zentralen Bedeutung der Tarifnormen für die Frage der legitimatorischen Grundlage der Tarifautonomie die wesentlichen Eckpunkte einer solchen privatrechtlich-mandatarischen

---

186 *Hartmann*, Negative Tarifvertragsfreiheit, S. 124ff; mit ähnlicher Analyse *Arnold*, Betriebliche Tarifnormen, S. 224ff; für die Annahme eines staatlich legitimierenden Akts trotz des Ausgangspunktes der Tarifautonomie als kollektiv ausgeübte Privatautonomie vgl. nur etwa *F. Kirchhof*, Private Rechtsetzung, S. 93ff, 133ff, 181ff; *Bayreuther*, Tarifautonomie, S. 199ff; *Höpfner*, Tarifgeltung, S. 339f; JKOS/*Krause*, TVR, § 1 Rn. 50, § 4 Rn. 3; Thüsing/Braun/*Thüsing*, Tarifrecht, Kapitel 1 Rn. 3; *Waltermann*, FS Söllner, 1251 (1263ff)..

187 Vgl. oben Fn. 182.

188 So *Arnold*, Betriebliche Tarifnormen, S. 225ff; *Hartmann* weist in diesem Zusammenhang zutreffend darauf hin, dass eine Unterscheidung zwischen einem „staatlichen Geltungsbefehl" und einer konstitutiven „Anerkennung" privater Regelungen durch den Staat allenfalls von untergeordneter Bedeutung im Vergleich zur grundlegenden Frage ist, ob es einer solchen zusätzlichen Anerkennung überhaupt bedarf, *ders.*, Negative Tarifvertragsfreiheit, S. 125f.

189 Wenn im Folgenden die Rede von dem Beitritt des Arbeitnehmers zur Gewerkschaft ist, gilt vorbehaltlich eines ausdrücklichen Hinweises entsprechendes für den Beitritt des einzelnen Arbeitgebers zum Arbeitgeberverband.

190 *Picker*, Symposion Richardi, S. 25 (56ff); *Arnold*, Betriebliche Tarifnormen, S. 254ff; *Hartmann*, Negative Tarifvertragsfreiheit, S. 142ff; aA *Höpfner*, Tarifgeltung, S. 328ff.

Erklärung der unmittelbaren und zwingenden Wirkung der Tarifnormen für das Einzelarbeitsverhältnis skizziert werden.

(a) Der Koalitionsbeitritt als privatrechtliche Legitimationsgrundlage der unmittelbar und zwingend wirkenden Tarifnormen

Aus legitimatorischer Sicht von entscheidender Bedeutung ist der freiwillige Beitritt zur Koalition als den Tarifvertragsparteien erteilte Verpflichtungsermächtigung/Vollmacht[191], welche zeitlich und sachlich begrenzt, jedoch zugleich unwiderruflich und mit verdrängender Wirkung die legitimatorische Grundlage der Tarifautonomie bildet.[192]

Eine zeitlich begrenzte, aber unwiderrufliche Wirkung des durch den Koalitionsbeitritt erteilten privatrechtlichen Mandats der Mitglieder steht in keinem Widerspruch zu den Grundsätzen des allgemeinen Privatrechts.[193] So ist gemäß § 168 S. 2 BGB eine unwiderrufliche Vollmacht nicht grundsätzlich ausgeschlossen.[194] Die unwiderrufliche Wirkung des privatrechtlichen Mandats durch den Koalitionsbeitritt ergibt sich aus den konzeptionellen Vorgaben des Tarifvertragsrechts, wonach konstitutiv für eine kollektive Interessenwahrnehmung ist, dass jedenfalls für den begrenzten zeitlichen Rahmen der Geltung eines Tarifvertrages die erteilte Legitimation unwiderruflich ist.[195]

Mit privatautonomen Grundsätzen deutlich schwieriger zu vereinbaren scheint zunächst die verdrängende Wirkung tarifvertraglicher Normen (vgl. § 4 Abs. 3 TVG). Doch auch diese einseitig verdrängende Wirkung ergibt sich letztlich systemimmanent aus der „Schutzfunktion" der Tarifautonomie und ist allein durch den Koalitionsbeitritt als legitimierendem Akt im Einklang mit den allgemeinen

191 Unterschiedlich beurteilt wird, ob es sich bei dem legitimierenden Koalitionsbeitritt um eine Verpflichtungsermächtigung, so *Picker*, Symposion Richardi, S. 25 (61ff), um eine unwiderruflich und verdrängende Vollmacht, so *Arnold*, Betriebliche Tarifnormen, S. 262ff oder um einen „Legitimationsakt zwischen Bevollmächtigung und Ermächtigung" handelt, so *Hartmann*, Negative Tarifvertragsfreiheit, S. 150f. Für die vorliegende Untersuchung kann eine genaue Zuordnung zu einer der beiden zivilrechtlichen Figuren dahinstehen, da nach allen Auffassungen im Koalitionsbeitritt der privatrechtliche, unwiderrufliche und verdrängende Legitimationsakt für die Tarifautonomie gesehen wird.

192 *Picker*, Symposion Richardi, S. 25 (56ff); *Arnold*, Betriebliche Tarifnormen, S. 254ff; *Hartmann*, Negative Tarifvertragsfreiheit, S. 142ff.

193 aA *Höpfner*, Tarifgeltung, S. 329ff.

194 So auch *Hartmann*, Negative Tarifvertragsfreiheit, S. 147.

195 *Picker*, Symposion Richardi, S. 25 (59); *Hartmann*, Negative Tarifvertragsfreiheit, S. 147f; *ders.*, Jb.J.ZivRWiss. 2008, 379 (394).

Grundsätzen des Privatrechts zu erklären.[196] Eine verdrängende Wirkung der Ermächtigung an die Gewerkschaft gegenüber dem diese Ermächtigung erteilenden Arbeitnehmer scheint zwar zunächst in Widerspruch zu dem in § 137 Abs. 1 BGB zum Ausdruck kommenden Rechtsgedanken zu stehen, dass derjenige, der ein Recht inne hat, auch über dieses verfügen können müsse.[197] Diese Befürchtung der „Selbstentmündigung" des einzelnen Rechtsträgers kommt für die Tarifautonomie deshalb jedoch nicht zum Tragen, weil sie nach ihrem aufgezeigten Schutzzweck dem einzelnen Arbeitnehmer eine marktmäßige Wahrnehmung seines Rechts zum freiheitlichen und paritätischen Aushandeln der Arbeitsbedingungen überhaupt erst ermöglicht.[198] Es kommt mit dem Koalitionsbeitritt demnach nicht zu einer Selbstentmündigung, sondern zu einer effektiven Wahrnehmung der eigenen Interessen. Ebenfalls im Speziellen für die Tarifautonomie unbeachtlich ist der in § 137 Abs. 1 BGB vielfach gesehene Schutz des Rechtsverkehrs. Ein möglicher Vorrang tarifvertraglicher Regelungen vor individuellen Vereinbarungen ist in der Arbeitswelt allgegenwärtig und führt daher nicht zu einer Unsicherheit des Rechtsverkehrs.[199] Nicht zuletzt besteht die verdrängende Wirkung der Tarifautonomie lediglich einseitig und eine Verbesserung der Arbeitsbedingungen durch individuelle Vereinbarung bleibt möglich.[200]

Im Ergebnis ist entsprechenden Untersuchungen darin zuzustimmen, dass die unmittelbare und zwingende Wirkung der Tarifnormen auf den Koalitionsbeitritt als legitimierenden Akt zurückzuführen ist und hierbei im Einklang mit den allgemeinen privatrechtlichen Wertungen steht.

(b) Die dogmatischen Widersprüche einer (zusätzlichen) Legitimation der Tarifautonomie durch den Staat

Legt man die heute überwiegend anerkannte Auffassung der Tarifautonomie als „kollektiv ausgeübter Privatautonomie" zu Grunde und berücksichtigt man, dass gerade auch die unmittelbare und zwingende Wirkung der Tarifnormen

---

196 *Picker*, Symposion Richardi, S. 25 (59ff); *Hartmann*, Negative Tarifvertragsfreiheit, S. 148ff; *Arnold*, Betriebliche Tarifnormen, S. 259ff; aA *Höpfner*, Tarifgeltung, S. 331f.

197 Vgl. *Höpfner*, Tarifgeltung, S. 332; sowie grundlegend zum Rechtsgedanken hinter § 137 S. 1 BGB *Flume*, Rechtsgeschäft, S. 792, 882ff mit Fn. 36; *Larenz/Wolf*, AT, § 47 Rn. 13.

198 So *Hartmann*, Negative Tarifvertragsfreiheit, S. 149; *Arnold*, Betriebliche Tarifnormen, S. 260f; *Picker*, Symposion Richardi, S. 25 (60f).

199 *Picker*, Symposion Richardi, S. 59ff; *Arnold*, Betriebliche Tarifnormen, S. 261f.

200 *Arnold*, Betriebliche Tarifnormen, S. 261; S. hierzu auch 1. Kapitel, E. II. 3. a) bb); kritisch *Höpfner*, Tarifgeltung, S. 331f.

dogmatisch durch das privatrechtliche Mandat der Mitglieder erklärt werden kann, muss es bereits deshalb fraglich erscheinen, wenn an einem (zusätzlichen) legitimierenden Akt durch den Staat als Geltungsvoraussetzung der Tarifnormen festgehalten wird, obwohl es eines solchen aus dogmatischer Sicht nicht bedarf. Entscheidend kommt hinzu, dass die teilweise geforderte zusätzliche Legitimation der Tarifautonomie durch den Staat sich sogar dogmatischen Widersprüchen zu dem geltenden Tarifvertragsrecht aussetzt.

So ist es kaum nachzuvollziehen, warum zur Legitimation der Tarifnormen eine zusätzliche Legitimation durch den Staat erforderlich sei, jedoch ausgerechnet jene (hiernach zumindest „auch") staatlich legitimierten Tarifnormen gemäß § 3 Abs. 1 TVG dann aber wiederum nur gegenüber den Mitgliedern ihre unmittelbare und zwingende Wirkung entfalten sollen.[201] Dass gerade eine zusätzliche Legitimation durch den Staat jene lediglich für die Mitglieder geltende unmittelbare und zwingende Wirkung der Tarifnormen rechtfertigen soll, erscheint zum einem aufgrund der in personeller Hinsicht umfassenden demokratischen Legitimation des Staates und zum anderen vor dem Hintergrund der verfassungsrechtlich gebotenen Gleichbehandlungspflicht des Gesetzgebers gegenüber allen Bürgern zweifelhaft.[202] Ebenfalls ohne Erklärung bleibt, wie die bereits im Begriff der Tarifautonomie zum Ausdruck kommende und stets geforderte Staatsunabhängigkeit der Tarifvertragsparteien mit einer konstitutiven Anerkennung tarifvertraglicher Regelungen durch den Staat vereinbar sein soll.[203]

Besonders deutlich wird die Unvereinbarkeit einer (zusätzlichen) staatlichen Legitimation der Tarifautonomie, betrachtet man die Voraussetzungen, die für die staatliche Legitimierung privater Regelungen aus rechtsstaatlichen Gesichtspunkten erforderlich sind. Daran, dass es sich bei tarifvertraglichen Regelungen im Ausgangspunkt um privatrechtliche Vereinbarungen handelt, können heute keine Zweifel bestehen. Jedoch schließt eine private Regelbildung die staatliche Legitimation dieser Regelung gegenüber dem Adressaten noch nicht aus. Vielmehr ist genau dies der Fall bei öffentlich-rechtlich „beliehenen" Privatrechtssubjekten.[204] Zwingende Voraussetzung einer staatlichen Legitimierung privater Regelungen ist allerdings die staatliche Kontrolle dieser privaten Regelbildung

201 *Arnold*, Betriebliche Tarifnormen, S. 235ff; *Hartmann*, Negative Tarifvertragsfreiheit, S. 163f; ähnliche Bedenken bereits bei *Richardi*, Kollektivgewalt, S. 144ff.

202 *Hartmann*, Negative Tarifvertragsfreiheit, S. 163f.

203 *Arnold*, Betriebliche Tarifnormen, S. 231ff; *Hartmann*, Negative Tarifvertragsfreiheit, S. 164f.

204 So treffend *Richardi*, Kollektivgewalt, S. 147.

zumindest durch eine staatliche Rechtsaufsicht.[205] Genau jene Rechtsaufsicht fehlt jedoch im geltenden Tarifvertragsrecht und wäre mit der stets geforderten Autonomie gegenüber staatlicher Beeinflussung wohl auch nicht zu vereinbaren.

Damit erweist sich eine zusätzliche staatliche Legitimation der unmittelbar und zwingenden Tarifnormen nicht nur als entbehrlich; eine solche ergänzende staatliche Legitimation steht vielmehr im Widerspruch zum geltenden Tarifvertragsrecht und ist bereits deshalb abzulehnen.

bb. Die Erklärbarkeit weiterer tarifvertraglicher Besonderheiten auf Grundlage des privatrechtlichen Mandats der Mitglieder

Neben der dogmatisch überzeugenden Lösung der unmittelbaren und zwingenden Wirkung der Tarifnormen beweist der privatrechtlich-mandatarische Ansatz auch hinsichtlich anderer Vorgaben des TVG seine Leistungsfähigkeit als legitimatorische Grundlage der Tarifautonomie.[206]

So lässt sich etwa die in § 3 Abs. 3 TVG angeordnete Nachbindung auf den Willen der Mitglieder zurückführen, wenn hierbei miteinbezogen wird, dass es aufgrund unterschiedlicher Laufzeiten von Tarifverträgen auch aus Sicht der Mitglieder rationaler erscheint, eine Nachbindung an einen noch laufenden Tarifvertrag zu akzeptieren, anstatt eine ansonsten erforderliche Sperrfrist für den Austritt aus dem Verband akzeptieren zu müssen.[207]

Auch wenn man hinter der in § 4 Abs. 5 TVG angeordneten Nachwirkung zunächst einen heteronomen Geltungsbefehl ohne Legitimation durch den autonomen Willen der Mitglieder vermuten könnte, ergibt sich jene Nachwirkung bei funktionsorientierter Betrachtung ebenso aus dem erklärten Willen der Mitglieder.[208] Jener Wille zur Befristung tarifvertraglicher Regelungen richtet sich

205 *Richardi*, Kollektivgewalt, S. 147ff; *Zöllner*, RdA 1962, 453 (456f); *Picker*, FS BAG, 795 (815ff); *Arnold*, Betriebliche Tarifnormen, S. 231ff; *Hartmann*, Negative Tarifvertragsfreiheit, S. 164f.

206 Hierzu jüngst ausführlich *Hartmann*, Negative Tarifvertragsfreiheit, S. 150ff.

207 *Hartmann*, Negative Tarifvertragsfreiheit, S. 152f; ebenfalls von einer privatautonomen Erklärbarkeit der Nachbindung nach § 3 Abs. 3 TVG ausgehend: Henssler/Moll/Bepler/*Höpfner*, Tarifvertrag, Teil 6 Rn. 64; *Löwisch/Rieble*, TVG, § 3 Rn. 224ff; *Höpfner*, Tarifgeltung, S. 389ff; aA Kempen/Zachert/*Kempen*, TVG, § 3 Rn. 48.

208 *Hartmann*, Negative Tarifvertragsfreiheit, S. 153f; vgl. dagegen für die Annahme eines staatlichen Geltungsgrunds der Nachwirkung BAG (16.08.1990), BAGE 65, 359 (363) sowie aus der Literatur nur etwa *Gamillscheg*, Kollektives Arbeitsrecht I, S. 874; *Höpfner*, Tarifgeltung, S. 414ff.

bei genauer Analyse primär auf das Ende der Friedenspflicht.[209] Ein Ende der Geltung tarifvertraglicher Arbeitsbedingungen im jeweiligen Arbeitsverhältnis ist durch die Befristung hingegen in aller Regel nicht gewollt. „Vielmehr wird man annehmen dürfen, dass die Tarifvertragsparteien und die Verbandsmitglieder eine Vereinbarung anstreben, die bis zur Neuregelung eine Grundlage für die erfassten Arbeitsverhältnisse bietet".[210] Insofern entspricht die in § 4 Abs. 5 TVG angeordnete Nachwirkung dem gesetzlich normierten Normalfall, von dem durch ausdrückliche Vereinbarung bei entgegenstehendem Willen durchaus abgewichen werden kann.

Nicht zuletzt das in § 4 Abs. 3 Var. 2 TVG angeordnete Günstigkeitsprinzip ergibt sich aus einer objektiven Auslegung des privatrechtlichen Mandats der Mitglieder. So ist dem Koalitionsbeitritt lediglich insoweit ein Mandat an die Gewerkschaft zu entnehmen, als diese dazu ermächtigt wird, die Arbeitsbedingungen im Vergleich zu den individuellen Vereinbarungen zu verbessern. [211] Entgegen der überwiegenden Begründung des Günstigkeitsprinzips durch verfassungsrechtliche Abwägung[212] liefert der objektive Erklärungswert des Legitimationsakts einen wesentlich genaueren Maßstab zur Bestimmung der Reichweite des Günstigkeitsprinzips und stellt dabei zugleich klar, dass die Tarifautonomie nur insoweit Vorrang vor der individuellen Privatautonomie beanspruchen kann, wie sie diese verstärkt.[213]

cc. Zwischenergebnis: „Rein" privatrechtlich-mandatarische Legitimation als dogmatische Grundlage des geltenden Tarifvertragsrechts

Im Ergebnis überzeugt somit die „rein" privatrechtlich-mandatarische Legitimation für das geltende Tarifvertragsrecht. Insbesondere ist die heute in §§ 3 Abs. 1, 4 Abs. 1 S. 1 TVG gesetzlich geregelte unmittelbare und zwingende Wirkung der Tarifnormen gegenüber den einzelnen Arbeitnehmern dogmatisch überzeugend alleine auf das privatrechtliche Mandat der einzelnen Arbeitnehmer

---

209 *Hartmann*, Negative Tarifvertragsfreiheit, S. 153f.

210 *Hartmann*, Negative Tarifvertragsfreiheit, S. 154.

211 *Hartmann*, Negative Tarifvertragsfreiheit, S. 154ff; vgl. zur „halbseitigen Schutzfunktion des Tarifvertrages" auch *Löwisch/Rieble*, TVG, Grundl. Rn. 154; ähnlich auch *Höpfner*, Tarifgeltung, S. 506.

212 Vgl. hierfür nur etwa JKOS/*Jacobs*, TVG, § 7 Rn. 16; Wiedemann/*Wank*, TVG, § 4 Rn. 394f.

213 *Hartmann*, Negative Tarifvertragsfreiheit, S. 155f mwN; *Picker*, Tarifautonomie, S. 62f; vgl. auch *Federlin*, FS 50 Jahre BAG, S. 652ff; *Schliemann*, Symposion Richardi, S. 1 (13ff); *ders.*, NZA 2003, 122 (125ff).

zurückzuführen. Mit dem Koalitionsbeitritt als legitimierendem Akt wird den Tarifvertragsparteien von den einzelnen Arbeitnehmern ein sachlich und zeitlich begrenztes, zugleich jedoch unwiderrufliches und verdrängendes Mandat zum Abschluss von Tarifverträgen erteilt. Eine ergänzende staatliche Legitimation ist weder erforderlich noch dogmatisch mit der geltenden Ausgestaltung des Tarifvertragsrechts zu vereinbaren.

Auch weitere Besonderheiten im Vergleich zum allgemeinen Zivilrecht wie die Nachwirkung gemäß § 4 Abs. 5 TVG, die Nachbindung gemäß § 3 Abs. 3 TVG und das Günstigkeitsprinzip nach § 4 Abs. 5 TVG lassen sich durch das privatrechtliche Mandat als legitimatorische Grundlage der Tarifautonomie erklären.

Die dogmatisch überlegene Erklärbarkeit des geltenden Tarifvertragsrechts durch das privatrechtliche Mandat der Mitglieder bietet insofern einen ersten Anhaltspunkt, als bereits der in Art. 9 Abs. 3 GG verfassungsrechtlich gewährleisteten Tarifautonomie eine privatrechtlich-mandatarisch Legitimation zu Grunde liegt, deren Grenzen der einfache Gesetzgeber bei der Umsetzung des geltenden Rechts zu beachten hatte und auch künftig zu beachten hat.

b. Die entwicklungsgeschichtliche Bestätigung einer privatrechtlich-mandatarischen Legitimation als auch heute einzig systemkonforme Erklärung der in Art. 9 Abs. 3 GG gewährleisteten Tarifautonomie

Für eine rein privatrechtlich-mandatarische Legitimationsgrundlage der verfassungsrechtlich in Art. 9 Abs. 3 GG gewährleisteten Tarifautonomie spricht nicht nur die soeben skizzierte widerspruchsfreie Erklärbarkeit des geltenden Tarifvertragsrechts als gegenwärtige einfachgesetzliche Umsetzung der Tarifautonomie nach Art. 9 Abs. 3 GG. Entscheidend bestätigt wird eine solche privatrechtliche Grundlage auch durch die Entstehungsgeschichte der Tarifautonomie mit deren bezwecktem Schutz der privatautonomen Selbstbestimmung über die eigenen Arbeitsbedingungen.

aa. Die privatautonome Selbstbestimmung über die Arbeitsbedingungen als ursprüngliches Schutzgut der Tarifautonomie und Bestätigung der privatrechtlich-mandatarischen Legitimation der Tarifautonomie

Wie bereits im Zusammenhang mit der „Schutzfunktion" der Tarifautonomie dargestellt, geht die Ursprungsidee der Tarifautonomie auf das 19. Jahrhundert zurück und ist untrennbar mit der Entwicklung der industriellen Revolution und der damit verbundenen Abkehr von der ständisch-zünftischen Ordnung hin zur Arbeitsvertragsfreiheit des einzelnen Arbeitnehmers verbunden.[214] Zu dieser Zeit zeigte sich mit aller sozialer Härte, dass allein die formale Arbeitsvertragsfreiheit auf Grund des strukturellen Ungleichgewichts zwischen Arbeitgebern und Arbeitnehmern nicht in der Lage war, gerechte Arbeitsbedingungen innerhalb einer freiheitlichen Arbeitsverfassung hervorzubringen.[215] Vor diesem Hintergrund erweist sich der Tarifvertrag als Reaktion auf das Versagen des freien Arbeitsvertrages.

Nachdem sich im Streit mit revolutionär-sozialistischen Tendenzen endgültig die freiheitlich-kapitalistische Gesellschafts- und Wirtschaftsordnung durchgesetzt hatte, erkannte man im Tarifvertrag die Lösung, um der ansonsten auf Grund der spezifischen Imparität am freiheitlichen Arbeitsmarkt lediglich formal bestehenden Arbeitsvertragsfreiheit der einzelnen Arbeitnehmer auch materiell und tatsächlich zur Durchsetzung zu verhelfen.[216] Der Tarifvertrag wurde insoweit „zum Garant des freien Arbeitsvertrags" und sicherte die angestrebte freiheitliche Selbstbestimmung über die eigenen Arbeitsbedingungen.[217] Eigentliches „Schutzgut" der Tarifautonomie als kollektive Regelungsbefugnis war damit die Privatautonomie des Einzelnen.[218] Diesem Schutzzweck der Tarifautonomie entsprechend wurde der Tarifvertrag zu Beginn seiner Entstehungsgeschichte noch überwiegend als Ausdruck privatautonomer Selbstbestimmung verstanden[219] und die dogmatische Erklärung des Tarifvertrags konsequent auf Basis des Privatrechts gesucht.[220] Die legitimatorische Grundlage der Tarifautonomie im privatrechtlichen Mandat des Einzelnen zu suchen, ist damals wie heute insofern konsequent, als vor dem Hintergrund der hierdurch bezweckten

---

214 S. oben 1. Kapitel, E. II. 2. a).

215 S. oben 1. Kapitel, E. II. 2. a).

216 Ausführlich hierzu *Picker*, ZfA 1986, 199 (299ff); *ders.*, ZfA 2009, 215 (219ff insbes. 224ff); *ders.*, Tarifautonomie, S. 23ff; *ders.*, FS Knobbe-Keuk, 879 (889ff); vgl. auch *Richardi*, Arbeitsrecht, S. 24ff; *Höpfner*, Tarifgeltung, S. 35.

217 *Picker,* Tarifautonomie, S. 23ff (Zitat: Überschrift S. 23).

218 So *Picker,* Tarifautonomie, S. 23ff, 39ff; *ders.*, ZfA 1998, 573 (673ff); in Analyse der zeitgenössischen Auffassung *Lotmars, Picker,* in FS Richardi, 141 (150f); zustimmend *Rieble*, ZfA 2000, 5 (17); *Arnold*, Betriebliche Tarifnormen, S. 242; *Hartmann*, Negative Tarifvertragsfreiheit, S. 156; vgl. auch *Richardi*, Kollektivgewalt, S. 127ff; *ders*, NZA 2013, 408; *ders.*, Gutachten zum 61. DJT, B 25; sowie *Höpfner*, Tarifgeltung, S. 46f.

219 *Picker,* Tarifautonomie, S. 27f; *ders.*, ZfA 2009, 215ff (insbes. 224ff).

220 So in der heutigen Analyse *Hartmann*, Negative Tarifvertragsfreiheit, S. 119f; *Arnold*, Betriebliche Tarifnormen, S. 201ff; aus der zeitgenössischen Literatur für eine Einordnung des Tarifvertrages als privatrechtlichen Schuldvertrag allen voran *Lotmar*, Arbeitsvertrag I, S. 755ff.

Selbstbestimmung über die eigenen Arbeitsbedingungen auch der erforderliche Geltungsgrund auf der privatautonomen Selbstbestimmung des Einzelnen basieren muss.

Insoweit spricht auch die Ursprungsidee des Tarifvertrages als kollektives Handlungsinstrument zur privatautonomen Selbstbestimmung für eine privatrechtliche Legitimation der Tarifautonomie durch das Mandat der einzelnen Mitglieder.

bb. Die entwicklungsgeschichtliche Fehlvorstellung einer staatlichen „Delegation" der Tarifautonomie und die einzig systemkonforme Legitimation der Tarifautonomie nach Art. 9 Abs. 3 GG durch das privatrechtliche Mandat

Allerdings wäre es zu kurz gegriffen, bereits in diesen privatrechtlichen Ursprüngen des Tarifvertragswesens eine entwicklungsgeschichtliche Bestätigung der privatrechtlich-mandatarischen Legitimation der Tarifautonomie zu sehen.[221] Denn bereits Anfang des 20. Jahrhunderts wurde die ursprünglich freiheitliche, funktional auf die Selbstbestimmung und die Privatautonomie des Einzelnen bezogene Ausrichtung der Tarifautonomie durch kollektivrechtliche Vorstellungen der Tarifautonomie weitgehend verdrängt.[222] Die funktionale Betrachtung des Tarifvertrages wandelte sich dabei von der Vorstellung einer durch kollektive Interessenwahrnehmung ermöglichten privatautonomen Selbstbestimmung des Einzelnen zu der Ansicht, dass mit dem Tarifvertrag ein erster Schritt zur Kollektivierung des Arbeitsrechts vollzogen sei, bei der die kollektiven Arbeitsvertragsparteien die individuelle Selbstbestimmung nicht verwirklichten, sondern ersetzten.[223]

Entscheidend geprägt wurde die Diskussion um die Legitimation der Tarifautonomie durch die gesetzliche Anordnung der unmittelbaren und zwingenden Wirkung der Tarifnormen in der TVVO von 1918.[224] Begünstigt durch die gewählte Formulierung der „Tarif*normen*", setzte sich die Überzeugung durch, bei der Tarifautonomie handele es sich um eine originäre Regelungsbefugnis der

221 So auch *Hartmann*, Negative Tarifvertragsfreiheit, S. 159; *Höpfner*, Tarifgeltung, S. 309.

222 *Picker*, ZfA 2007, 129 (insbes. 160ff).

223 Ausführlich *Picker*, ZfA 2007, 129 mwN; vgl. auch *Hartmann*, Negative Tarifvertragsfreiheit, S. 118ff; *Arnold*, Betriebliche Tarifnormen, S. 212ff (insbes. 216ff).

224 Eingehend zum Stand der Diskussion zur Zeit der Weimarer Republik *Arnold*, Betriebliche Tarifnormen, S. 212ff; *Hartmann*, Negative Tarifvertragsfreiheit, S. 122ff; *Picker*, Tarifautonomie, S. 34ff; *Höpfner*, Tarifgeltung, S. 210ff jeweils mit Nachweisen auch zur zeitgenössischen Literatur.

Tarifvertragsparteien, die keiner Legitimation bedarf,[225] oder um eine ursprünglich staatliche Regelungsbefugnis, die vom Staat lediglich an die Tarifvertragsparteien „delegiert“ wurde.[226]

Auch wenn im Vergleich hierzu jüngere Entwicklungen mit der Grundannahme der Tarifautonomie als „kollektiv ausgeübter Privatautonomie“ möglicherweise wiederum eine gegenläufige Tendenz andeuten,[227] halten, wie bereits erwähnt, weite Teile im Schrifttum trotz grundsätzlichem Bekenntnis zu einer privatrechtlichen Legitimation des Tarifvertrages an einer zusätzlichen staatlichen Legitimation jedenfalls der Tarifnormen fest.[228] Andere gehen auch heute noch von einer staatlichen Delegation der Tarifautonomie aus.[229] Von einer endgültigen Abkehr von den Kollektivierungstendenzen in der Tarifrechtsdogmatik kann daher bis heute (noch) nicht die Rede sein.[230]

Geht man mit der ganz herrschenden Auffassung davon aus, dass die historische Entwicklung sowohl für das junge Grundrecht der Koalitionsfreiheit und die Tarifautonomie nach Art. 9 Abs. 3 GG im Allgemeinen[231] als auch für die Frage der legitimatorischen Grundlage der Tarifautonomie im Speziellen[232] von erheblicher Bedeutung ist, muss vor dem Hintergrund der beiden konträren Legitimationsmodelle begründet werden, warum gerade die privatrechtlich-mandatarische Ursprungskonzeption als Ausdruck privatautonomer Selbstbestimmung auch heute noch das Verständnis der verfassungsrechtlich in Art. 9 Abs. 3 GG gewährleisteten Tarifautonomie prägt, während die Vorstellung einer

225 Zur heute einhelligen Ablehnung der Tarifautonomie als eine „originäre“ Regelungsbefugnis s. oben 1. Kapitel, E. II. 3. a) aa) (2).

226 So in der Analyse *Hartmann*, Negative Tarifvertragsfreiheit, S. 122ff; *Arnold*, Betriebliche Tarifnormen, S. 212ff (insbes. 216ff); *Picker*, Tarifautonomie, S. 34; als eine der wenigen Gegenstimmen, die in dieser Zeit die gesetzlich angeordnete Normativwirkung weiterhin durch den privatautonomen Willen des Einzelnen für erklärbar hielten, ist in diesem Zusammenhang *Jacobi* zu nennen, *ders.*, Grundlehren, insbes. 272ff; zur Lehre *Jacobis* eingehend auch *Picker*, FS Richardi, S. 151ff; zur auch heute noch vertetenen Delegationstheorie vgl. Fn. 181.

227 S. oben 1. Kapitel, E. II. 3. a) aa) (3) insbesondere auch Fn. 184.

228 S. oben Fn. 186.

229 So etwa *Gamillscheg*, Kollektives Arbeitsrecht I, S. 557f.

230 So jüngst *Hartmann*, Negative Tarifvertragsfreiheit, S. 99f; vgl. auch *Picker*, ZfA 2007, 129 (insbes. 179ff).

231 S. für die ständige Rechtsprechung des BVerfG Fn. 154; für die g.h.M. im Schrifttum Fn. 155.

232 *Hartmann*, Negative Tarifvertragsfreiheit, S. 156ff; *Picker*, FS BAG, 795 (803ff).

staatlich delegierten Regelungsbefugnis an die Tarifvertragsparteien als kollektive Regelungsinstanzen als historische Fehlentwicklung zu verwerfen ist.[233]

Wesentliche Gründe, weshalb das ursprüngliche, privatautonome Verständnis als strukturprägend für die Tarifautonomie nach Art. 9 Abs. 3 GG gelten muss, haben sich bereits im Zusammenhang mit der dogmatischen Auseinandersetzung des gegenwärtigen Tarifvertragsrechts gezeigt. So ist die ausschließliche Tarifbindung der Mitglieder allein auf Grundlage eines privatrechtlich-mandatarischen Verständnisses widerspruchsfrei zu erklären und bildet insofern den dogmatisch überlegenen Ansatz für das geltende Tarifvertragsrecht.[234] Gleiches gilt insofern für die gesetzlichen Regelungen der Weimarer Zeit, wenn, wie heute, gemäß § 1 Abs. 2 TVVO tarifvertragliche Vereinbarungen lediglich gegenüber denjenigen Arbeitnehmern unmittelbar und zwingend galten, die durch *freiwilligen* Koalitionsbeitritt Mitglied der abschließenden Verbände waren. Warum also ausgerechnet die unmittelbare und zwingende Wirkung der Tarifnormen dazu führte, dass sich die Vorstellung einer staatlichen Delegation über weite Teile des 20. Jahrhunderts als herrschend durchgesetzt hat, lässt sich wohl tatsächlich nur dann nachvollziehen, wenn man akzeptiert, dass „hinter diesem Prozess Missverständnisse und Fehldeutungen stehen“[235]. Es entsprach nicht zuletzt nahezu einhelliger Auffassung, dass die unmittelbare und zwingende Wirkung der Tarifnormen nicht durch eine rein privatrechtlich-mandatarische Legitimation der Tarifautonomie erklärbar sei.[236] Wie sich bereits gezeigt hat, ist jedoch das Gegenteil der Fall.[237]

Auch bestätigt die historische Genese der Koalitionsfreiheit als ein individuelles Freiheitsrecht gegenüber dem Staat das privatrechtlich-mandatarische Verständnis der Tarifautonomie.[238] Nach der häufig zitierten Floskel musste dem Staat das Recht zum kollektiven Zusammenschluss mit dem Ziel, die eigenen

233 So besonders deutlich *Hartmann*, Negative Tarifvertragsfreiheit, S. 158f; vgl. auch *Höpfner*, Tarifgeltung, S. 309.

234 S. oben 1. Kapitel, E. II. 3. a) aa).

235 *Hartmann*, Negative Tarifvertragsfreiheit, S. 159.

236 So in der Analyse *Picker*, Tarifautonomie, S. 30; *Hartmann*, Negative Tarifvertragsfreiheit, S. 123f; *Arnold*, Betriebliche Tarifnormen, S. 212ff, jeweils mwN auch zur zeitgenössischen Literatur.

237 S. oben 1. Kapitel, E. II. 3. a) aa).

238 *Hartmann*, Negative Tarifvertragsfreiheit, S. 161f; *Richardi*, Kollektivgewalt, S. 145; *Arnold*, Betriebliche Tarifnormen, S. 230; vgl. zur Koalitionsfreiheit als Freiheitsrecht auch BVerfG (01.03.1979), BVerfGE 50, 290 (367) mwN.

Arbeitsbedingungen zu verbessern, geradezu „abgetrotzt" werden.[239] Hält man sich insofern vor Augen, dass die Entwicklungsgeschichte, die zur Koalitionsfreiheit und zum aufkommenden Tarifvertragswesen geführt hat, stets durch individuelle Freiheit gegenüber dem Staat getrieben und geprägt war, kann die Begründung einer wie auch immer staatlich eingeräumten Regelungsbefugnis als legitimatorische Grundlage der Tarifautonomie nicht überzeugen.[240]

Der letztlich ausschlaggebende Grund, weshalb die entwicklungsgeschichtlichen Ursprünge des Tarifvertragswesens für die gegenwärtige Dogmatik entscheidend sind, ist die bis heute bestehende strukturelle Imparität in der Verhandlungssituation zwischen Arbeitgeber und Arbeitnehmer, welche ursprünglich Anlass für das aufkommende Tarifvertragswesen war und noch heute in Anerkennung der imparitätsausgleichenden „Schutzfunktion" der Tarifautonomie die Grundidee der kollektivrechtlichen Ausgestaltung der Arbeitsbedingungen bildet.[241] Keine ernsthaften Zweifel können gegenwärtig dahingehend bestehen, dass auf Grundlage der geltenden freiheitlichen Wirtschafts- und Arbeitsverfassung die rechtliche Befugnis zur Gestaltung der eigenen Arbeitsbedingungen beim einzelnen Arbeitnehmer bzw. Arbeitgeber als Vertragsparteien des freiheitlichen Arbeitsvertrages liegt.[242] Die Gestaltung der Arbeitsbedingungen in der Vertragsbeziehung zwischen Arbeitnehmer und Arbeitgeber ist seit Einführung der Gewerbefreiheit jedenfalls keine staatliche Aufgabe.[243] Diejenigen, die von einer „Delegation" der Tarifautonomie durch den Staat oder auch „nur"

239 So *Rieble*, Arbeitsmarkt und Wettbewerb, Rn. 1109; *Zöllner*, Rechtsnatur, S. 14; *Hartmann*, Negative Tarifvertragsfreiheit, S. 161; vgl. auch BVerfG (26.06.1991), BVerfGE 84, 212 (224); *Richardi*, Arbeitsrecht, S. 26f.

240 Zu Recht wertet *Hartmann* in diesem Zusammenhang den Erlass der TVVO und die Aufnahme der Koalitionsfreiheit in die Weimarer Reichsverfassung lediglich als Reaktion auf ein „Phänomen [...], das sich außer- und nach damaliger Auffassung sogar widerrechtlich entwickelt hatte", jedoch gerade nicht als eine „Kompetenzübertragung auf die Tarifvertragsparteien", *ders.*, Negative Tarifvertragsfreiheit, S. 162.

241 Hierzu bereits E. II. 2.

242 Inwieweit eine solche freiheitliche Arbeits- und Wirtschaftsordnung zwingend mit der Berufsfreiheit nach Art. 12 GG oder der allgemeinen Vertragsfreiheit nach Art. 2 Abs. 1 GG verfassungsrechtlich vorgegeben ist, kann vorliegend deshalb dahinstehen, da an der gegenwärtig freiheitlichen Ausgestaltung der Arbeits- und Wirtschaftsordnung in der Bundesrepublik Deutschland keine Zweifel bestehen, vgl. hierzu nur etwa *Richardi*, Kollektivgewalt, S. 144f; zur „Vertragsfreiheit als rechtliche Grundentscheidung einer marktwirtschaftlichen Ordnung" *ders.*, 61. DJT, B 24f.

243 Zur Einführung der Gewerbefreiheit *Becker*, Arbeitsvertrag, S. 43ff; *Richardi*, Arbeitsrecht, S. 24.

von einer zusätzlichen Anerkennung der tarifvertraglichen Normsetzung durch den Staat ausgehen, setzen sich insofern in Widerspruch zu dieser Kompetenzverteilung. Unerklärlich ist hierbei, wie der Staat eine Befugnis zur Gestaltung der Arbeitsbedingungen zuweisen soll, die nicht ihm, sondern dem Einzelnen als Vertragspartei zukommt.[244] Einzig eine privatrechtlich-mandatarische Legitimation der Tarifautonomie wahrt eine privatautonome Selbstbestimmung des Einzelnen über die eigenen Arbeitsbedingungen und erweist sich als systemkonforme Legitimationsgrundlage der in Art. 9 Abs. 3 GG gewährleisteten Tarifautonomie in einer freiheitlichen Arbeits- und Wirtschaftsordnung.

Die im 20. Jahrhundert vorherrschende Auffassung der Tarifautonomie als einer vom Staat an die Tarifvertragsparteien übertragenen Regelungsbefugnis muss rückblickend gerade auch aufgrund der systemimmanenten Widersprüche in der Regelungszuständigkeit als dogmatische Fehlvorstellung eingeordnet werden und ist deshalb bei der heutigen dogmatischen Ausrichtung der Tarifautonomie zu vernachlässigen. Im Gegensatz hierzu erweist sich die Ursprungskonzeption der Tarifautonomie mit dem bezweckten Schutz der privatautonomen Selbstbestimmung über die eigenen Arbeitsbedingungen damals wie heute als systemkonforme Grundlage der in Art. 9 Abs. 3 GG gewährleisteten Tarifautonomie in einer freiheitlichen Arbeits- und Wirtschaftsordnung. Eine entsprechende Ausrichtung des gegenwärtigen Tarifvertragsrechts und der Tarifautonomie auf Grundlage einer ausschließlich privatrechtlich-mandatarischen Legitimation steht damit nicht nur im Einklang mit der von zwischenzeitlichen Fehlvorstellungen bereinigten Entwicklungsgeschichte der Tarifautonomie, sondern wird durch diese letztlich entscheidend bestätigt.[245]

c. *Zwischenergebnis: Das privatrechtliche Mandat als dogmatisch überlegene, historisch bestätigte und einzig systemkonforme Legitimationsgrundlage der Tarifautonomie nach Art. 9 Abs. 3 GG*

Geht man nicht zuletzt mit dem BVerfG von der „Schutzfunktion" der Tarifautonomie nach Art. 9 Abs. 3 GG aus, durch „kollektives Handeln [...] ein annähernd gleichgewichtiges Aushandeln der Löhne und Arbeitsbedingungen zu ermöglichen",[246] kommt als legitimatorische Grundlage dieser kollektiven

---

244 *Arnold*, Betriebliche Tarifnormen, S. 212ff, 229; *Hartmann*, Negative Tarifvertragsfreiheit, S. 161ff.

245 Ebenso *Picker*, Tarifautonomie, insbes. S. 39ff mwN; *Hartmann*, Negative Tarifvertragsfreiheit, S. 156ff; *Arnold*, Betriebliche Tarifnormen, S. 227ff, 239ff; kritisch *Höpfner*, Tarifgeltung, S. 309.

246 BVerfG (26.06.1991), BVerfGE 84, 212 (229).

Regelung der Arbeitsbedingungen ausschließlich das privatrechtliche Mandat der von der Regelung betroffenen Arbeitsvertragsparteien in Betracht. Nur eine solche ausschließlich privatrechtlich-mandatarische Legitimation der Tarifautonomie wahrt die Selbstbestimmung der Arbeitsvertragsparteien über die eigenen Arbeitsbedingungen und steht insoweit im Einklang mit der Entwicklungsgeschichte der Tarifautonomie,[247] bietet eine überzeugende dogmatische Erklärung des gegenwärtigen Tarifvertragsrechts[248] und erweist sich als systemkonforme Legitimationsgrundlage der Tarifautonomie in einer freiheitlichen Arbeits- und Wirtschaftsordnung[249]. Wie sich noch zeigen wird, ergeben sich insofern aus der in Art. 9 Abs. 3 GG verfassungsrechtlich gewährleisteten Tarifautonomie und insbesondere aus deren privatrechtlich-mandatarischen Legitimationsgrundlage zum einen klare Vorgaben an den einfachen Gesetzgeber, die dieser bei der Ausgestaltung des Tarifvertragsrechts zu beachten hat, zum anderen ermöglicht die Ausrichtung der Tarifautonomie anhand deren privatrechtlicher Grundlage einen Erkenntnisgewinn bei der Auslegung des bestehende Tarifvertragsrechts.

4. Kein weiterer verfassungsrechtlicher „Schutzzweck" der Tarifautonomie nach Art. 9 Abs. 3 GG – insbesondere keine „institutionelle" Ordnungsfunktion der Tarifautonomie

Für eine abschließende „positive" Bestimmung der Reichweite der Tarifautonomie ist entscheidend, ob mit der Tarifautonomie nach Art. 9 Abs. 3 GG neben der aufgezeigten „Schutzfunktion" noch weitere Schutzzwecke verfassungsrechtlich gewährleistet sind. Im Raum steht hierbei immer wieder die Frage, ob mit der verfassungsrechtlich in Art. 9 Abs. 3 GG gewährleisteten Tarifautonomie eine institutionelle „Ordnungsfunktion" der Tarifvertragsparteien für das gesamte Arbeitsrecht geschützt wird, wonach es Aufgabe der Tarifvertragsparteien sei, das gesamte Arbeitsleben als Sozialpartner sinnvoll zu ordnen.[250] In diesem

247 S. oben E. II. 3. b).
248 S. oben E. II. 3. a).
249 S. oben E. II. 3. b).
250 *Gamillscheg*, Kollektives Arbeitsrecht I, 263ff, 302ff; ähnlich auch *Krüger*, Verh. des 46. DJT, Bd. I/1, S. 32f, 68 Fn. 12; *Säcker/Oetker*, Grundlagen, S. 276ff; das BAG deutete vor nicht allzu langer Zeit ebenfalls noch eine umfassende „Regelungsaufgabe" der Tarifvertragsparteien für eine Branche oder alle in den Zuständigkeitsbereich fallenden Arbeitnehmer an (BAG 18.03.2009), BAGE 130, 43 (Rn. 71); zu Recht kritisch hiergegen *Hartmann*, Negative Tarifvertragsfreiheit, S. 132; *ders.*, SAE 2011, 225 (227); *Lobinger/Hartmann*, RdA 2010, 235 (239ff); JKOS/*Krause*, TVR, § 1 Rn. 27; zum Meinungsstand vgl. *Höpfner*, Tarifgeltung, S. 233ff.

Zusammenhang wird den Tarifvertragsparteien dann zumeist ein „beschäftigungspolitisches Mandat“ für alle Arbeitnehmer oder jedenfalls für eine gesamte Branche zugesprochen.[251] Nicht zuletzt im Zusammenhang mit schuldrechtlichen Standortvereinbarungen oder Investitionszusagen der Arbeitgeberseite in einem Tarifvertrag wird auf ein entsprechendes „beschäftigungspolitisches Mandat“ der Tarifvertragsparteien hingewiesen, welches mit der Tarifautonomie nach Art. 9 Abs. 3 GG gewährleistet sei.[252]

Entsprechenden Vorstellungen einer „Ordnungsfunktion“ oder eines „beschäftigungspolitischen Mandats“ der Tarifvertragsparteien kann jedoch, jedenfalls als verfassungsrechtlich nach Art. 9 Abs. 3 GG geschützte Funktion der Tarifautonomie, nur eine klare Absage erteilt werden.[253]

Dies ergibt sich zunächst aus dem offensichtlichen Spannungsverhältnis einer solchen „Ordnungsfunktion“ zu der „Schutzfunktion“ der Tarifautonomie als „kollektiv ausgeübter Privatautonomie“ nach Art. 9 Abs. 3 GG. Wie sich gezeigt hat, wird durch die Tarifautonomie die privatautonome Selbstbestimmung des einzelnen Arbeitnehmers geschützt.[254] Verfassungsrechtlich wird nach Art. 9 Abs. 3 GG durch die Tarifautonomie daher die Wahrnehmung der Individualinteressen in der Gruppe gewährleistet.[255] Auch wenn Gruppeninteresse und Gemeinschaftsinteresse gerade hinsichtlich beschäftigungspolitischer Fragen

---

251 Mit umfassendem Überblick zur Frage eines „beschäftigungspolitischen Mandats“ der Tarifvertragsparteien *Cherdron*, Sanierungsvereinbarungen, S. 130ff (insbes. 138ff); für die Annahme eine beschäftigungspolitischen Mandats der Tarifvertragsparteien etwa *Waltermann*, NZA 1991, 754 (755ff).

252 *Hanau/Thüsing*, ZTR 2001, 1ff, 49ff (zum „beschäftigungspolitischen Mandat“ S. 5f). Unklar bleibt hierbei, ob *Hanau/Thüsing* letztlich gerade aufgrund des beschäftigungspolitischen Mandats von einer Erweiterung der tarifautonomen Regelungsbefugnis auf nicht- oder andersorganisierte Arbeitnehmer ausgehen. Auffällig ist jedoch, dass bei den Fragen nach der Zulässigkeit einer Standortgarantie oder tariflicher Investitionszusagen die personelle Reichweite der Tarifautonomie als Problem der Außenseiterwirkung nicht einmal gesehen wird. Zum Problem der Außenseiterwirkung bei sog. Standortvereinbarungen vgl. 1. Kapitel, E. III. 3. a).

253 *Löwisch/Rieble*, TVG, Grundl. Rn. 36ff; *Hartmann*, Negative Tarifvertragsfreiheit, S. 130ff; *Rieble*, ZfA 2004, 1 (8ff); vgl. auch die ausführliche Auseinandersetzung hierzu bei *Picker*, ZfA 1998, 573 (insbes. 595ff).

254 S. oben 1. Kapitel, E. III. 3. b) aa).

255 Auch die Rechtsprechung des BAG befindet sich hierzu (wieder) im Einklang, wenn dort die Aufgabe der Tarifvertragsparteien nach Art. 9 Abs. 3 GG herausgestellt wird, die Arbeits- und Wirtschaftsbedingungen „ihrer Mitglieder sinnvoll zu ordnen“, so BAG (18.03.2010), NZA-RR 2010, 664 (Rn. 22).

durchaus übereinstimmen können, trifft es mit den Worten *Isensees* zu, dass die Tarifvertragsparteien „besonders schlecht geeignet [sind], Verantwortung für das Gemeinwohl zu tragen, weil sie ihrer Rolle im Tarifsystem gemäß einseitig und gegnerisch Gruppenegoismen verkörpern".[256]

Letztlich entscheidend ist jedoch, dass es den Tarifvertragsparteien an der erforderlichen Legitimation fehlt, die ein Handeln gegenüber den nicht- oder andersorganisierten Arbeitnehmern rechtfertigen könnte.[257] Wie sich gezeigt hat, liegt die Legitimationsgrundlage der Tarifautonomie ausschließlich im privatrechtlichen Mandat der Mitglieder.[258] Für eine umfassende Arbeitsmarktpolitik oder eine „ordnende" Funktion über das Mandat ihrer Mitglieder hinaus fehlt den Tarifvertragsparteien die Legitimation. Jedenfalls wird eine solche nicht durch die Tarifautonomie nach Art. 9 Abs. 3 GG vermittelt. Da eine umfassende personelle Legitimation ausschließlich dem Staat durch demokratische Wahlen zukommt, ergeben sich nicht zuletzt auch aus dem Demokratieprinzip entscheidende Bedenken gegenüber einer „Ordnungsfunktion" des Tarifvertrages und der Tarifvertragsparteien.[259] Eine etwaige marktregelnde Funktion über das Arbeitsverhältnis der eigenen Mitglieder hinaus kann tarifvertraglichen Regelungen nur dann zukommen, wenn der Staat beispielsweise durch eine Allgemeinverbindlichkeitserklärung nach § 5 TVG sich die tarifvertraglichen Regelungen „zu eigen macht", wobei diese Tarifnormerstreckung dann gerade durch den staatlich-demokratischen Gesetzgeber legitimiert ist und nicht unter den Schutzbereich der Tarifautonomie nach Art. 9 Abs. 3 GG fällt.[260]

Auch wenn demzufolge eine verfassungsrechtlich mit der Tarifautonomie verbundene „Ordnungsfunktion" der Tarifvertragsparteien über den Kreis ihrer Mitglieder hinaus zwingend verneint werden muss, bedeutet dies umgekehrt nicht,

256 *Isensee*, in: Walter-Raymond-Stiftung (Hrsg.), Zukunft der sozialen Partnerschaft, S. 177; vgl. auch HdbStR IV/*Isensee*, § 71 Rn. 42; ähnlich auch *Picker*, ZfA 1998, 573 (663); *Höpfner*, Tarifgeltung, S. 241f; *Rieble*, ZfA 2004, 1 (8ff).

257 *Picker*, ZfA 1998, 573 (690ff); *Löwisch/Rieble*, TVG, Grundl. Rn. 39ff; *Rieble*, ZfA 2004, 1 (8ff); nur im Ansatz auch JKOS/*Krause*, TVG, § 1 Rn. 28.

258 S. oben 1. Kapitel, E. II. 3.

259 *Löwisch/Rieble*, TVG, Grundl. Rn. 42; *Rieble*, ZfA 2004, 1 (8f); vgl. zur Bedeutung des Demokratieprinzips für die Frage der Erstreckung tarifvertraglicher Regelungen auf sogenannte Außenseiter auch *Hartmann*, Negative Tarifvertragsfreiheit, S. 216f.

260 Hierzu ausführlich *Hartmann*, Negative Tarifvertragsfreiheit, S. 193ff; zu den sich hieraus ergebenden Anforderungen an eine Allgemeinverbindlichkeitserklärung nach § 5 TVG, *ders.*, a.a.O., S. 207ff; vgl. auch *Löwisch/Rieble*, TVG, Grundl. Rn. 36; sowie BVerfG (24.05.1977), BVerfGE 44, 322 (347f); BVerfG (14.06.1983), BVerfGE 64, 208 (214f).

dass tarifvertragliche Regelungen nicht auch mit dem Ziel im Einklang stehen können, eine möglichst hohe Gesamtbeschäftigung in einer Branche oder auf dem gesamten Arbeitsmarkt zu erreichen.[261] Allerdings folgt allein hieraus keine funktionelle Erweiterung der in Art. 9 Abs. 3 GG gewährleisteten Tarifautonomie.[262]

Die Ablehnung einer institutionellen „Ordnungsfunktion" der Tarifautonomie nach Art. 9 Abs. 3 GG steht auch nicht im Widerspruch zur Rechtsprechung des BVerfG, wenn dort von dem Zweck der Tarifautonomie die Rede ist, eine „sinnvolle Ordnung des Arbeitslebens" zu ermöglichen.[263] Denn es ist zu bedenken, dass bereits die allein auf die eigenen Mitglieder bezogene „Schutzfunktion" im Interesse der Allgemeinheit ist, da hierdurch eine marktmäßige Gestaltung der Arbeitsbedingungen überhaupt erst ermöglicht wird.[264] Insofern ist es gerade das kollektive Aushandeln individueller Arbeitsbedingungen und der damit bezweckte Imparitätsausgleich, der bereits eine „Ordnung" des Arbeitslebens mit sich bringt.[265] Die „ordnende Wirkung" des Tarifvertrages stellt insofern lediglich einen systemimmanenten Effekt dar, der allein durch den Ausgleich des strukturellen Ungleichgewichts durch das kollektive Aushandeln der Arbeitsbedingungen erzielt wird. Eine Ausweitung der tarifvertraglichen Regelungsbefugnis im Schutzbereich der Tarifautonomie nach Art. 9 Abs. 3 GG geht damit nicht einher.

5. *Die „Schutzfunktion" der Tarifautonomie als nach Art. 9 Abs. 3 GG verfassungsrechtlich gewährleistete „kollektiv ausgeübte Privatautonomie"*

Im Ergebnis bleibt die imparitätsausgleichende „Schutzfunktion" als grundrechtlicher Schutzzweck der in Art. 9 Abs. 3 GG gewährleisteten Tarifautonomie. Durch die Tarifautonomie in Art. 9 Abs. 3 GG wird ein annähernd gleichgewichtiges Aushandeln der Arbeitsbedingungen zwischen den am freiheitlich-kapitalistischen Arbeitsmarkt grundsätzlich strukturell unterlegenen Arbeitnehmern und der Arbeitgeberseite gewährleistet. Ein diese Vorgaben der Tarifautonomie nach Art. 9 Abs. 3 GG erfüllendes Tarifsystem „bereitzustellen", ist eine

---

261 *Löwisch/Rieble*, TVG, Grundl. Rn. 43; JKOS/*Krause*, TVR, § 1 Rn. 29.

262 *Löwisch/Rieble*, TVG, Grundl. Rn. 43; ähnlich, wenn auch unter Einschränkung auf die Normsetzungsbefugnis der Tarifvertragsparteien *Höpfner*, Tarifgeltung, S. 237ff.

263 BVerfG (18.11.1954), BVerfGE 4, 96 (107); vgl. auch BVerfG (06.05.1964), BVerfGE 18, 18 (28); BVerfG (01.03.1979), BVerfGE 50, 290 (367).

264 Vgl. *Picker*, ZfA 1986, 199 (220); *Hartmann*, Negative Tarifvertragsfreiheit, S. 137, 164.

265 Durchaus in diesem Sinne zu verstehen BVerfG (01.03.1979), BVerfGE 50, 290 (367).

verfassungsrechtlich vorgegebene Aufgabe an den einfachen Gesetzgeber.[266] Legitimatorische Grundlage der Tarifautonomie nach Art. 9 Abs. 3 GG ist dabei das privatrechtliche Mandat der Mitglieder.[267]

III. Die sachlich-gegenständliche und personelle Reichweite der in Art. 9 Abs. 3 GG geschützten Tarifautonomie

Anhand der vollzogenen Ausrichtung der Tarifautonomie an ihrem verfassungsrechtlichen Schutzzweck und ihrer legitimatorischen Grundlage ergeben sich klare Grenzen für die sachlich-gegenständliche und personelle Reichweite der in Art. 9 Abs. 3 GG geschützten Tarifautonomie. Diese verfassungsrechtlichen Vorgaben hat zum einen der einfache Gesetzgeber bei der näheren Ausgestaltung des Tarifsystems zu beachten, zum anderen muss sich eine verfassungskonforme Auslegung bestehender einfachgesetzlicher Regelungen an diesen Vorgaben messen lassen.

1. Die begrenzte personelle Reichweite der privatrechtlich-mandatarisch legitimierten Tarifautonomie nach Art. 9 Abs. 3 GG

Die bisherige Untersuchung hat gezeigt, dass die legitimatorische Grundlage der Tarifautonomie nach Art. 9 Abs. 3 GG zum kollektiven Aushandeln der Arbeitsbedingungen ausschließlich im privatrechtlichen Mandat der Mitglieder liegen kann. Die sich hieraus ergebenden personellen Grenzen der Tarifautonomie liegen insofern auf der Hand. Die Tarifautonomie erfasst ausschließlich die Arbeitsverhältnisse der Mitglieder, für welche die erforderliche Legitimationsgrundlage durch das privatrechtliche Mandat in Form des Koalitionsbeitritts vorliegt. Diese personelle Grenze der Tarifautonomie steht im Einklang mit dem heute vorherrschenden Verständnis der Tarifautonomie als „kollektiv ausgeübte Privatautonomie". Tarifvertragliche Vereinbarungen sind nur dann vom Schutz der Tarifautonomie erfasst, wenn sie ausschließlich die Arbeitsbedingungen der eigenen Mitglieder regeln. Erstreckt sich die Wirkung tarifvertraglicher Vereinbarungen auf Anders- oder Nichtorganisierte, fällt dies nicht mehr unter den verfassungsrechtlichen Schutz der Tarifautonomie und kann nicht durch die

---

266 BVerfG (01.03.1979), BVerfGE 50, 290 (368f); ähnlich bereits BVerfG (06.05.1964), BVerfGE 18, 18 (26f); BVerfG (18.12.1974), BVerfGE 38, 281 (306); vgl. aus der Literatur hierzu nur etwa Sachs/*Höfling*, GG, Art. 9 Rn. 78ff, 89.

267 S. oben 1. Kapitel, E. II. 3.

privatrechtlich-mandatarische Regelungsbefugnis der Tarifvertragsparteien gerechtfertigt werden.[268]

2. *Das synallagmatische Austauschverhältnis des Einzelarbeitsvertrages als sachlich-gegenständlicher Bezugspunkt der Tarifautonomie nach Art. 9 Abs. 3 GG*

Für die sachlich-gegenständliche Reichweite der Tarifautonomie nach Art. 9 Abs. 3 GG lässt sich keine entsprechend scharfe Abgrenzung allein aus den bisherigen Erkenntnissen vornehmen. Welche Regelungsinhalte in einem Tarifvertrag getroffen werden können, lässt sich auch anhand der vorgenommenen „positiven" Bestimmung der Tarifautonomie im Einzelnen nicht sagen. Dahingehend ist auch die Aussage des BVerfG zu verstehen, dass die konkrete Ausgestaltung des Tarifvertragsrechts und gegebenenfalls dessen Anpassung an sich veränderte Vorgaben Aufgabe des einfachen Gesetzgebers sei.[269]

Allerdings ergibt sich aus der verfassungsrechtlichen „Schutzfunktion" der Tarifautonomie nach Art. 9 Abs. 3 GG ein abschließender Bezugspunkt für die sachlich-gegenständlichen Regelungsinhalte im Schutzbereich der Tarifautonomie. Sachlich-gegenständlich erstreckt sich der mit der Tarifautonomie bezweckte Ausgleich des Verhandlungsungleichgewichts nicht abstrakt auf beliebige Arbeits- und Wirtschaftsbedingungen, sondern ist auf das *synallagmatische Austauschverhältnis* der Arbeitsverträge der einzelnen Arbeitnehmer beschränkt.[270] Wie sich gezeigt hat, ist die Tarifautonomie in ihrer „Schutzfunktion" nach Art. 9 Abs. 3 GG „darauf angelegt, die strukturelle Unterlegenheit der einzelnen Arbeitnehmer beim Abschluß von Arbeitsverträgen durch kollektives Handeln auszugleichen".[271] Verfassungsrechtlich geschützt wird mit der Tarifautonomie die Bildung einer kollektiven Gegenmacht, durch welche die ansonsten bestehende strukturelle Unterlegenheit der einzelnen Arbeitnehmer beim Aushandeln ihrer Arbeitsbedingungen ausgeglichen werden soll. Regelungsinhalte,

---

268 Zur staatlichen Legitimation nach § 5 TVG für allgemeinverbindlich erklärter Tarifvertragsvereinbarungen vgl. auch Fn. 260.

269 Vgl. Fn. 266.

270 Ähnlich, ebenfalls unter Bezugnahme auf das „synallagmatische Austauschverhältnis" *Hartmann*, in: Rieble/Junker/Giesen (Hrsg.), Ausweitung der Tarifmacht, S. 15ff (39); vgl. auch *Lobinger*, in Rieble (Hrsg.), Zukunft des Arbeitskampfes, S. 55ff (Rn. 24), der den Bezug der Tarifautonomie und des Arbeitskampfes auf „den Arbeitsvertrag und dessen Inhalte" hervorhebt; jedenfalls im Ergebnis ähnlich *Giesen*, in: Rieble/Junker/Giesen (Hrsg.), Ausweitung der Tarifmacht, S. 57ff (65ff).

271 So BVerfG (26.06.1991), BVerfGE 84, 212 (229).

die nicht mehr das vertragliche Austauschverhältnis zwischen dem einzelnen Arbeitnehmer und dem Arbeitgeber betreffen, sind somit von der „Schutzfunktion" der Tarifautonomie und dem grundrechtlichen Schutz nach Art. 9 Abs. 3 GG nicht mehr erfasst.[272]

3. Keine unternehmerischen Grundlagenentscheidungen im Schutzbereich der Tarifautonomie nach Art. 9 Abs. 3 GG

Wie sich gezeigt hat, wird die Frage nach der schuldrechtlichen Regelungsbefugnis in einem Tarifvertrag überlagert durch das jeweils zu Grunde liegende Verständnis der Reichweite der in Art. 9 Abs. 3 GG gewährleisteten Tarifautonomie. Hinsichtlich sogenannter Standortvereinbarungen hat sich als besonders umstritten herausgestellt, ob der Erhalt, die Verlagerung, der Ausbau oder auch die Schließung eines Standortes sachlich-gegenständlich von der in Art. 9 Abs. 3 GG gewährleisteten Tarifautonomie erfasst sind und dahingehende schuldrechtliche Vereinbarungen in einem Tarifvertrag getroffen werden können.[273]

Auf Grundlage der vorliegend vollzogenen, funktionsorientierten und am Schutzzweck ausgerichteten „positiven" Bestimmung des sachlich-gegenständlichen sowie personellen Gewährleistungsumfangs zeigt sich, dass sowohl Standortfragen wie auch alle unternehmerischen Entscheidungen, die allenfalls vermittelt durch eine künftige Marktreaktion sich auf das einzelne Arbeitsverhältnis auswirken, nicht von der verfassungsrechtlich in Art. 9 Abs. 3 GG geschützten Tarifautonomie erfasst werden.

a. Keine Standortvereinbarungen

Diejenigen Stimmen im Schrifttum, die von einem grundsätzlich weit verstandenen Gewährleistungsgehalt der Tarifautonomie ausgehen, sehen von dem Begriffspaar der „Arbeits- und Wirtschaftsbedingungen" unproblematisch auch solche Vereinbarungen in einem Tarifvertrag erfasst, die den Erhalt bzw. die Schließung eines Betriebsstandortes oder aber auch neue Investitionen in einen

---

272 Vgl. zur Gefahr einer konstruktiv möglichen, unbegrenzten Einbeziehung von Regelungsinhalten in das synallagmatische Vertragsverhältnis durch Bedingungszusammenhang noch 3. Kapitel, IV. 1.; vgl. hierzu auch *Hartmann*, in: Rieble/Junker/Giesen (Hrsg.), Ausweitung der Tarifmacht, S. 15ff (40ff), der die „tatbestandliche Verknüpfung zwischen den Arbeitsbedingungen und unternehmerischen Fragen" im Rahmen der Tarifnormgestaltung im Ergebnis daher zu Recht als „widerrechtlichen Formmissbrauch" qualifiziert (Zitat aus S. 40).

273 S. oben 1. Kapitel, B. II.

bestehenden Standort betreffen.[274] Auch die Rechtsprechung hält schuldrechtliche Standortgarantien[275] oder konkrete Investitionszusagen[276] in einem Tarifvertrag für möglich. Nach einer durchaus verbreiteten vermittelnden Auffassung ist bei Standortvereinbarungen in einem Tarifvertrag zu unterscheiden, ob die Schließung bereits bestehender Betriebe oder die Investition in neue bzw. der Ausbau vorhandener Betriebe geregelt werden soll.[277] Von der Tarifautonomie nach Art. 9 Abs. 3 GG erfasst sei ausschließlich der erste Fall, da nur bei einer (drohenden) Schließung eines Betriebs(teils) bestehende Arbeitsverhältnisse betroffen seien.[278] Auf Grundlage der vorliegenden Untersuchung zeigt sich, dass jedoch auch diese unternehmerische Entscheidung, einen bestehenden Betrieb zu schließen, nicht vom Gewährleistungsgehalt der Tarifautonomie erfasst ist.

Wie die funktionsorientierte und am Schutzzweck ausgerichtete Bestimmung ergeben hat, wird mit der in Art. 9 Abs. 3 GG gewährleisteten Tarifautonomie das kollektive Aushandeln der im Synallagma des Arbeitsvertrages stehenden Arbeitsbedingungen gewährleistet.[279] Die Entscheidung, einen Standort zu erhalten, auszubauen oder zu schließen, ist hingegen dieser „arbeitsvertraglichen Sphäre vorgelagert"[280] und liegt deshalb außerhalb des sachlich-gegenständlichen Schutzbereichs der Tarifautonomie. Die unternehmerische Entscheidung, einen Standort zu erhalten, auszubauen oder zu schließen, betrifft im Vergleich zu den

---

274 Däubler/*Reim/Ahrend*, TVG, § 1 Rn. 1072; Däubler/*Hensche/Heuschmid*, TVG, § 1 Rn. 969; *Däubler*, TVR, 175d, 1110ff; vgl. auch *Hensche*, AuR 2004, 443 (448); *Stark*, Verfassungsfragen, S. 63ff (insbes. 66f); *Zachert*, AuR 1985, 201 (207).

275 BAG (04.04.2002), BAGE 97, 263 (270).

276 LAG Niedersachsen (18.5.2011), 17 SaGa 1939/10, juris Rn. 32.

277 JKOS/*Krause*, TVR, § 1 Rn. 108; *Gamillscheg*, Kollektives Arbeitsrecht I, S. 339f; in diesem Sinne wohl auch *Hanau/Thüsing*, ZTR 2001, 49 (53).

278 *Krause*, Standortsicherung und Arbeitsrecht, S. 63; *Gamillscheg*, Kollektives Arbeitsrecht I, S. 340; mit ähnlicher Begründung auch *Ruch*, Dreiseitige Vereinbarungen, S. 53.

279 S. oben 1. Kapitel, E. III. 2.

280 *Hartmann*, in: Rieble/Junker/Giesen (Hrsg.), Ausweitung der Tarifmacht, S. 15ff (S. 39); vgl. hierzu auch *Thüsing*, NZA 2008, 201 (204), der ebenfalls davon ausgeht, dass entsprechende Inhalte „vorgelagert" sind. *Thüsing* folgert aus dieser Erkenntnis jedoch lediglich, dass entsprechende Vereinbarungen nicht als „betriebliche" Tarifnormen im Sinne von § 3 Abs. 2 TVG vereinbart werden könnten. Schuldrechtliche Tarifvertragsvereinbarungen seien hingegen möglich; ähnlich auch – unter Bezugnahme auf *Thüsing* – das Landesarbeitsgericht Niedersachsen (18.05.2011), 17 SaGa 1939/10, juris Rn. 32.

synallagmatischen Arbeitsbedingungen des Arbeitsvertrages lediglich die Vorfrage, ob ein Unternehmen abhängige Arbeit überhaupt nachfragt.[281]

Die „Schutzfunktion" der Tarifautonomie zielt darauf, die strukturelle Imparität in der Verhandlungssituation über die Arbeitsbedingungen durch „kollektives Handeln" auszugleichen.[282] Der grundrechtliche Schutz der Tarifautonomie, die einen Ausgleich der Verhandlungsimparität gewährleisten soll, erstreckt sich lediglich auf einen Ausgleich in der Verhandlungssituation. Die Tarifautonomie ist hingegen nicht darauf angelegt, Einfluss auf das Entstehen neuer Arbeitsplätze am Arbeitsmarkt zu nehmen oder abstrakt und ohne Bezug auf das konkrete Einzelarbeitsverhältnis Arbeitsplätze am Arbeitsmarkt zu erhalten. Entgegen den genannten, dahingehend differenzierenden Auffassungen unter den Abwägungslehren wird mit der Tarifautonomie damit auch nicht geschützt – beispielsweise durch eine sog. Standortgarantie – die bestehende Nachfrage eines Unternehmens an abhängiger Arbeit für einen bestimmten Standort aufrecht zu erhalten. Ein beschäftigungspolitisches Mandat kommt der Tarifautonomie nach Art. 9 Abs. 3 GG gerade nicht zu.[283]

Zusätzliche Bedenken, die gegen eine Regelbarkeit von Standortfragen auf Grundlage der Tarifautonomie sprechen, ergeben sich auch aus der auf die eigenen Mitglieder begrenzten personellen Legitimation der Tarifautonomie.[284] Grund hierfür ist, dass Standortfragen als solche sich stets auf *alle* Arbeitsverhältnisse des betreffenden Standortes beziehen. Da sich die Tarifautonomie nach Art. 9 Abs. 3 GG aufgrund ihrer begrenzten privatrechtlich-mandatarischen Legitimation durch die organisierten Mitglieder jedoch ausschließlich auf die Arbeitsverhältnisse dieser Mitglieder erstreckt, erscheint es auch aus legitimatorischen Gesichtspunkten zusätzlich bedenklich, dass Standortfragen nicht nur den Arbeitsverhältnissen der eigenen Mitglieder, sondern eben gerade auch den Arbeitsverhältnissen der anders- oder nichtorganisierten Arbeitnehmer „vorgelagert sind".[285]

Schuldrechtliche Vereinbarungen, in denen der Arbeitgeber sich verpflichtet, einen Standort zu erhalten, auszubauen oder zu schließen, sind jedenfalls

---

281 So auch *Franzen*, ZfA 2005, 315 (329); *Hartmann*, in: Rieble/Junker/Giesen (Hrsg.), Ausweitung der Tarifmacht, S. 15ff (S. 39); ähnlich *Lobinger*, in Rieble (Hrsg.), Zukunft des Arbeitskampfes, S. 55ff (Rn. 33), der in diesem Zusammenhang von einer „Verfügung über den Arbeitsplatz in Sinne einer sachlichen Einrichtung" spricht.

282 BVerfG (26.06.1991), BVerfGE 84, 212 (229).

283 S. oben 1. Kapitel, E. II. 4.

284 S. oben 1. Kapitel, E. III. 1.

285 *Lobinger*, in Rieble (Hrsg.), Zukunft des Arbeitskampfes, S. 55ff (Rn. 33).

in sachlicher Hinsicht vom verfassungsrechtlichen Gewährleistungsgehalt der Tarifautonomie nach Art. 9 Abs. 3 GG nicht erfasst und erscheinen mit Blick auf die begrenzte personelle Legitimationsgrundlage der Tarifautonomie zusätzlich bedenklich.

b. Keine sonstigen unternehmerischen Grundlagenentscheidungen

Ebenfalls nicht mehr vom sachlich-gegenständlichen Gewährleistungsumfang der Tarifautonomie erfasst sind solche unternehmerischen Entscheidungen, die sich auf das synallagmatische Austauschverhältnis der einzelnen Arbeitsvertragsparteien allenfalls mittelbar in Folge einer Marktreaktion auswirken können.[286]

Dass jedenfalls solche unternehmerischen Entscheidungen, die lediglich vermittelt durch eine Marktreaktion potentiell Einfluss auf die einzelnen Arbeitsverhältnisse nehmen, nicht mehr von der Tarifautonomie erfasst sind, findet auch innerhalb der Abwägungslehren verbreitet Zuspruch.[287] Die Preis- bzw. Produktpolitik eines Unternehmens sei beispielsweise nicht mehr von der Tarifautonomie erfasst.[288] Aber auch Finanzierungsfragen,[289] die Gesellschaftsrechtsform[290] oder das Nachfrageverhalten des Unternehmens am Gütermarkt[291] beträfen nicht mehr die mit der Tarifautonomie geschützte Ausgestaltung der „Arbeits- und Wirtschaftsbedingungen“. Oftmals seien bereits die verfassungsrechtlichen „Innenschranken“ der Tarifautonomie überschritten, sodass es auf

286 So auch *Hartmann*, in: Rieble/Junker/Giesen (Hrsg.), Ausweitung der Tarifmacht, S. 15ff (S. 39), der dabei ebenfalls einen funktionsorientierten Ansatz zur Bestimmung der Reichweite der Tarifautonomie verfolgt.

287 Zur „Unmittelbarkeit“ als Abgrenzungskriterium tarifvertraglicher von nichttariflichen Regelungsinhalten vgl. – wenn auch auf Basis der abzulehnenden verfassungsrechtlichen Abwägungsmethodik – *Wiedemann*, Festschrift Riesenfeld, S. 302f; Thüsing/Braun/*Thüsing*, Tarifrecht, § 1 Rn. 37; vgl. auch *Gamillscheg*, Kollektives Arbeitsrecht I, S. 220, 340; JKOS/*Krause*, TVR, § 1 Rn. 108; zur Kritik an dem Kriterium der „Unmittelbarkeit“ als Abgrenzungskriterium Däubler/*Hensche/Heuschmid*, TVG, § 1 Rn. 943; *Weyand*, Mitbestimmung, S. 81f; einen lediglich mittelbaren Einfluss auf die einzelnen Arbeitsverhältnisse ebenfalls für ausreichend haltend *Stark*, Verfassungsfragen, S. 63ff.

288 JKOS/*Krause*, TVR, § 1 Rn. 108; *ders.*, Standortsicherung und Arbeitsrecht, S. 63; *Gamillscheg*, Kollektives Arbeitsrecht I, S. 339.

289 JKOS/*Krause*, TVR, § 1 Rn. 108; *ders.*, Standortsicherung und Arbeitsrecht, S. 63; *Gamillscheg*, Kollektives Arbeitsrecht I, S. 339.

290 Wiedemann/*ders.*, TVG, Einl. Rn. 328.

291 *Franzen*, in: Rieble/Junker/Giesen (Hrsg.), Ausweitung der Tarifmacht, S. 119 (122f).

eine Abwägung mit Art. 12 GG nicht ankomme.[292] Nicht verwunderlich ist dagegen, dass gerade diejenigen Auffassungen im Schrifttum, die von einem sachlich sehr weitreichenden Gewährleistungsumfang der Tarifautonomie ausgehen, als Ergebnis einer Abwägung mit anderen Verfassungspositionen zu einer umfangreichen Regelbarkeit unternehmerischer Entscheidungen in einem Tarifvertrag kommen.[293]

Auf Grundlage der vorliegend verfolgten funktionsorientierten Bestimmung der Tarifautonomie zeigt sich noch klarer als bei den bereits angesprochenen Standortvereinbarungen, dass unternehmerische Entscheidungen, beispielsweise zur Modellpolitik, zu verwendeten Produktionsmitteln oder zur Auswahl der Vertragspartner, das synallagmatische Austauschverhältnis der einzelnen Arbeitsvertragsparteien nicht regeln. Selbst wenn man zu Grunde legt, dass die genannten Entscheidungen tatsächlich infolge einer künftigen Marktreaktion die wirtschaftliche Lage des Unternehmens positiv beeinflussen, bleibt das synallagmatische Austauschverhältnis der Einzelarbeitsvertragsparteien hiervon unberührt. Aufgrund einer verbesserten wirtschaftlichen Lage des Unternehmens ändern sich die vertraglichen Arbeitsbedingungen der einzelnen Arbeitnehmer nicht. Ähnlich wie Standortvereinbarungen sind Vereinbarungen über das Marktverhalten eines Unternehmens damit dem arbeitsvertraglichen Austauschverhältnis allenfalls vorgelagert und werden von dem verfassungsrechtlichen Schutzzweck der Tarifautonomie nach Art. 9 Abs. 3 GG bereits in sachlicher Hinsicht nicht erfasst.[294]

Wiederum greifen auch für unternehmerische Grundlagenentscheidungen die bereits für die Standortvereinbarungen angeführten Bedenken aufgrund der begrenzten personellen Legitimation der Tarifautonomie nach Art. 9 Abs. 3 GG. So betrifft eine veränderte Marktstellung des Unternehmens allenfalls alle Arbeitnehmer gleichermaßen und bleibt gerade nicht auf die Arbeitsverhältnisse der organisierten Arbeitnehmer begrenzt.

In Übereinstimmung mit dem überwiegenden Ergebnis innerhalb der Abwägungslehren bestätigt die vorliegende funktionsorientierte Bestimmung der

---

292 *Gamillscheg*, Kollektives Arbeitsrecht I, S. 339; ähnlich mit der dahingehenden Unterscheidung zur Zuständigkeit der Tarifvertragsparteien (Art. 9 Abs. 3 GG) und der Zulässigkeit (Art. 12 GG) Wiedemann/*ders.*, TVG, Einl. Rn. 326.

293 Vgl. Däubler/*Hensche/Heuschmid*, TVG, § 1 Rn. 946, 969; *Däubler*, Mitbestimmung, S. 185ff; *ders.* TVR, Rn. 1110ff; *Zachert*, AuR 1985, 201 (207); *Hensche*, AuR 2004, 443 (448); ähnlich auch *Weyand*, Mitbestimmung, 180ff (insbes. 183).

294 *Hartmann*, in: Rieble/Junker/Giesen (Hrsg.), Ausweitung der Tarifmacht, S. 15ff (S. 39).

Tarifautonomie, dass unternehmerische Grundlagenentscheidungen nicht vom Gewährleistungsgehalt der Tarifautonomie nach Art. 9 Abs. 3 GG erfasst sind.

4. *Das synallagmatische Austauschverhältnis der organisierten Einzelarbeitsverhältnisse als durch die Tarifautonomie nach Art. 9 Abs. 3 GG verfassungsrechtlich gewährleisteter Regelungsinhalt eines Tarifvertrags*

Die in Art. 9 Abs. 3 GG gewährleistete Tarifautonomie umfasst in sachlich-gegenständlicher und personeller Hinsicht das kollektive Aushandeln der synallagmatischen Arbeitsbedingungen der organisierten Einzelarbeitsverhältnisse. Unternehmerische Grundlagenentscheidungen sind hingegen nicht mehr vom Schutzzweck der Tarifautonomie erfasst. Kollektive Vereinbarungen über unternehmerische Grundlagenentscheidungen, wie z.B. Standortfragen, werden daher nicht verfassungsrechtlich durch die in Art. 9 Abs. 3 GG gewährleistete Tarifautonomie geschützt.

IV. Zwischenergebnis: Gewährleistungsumfang der Tarifautonomie nach Art. 9 Abs. 3 GG

Nachdem sich bereits die vorherrschende Abwägungsmethodik zur Bestimmung der Reichweite der Tarifautonomie als nicht überzeugend erwiesen hat, hat die funktionsorientierte und am Schutzzweck ausgerichtete Bestimmung des verfassungsrechtlichen Gewährleistungsgehalts ergeben, dass sich die Tarifautonomie in sachlich-gegenständlicher und personeller Hinsicht auf das synallagmatische Austauschverhältnis der organisierten Einzelarbeitsvertragsparteien bezieht. Legitimatorische Grundlage der Tarifautonomie ist hierbei das privatrechtliche Mandat der einzelnen Mitglieder. Unternehmerische Grundlagenentscheidungen liegen damit außerhalb der in Art. 9 Abs. 3 GG verfassungsrechtlich gewährleisteten Tarifautonomie.

Diese verfassungsrechtlichen Vorgaben zur sachlich-gegenständlichen Reichweite der Tarifautonomie hat zum einen der einfache Gesetzgeber bei der näheren Ausgestaltung des Tarifsystems zu beachten, zum anderen muss sich eine verfassungskonforme Auslegung bestehender einfachgesetzlicher Regelungen an diesen Vorgaben messen lassen.

F. Folgerungen für die schuldrechtliche Regelungsbefugnis in einem Tarifvertrag

Nachdem mit dem Gewährleistungsumfang der Tarifautonomie nach Art. 9 Abs. 3 GG die überlagernde Grundlagenfrage zur Bestimmung der Reichweite der schuldrechtlichen Regelungsbefugnis in einem Tarifvertrag geklärt ist, kann im Folgenden die Frage beantwortet werden, welche schuldrechtlichen Vereinbarungen in einem Tarifvertrag zwischen den Tarifvertragsparteien vereinbart werden können. Hierbei wird sich zeigen, dass die schuldrechtlichen Regelungsinhalte im Vergleich zu den Tarifnormen eines Tarifvertrages zu keiner sachlich-gegenständlichen Erweiterung der tarifvertraglichen Regelungsinhalte führen, sondern auf solche Verpflichtungen begrenzt sind, die der Entstehung oder der Durchsetzung tarifvertraglicher Normen „dienen" (I.). Im Übrigen legt eine Neuüberprüfung sogenannter „tarifnormersetzender" Vereinbarungen nahe, dass auch schuldrechtliche Vereinbarungen, die ihrem Inhalt nach auch mit normativer Wirkung vereinbart werden könnten, abzulehnen sind (II.).

I. Die „tarifnormdienende" Funktion und begrenzte sachliche Reichweite schuldrechtlicher Vereinbarungen im geltenden Tarifvertragssystem

Zunächst ist festzuhalten, dass mit der in Art. 9 Abs. 3 GG gewährleisteten Tarifautonomie jedenfalls keine verfassungsrechtliche Vorgabe besteht, wonach eine Erweiterung der tarifvertraglichen Regelungsinhalte durch schuldrechtliche Vereinbarungen im Vergleich zum Sachkatalog tarifvertraglicher Normen nach § 1 Abs. 1 S. 1 Hs. 2 TVG erforderlich wäre (1.).

Unabhängig von der zugrunde gelegten sachlich-gegenständlichen Reichweite der Tarifautonomie erweist es sich als eine Missachtung der Ausgestaltungskompetenz des einfachen Gesetzgebers, die „Rechte und Pflichten" nach § 1 Abs. 1 S. 1 Hs. 1 TVG als rein deklaratorische Bestimmung zu verstehen und die sachlich-gegenständliche Reichweite schuldrechtlicher Vereinbarungen in einem Tarifvertrag anhand der Koalitionsfreiheit nach Art. 9 Abs. 3 GG zu bestimmen. (2.).

Eine durch die Entwicklungsgeschichte des TVG bestätigte, verfassungskonforme Auslegung der „Rechte und Pflichten" gemäß § 1 Abs. 1 S. 1 Hs. 1 TVG als funktional begrenzte Generalklausel ergibt, dass die schuldrechtliche Regelungsbefugnis der Tarifvertragsparteien in einem Tarifvertrag auf „tarifnormdienende" Verpflichtungen begrenzt ist (3.).

1. *Keine verfassungsrechtliche Vorgabe zur sachlich-gegenständlichen Erweiterung tarifvertraglicher Regelungsinhalte im Vergleich zum Sachkatalog tarifvertraglicher Normen nach § 1 Abs. 1 S. 1 Hs. 2 TVG*

Wie bereits früh vom BVerfG festgehalten, folgt aus der in Art. 9 Abs. 3 GG gewährleisteten Tarifautonomie der Auftrag an den einfachen Gesetzgeber, „ein Tarifsystem in Sinne des modernen Arbeitsrechts staatlicherseits [...] bereitzustellen".[295] Vor diesem Hintergrund ist die einfachgesetzliche Ausgestaltung des Tarifvertragsrechts durch das TVG zu sehen. Die für die vorliegende Untersuchung entscheidende Frage lautet, ob im geltenden Tarifvertragsrecht die sachlich-gegenständliche Reichweite schuldrechtlicher Tarifvertragsvereinbarungen weiter reicht als der Sachkatalog möglicher Tarifnormen nach § 1 Abs. 1 S. 1 Hs. 2 TVG.[296] Wie eine Analyse des bestehenden Meinungsspektrums ergeben hat, ist zur Beantwortung dieser Frage von entscheidender Bedeutung, inwieweit die verfassungsrechtlichen Vorgaben der Tarifautonomie zur sachlich-gegenständlichen Reichweite tarifvertraglicher Regelungsinhalte bereits vollständig durch die Befugnis zur Normsetzung erfüllt sind oder ob die normative Regelungsbefugnis nach dem TVG insofern hinter den verfassungsrechtlichen Vorgaben zurück bleibt.[297]

Mit der in Art. 9 Abs. 3 GG gewährleisteten Tarifautonomie sind die in einem Tarifvertrag regelbaren Inhalte zwar nicht im Einzelnen abschließend vorgegeben, allerdings lässt sich aus der bezweckten „Schutzfunktion" ableiten, dass durch die Tarifautonomie solche kollektiven Vereinbarungen verfassungsrechtlich geschützt werden, die das *synallagmatische Austauschverhältnis* der Arbeitsbedingungen der erfassten Einzelarbeitsverhältnisse gestalten.[298] Dieser verfassungsrechtlichen Vorgabe der Tarifautonomie an die sachlich-gegenständliche Reichweite tarifvertraglicher Regelungsinhalte ist der einfache Gesetzgeber mit dem Sachkatalog möglicher Tarifnormen nach § 1 Abs. 1 S. 1 Hs. 2 TVG umfassend nachgekommen.

Indem in § 1 Abs. 1 S. 1 Hs. 2 TVG für die Tarifvertragsparteien die Befugnis geregelt ist, „Rechtsnormen" zu vereinbaren, „die den Inhalt, den Abschluß und die Beendigung von Arbeitsverhältnissen" betreffen, wird den Tarifvertragsparteien einfachgesetzlich die Möglichkeit zur umfassenden Ausgestaltung der Arbeitsbedingungen ihrer Mitglieder durch unmittelbar und zwingend

295 So die bereits frühe Formulierung des BVerfG (18.11.1954), BVerfGE 4, 96 (106).

296 S. oben 1. Kapitel, A. II.

297 S. oben 1. Kapitel, D.

298 S. oben 1. Kapitel, E. III. 2.

wirkende Tarifnormen eingeräumt. Die verfassungsrechtliche Vorgabe an das einfachgesetzlich bereitzustellende Tarifsystem, eine kollektive Gestaltung des synallagmatischen Austauschverhältnisses zwischen Arbeitnehmer und Arbeitgeber zu ermöglichen, wird im Wesentlichen bereits durch die Inhaltsnormen nach § 1 Abs. 1 S. 1 Hs. 2 Var. 1 TVG erfüllt. Jedenfalls mit der Möglichkeit gemäß § 1 Abs. 1 S. 1 Hs. 2 Var. 2 TVG, auch den Abschluss und die Beendigung der erfassten Arbeitsverhältnisse normativ in einem Tarifvertrag zu gestalten, ist die kollektive Ausgestaltung des synallagmatischen Austauschverhältnisses der Arbeitsvertragsparteien durch Tarifvertrag umfassend ermöglicht.

Hinzu kommt die in § 1 Abs. 1 S. 1 Hs. 2 Var. 3 TVG eingeräumte Möglichkeit, durch Rechtsnormen betriebliche und betriebsverfassungsrechtliche Fragen zu ordnen. Für die vorliegende Untersuchung kann dahinstehen, ob die Möglichkeit zur Regelung betrieblicher und betriebsverfassungsrechtlicher Fragen in einem Tarifvertrag verfassungsrechtlich nach Art. 9 Abs. 3 GG zwingend erforderlich ist, um der „Schutzfunktion" der Tarifautonomie zu genügen, da nach der einfachgesetzlichen Ausgestaltung des TVG jene Möglichkeit besteht. Umgekehrt müssen die verfassungsrechtlichen Vorgaben der Tarifautonomie nach Art. 9 Abs. 3 GG bei der Auslegung der sachlich-gegenständlichen Reichweite betrieblicher Fragen und der nach § 3 Abs. 2 TVG angeordneten unmittelbaren Geltung zwangsläufig beachtet werden.[299] Die verfassungsrechtlichen Vorgaben der Tarifautonomie nach Art. 9 Abs. 3 GG, auf Grund welcher ein Tarifsystem bereitzustellen ist, welches die Ausgestaltung der synallagmatischen Austauschverhältnisse der organisierten Einzelarbeitsvertragsparteien durch Kollektivvertrag ermöglicht, sind damit in sachlich-gegenständlicher Hinsicht mit dem Katalog möglicher Tarifnormen nach § 1 Abs. 1 S. 1 Hs. 2 TVG im geltenden Tarifvertragsrecht umgesetzt.

Auf Grundlage der in Art. 9 Abs. 3 GG gewährleisteten Tarifautonomie ist es daher nicht erforderlich, dass schuldrechtliche Vereinbarungen in einem Tarifvertrag sachlich-gegenständlich weiter reichen als die nach dem TVG möglichen Tarifnormen eines Tarifvertrages. Dies gilt gerade auch für die Frage einer sachlich-gegenständlichen Erstreckung schuldrechtlicher Vereinbarungen auf unternehmerische Grundlagenentscheidungen.[300] Der grundrechtlich gewährleisteten Tarifautonomie nach Art. 9 Abs. 3 GG kann insofern gerade nicht die Vorgabe entnommen werden, dass entsprechende Verpflichtungen des Arbeitgebers,

---

299 Vgl. hierzu ausführlich *Hartmann*, Negative Tarifvertragsfreiheit, S. 170ff; *Arnold*, Betriebliche Tarifnormen, passim (insbes. S. 356ff).

300 S. oben 1. Kapitel, E. III. 3. a) (Standortvereinbarungen) und 1. Kapitel, E. III. 3. b) (sonstige unternehmerische Grundlagenentscheidungen).

beispielsweise zum Erhalt eines Standortes, schuldrechtlich in einem Tarifvertrag regelbar sein müssten.

2. *Die Missachtung der Ausgestaltungskompetenz des einfachen Gesetzgebers bei einer Erweiterung der sachlich-gegenständlichen Regelungsinhalte schuldrechtlicher Tarifvertragsvereinbarungen durch einen „Rückgriff" auf Art. 9 Abs. 3 GG*

Die Auffassung, dass schuldrechtlich in einem Tarifvertrag im Vergleich zu den Tarifnormen sachlich erweiterte Regelungsinhalte geregelt werden können, muss jedoch selbst dann auf Bedenken stoßen, wenn man entgegen der vorliegenden Ausführungen davon ausgeht, dass die sachlich-gegenständliche Reichweite der Tarifautonomie nach Art. 9 Abs. 3 GG weiter reicht als der Sachkatalog tarifvertraglicher Normen. Das BVerfG betont zu Recht, dass die Kompetenz zur Ausgestaltung des Tarifsystems und zur gegebenenfalls erforderlichen Anpassung an sich ändernde Vorgaben beim einfachen Gesetzgeber liegt.[301] Eine Auslegung der „Rechte und Pflichten" nach § 1 Abs. 1 S. 1 Hs. 1 TVG als rein deklaratorische Erwähnung schuldrechtlicher Vereinbarungen in einem Tarifvertrag ohne sachliche oder funktionale Eingrenzung ist damit nicht zu vereinbaren. Das hierbei auftretende rechtsstaatliche Kompetenzproblem stellt sich wie folgt dar:

Eine solche Auslegung unterstellt dem einfachen Gesetzgeber, er habe mit der Aufnahme der „Rechte und Pflichten" in § 1 Abs. 1 S. 1 TVG ermöglichen wollen, dass Regelungsinhalte, die von der Tarifautonomie gewährleistet, aber nicht durch den Katalog tarifvertraglicher Normen nach § 1 Abs. 1 S. 1 Hs. 2 TVG erfasst seien, schuldrechtlich in einem Tarifvertrag geregelt werden können. Problematisch ist hierbei, dass der einfache Gesetzgeber in diesem Fall seinen anerkannten verfassungsrechtlichen „Auftrag", ein Tarifvertragssystem bereitzustellen und gegebenenfalls an veränderte Umstände anzupassen, nicht oder jedenfalls nur unzureichend erfüllt hätte. Denn selbst für den Fall, dass die „Arbeits- und Wirtschaftsbedingungen" tatsächlich aufgrund sich ändernder arbeitsrechtlicher Begebenheiten kontinuierlich neu auszulegen seien, was auf Grundlage entsprechender Ansichten dazu führt, dass unmittelbar aus der Verfassung eine stetige Fortentwicklung schuldrechtlicher Tarifvertragsinhalte

301 BVerfG (01.03.1979), BVerfGE 50, 290 (368f); ähnlich bereits BVerfG (06.05.1964), BVerfGE 18, 18 (26f); BVerfG (18.12.1974), BVerfGE 38, 281 (306); vgl. aus der Literatur hierzu nur etwa Sachs/*Höfling*, GG, Art. 9 Rn. 78ff, 89.

folgt,[302] bliebe es Aufgabe des einfachen Gesetzgebers, diese Veränderungen auch in sachlicher Hinsicht im einfachen Recht umzusetzen. Gewissermaßen kann der einfache Gesetzgeber den verfassungsrechtlichen Auftrag zur Bestimmung der sachlichen Reichweite des Tarifvertrages nicht wieder an die Verfassung „zurückverweisen". Entsprechenden Ansichten ist daher der Vorwurf eines Zirkelschlusses zu machen, wenn einerseits aus der verfassungsrechtlich geschützten Tarifautonomie nach Art. 9 Abs. 3 GG der Auftrag an den einfachen Gesetzgeber zur Bereitstellung eines Tarifsystems folge, dieser zur Bestimmung der sachlichen Reichweite des Tarifvertrages dann jedoch wieder auf verfassungsrechtliche Vorgaben verweisen können soll.

Von einem solchen, dem Gesetzgeber unterstellen Zirkelschluss abgesehen, entsteht der Eindruck, als schafften entsprechende Ansichten mit dem pauschalen Hinweis auf die verfassungsrechtliche Schutzposition der Tarifautonomie jedenfalls faktisch eine „Kompetenzkompetenz"[303] der Tarifvertragsparteien. Eine solche Kompetenz, die in einem Tarifvertrag regelbaren Inhalte praktisch selbst zu bestimmen, kann den Tarifvertragsparteien aber keinesfalls zukommen.[304] Nichts anderes ist jedoch praktisch der Fall, wenn es etwa bei *Zeibig/Zachert* heißt: „Der Begriff der ‚Arbeits- und Wirtschaftsbedingungen' in Art. 9 Abs. 3 GG ist weit und zeitoffen auszulegen und stellt deshalb eine verfassungsrechtliche Legitimation auch für neue tarifliche Entwicklungen, z.B. Regelungen im Bereich der Beschäftigungssicherung, des Umweltschutzes oder auf anderen Feldern dar".[305] Indem eigene Regelungsinteressen zu verfassungsrechtlich mit der Tarifautonomie geschützten Inhalten erhoben werden, wird jede Ausgestaltung der Tarifautonomie durch den einfachen Gesetzgeber faktisch umgangen. Treffend war und ist insofern die dahingehende Feststellung *Beuthiens*, dass es sich bei den schuldrechtlichen Vereinbarungen des Tarifvertrages um keine

302 Kempen/Zachert/*Zeibig/Zachert*, TVG, § 1 Rn. 944; *Karsten*, Schuldrechtliche Tarifverträge, insbes. S. 126f; teilweise wird dahingehend angenommen, es handle sich bei den schuldrechtlichen Tarifvertragsinhalten bereits historisch um ein „geradezu […] klassisches Vehikel der tariflichen Rechtsfortbildung auf Sektoren, die einer normativen Regelung nicht zugänglich sind", so Kempen/Zachert/*Zeibig/Zachert*, TVG, § 1 Rn. 939; ähnlich auch *Wiedemann*, RdA 1968, 420 (423); *Kraft/Konzen*, Arbeiterselbstverwaltung, S. 61; *Karsten*, Schuldrechtliche Tarifverträge, S. 126f; *Berg/Wendeling-Schröder/Wolter*, RdA 1980, 299 (307).

303 *Lobinger*, in Rieble (Hrsg.), Zukunft des Arbeitskampfes, S. 56ff (Rn. 25).

304 Zu Recht kritisch *Lobinger*, in Rieble (Hrsg.), Zukunft des Arbeitskampfes, S. 56ff (insbes. Rn. 25).

305 Kempen/Zachert/*Zeibig/Zachert*, TVG, § 1 Rn. 944.

Experimentierklauseln „zur außergesetzlichen Fortentwicklung der Tarifautonomie auf bisher tariflich nicht regelbare Gegenstände“ [306] handeln könne.

Aufgrund der anerkannten Kompetenz des Gesetzgebers zur Ausgestaltung des Tarifvertragsrechts in Umsetzung der in Art. 9 Abs. 3 GG gewährleisteten Tarifautonomie kann ein pauschaler „Rückgriff“ auf die Verfassung zur Bestimmung der schuldrechtlichen Regelungsinhalte eines Tarifvertrages, im Gegensatz zu den Tarifnormen, nicht überzeugen.[307] Wie sich im Folgenden zeigen wird, kommt der einfachgesetzlichen Erwähnung schuldrechtlicher Vereinbarungen in § 1 Abs. 1 S. 1 Hs. 1 TVG jedoch gerade nicht nur eine rein deklaratorische Bedeutung zu, sondern die dort erwähnten „Rechte und Pflichten“ sind als funktional begrenzte Generalklausel schuldrechtlicher Vereinbarungen in einem Tarifvertrag zu verstehen. Nur eine solche in funktionaler Hinsicht auf „tarifnormdienende“ Vereinbarungen begrenzte Auslegung der in § 1 Abs. 1 S. 1 Hs. 1 TVG erwähnten „Rechte und Pflichten“ eines Tarifvertrages trägt der Ausgestaltungskompetenz des einfachen Gesetzgebers für das Tarifvertragsrecht hinreichend Rechnung.[308]

3. Die „Rechte und Pflichten“ in § 1 Abs. 1 S. 1 Hs. 1 TVG als auf „tarifnormdienende“ Verpflichtungen funktional begrenzte Generalklausel

Auch wenn die in Art. 9 Abs. 3 GG gewährleistete Tarifautonomie keine sachlich-gegenständliche Erweiterung der schuldrechtlichen Regelungsinhalte im Vergleich zum Sachkatalog nach § 1 Abs. 1 S. 1 Hs. 2 TVG erfordert, ergibt sich aus der Tarifautonomie eine funktionelle Vorgabe hinsichtlich schuldrechtlicher Verpflichtungen in einem Tarifvertrag. Wie im Folgenden aufgezeigt werden soll, muss eine verfassungskonforme Auslegung daher zu dem Ergebnis kommen, dass es sich bei dem Begriffspaar der „Rechte und Pflichten“ gemäß § 1 Abs. 1 S. 1 Hs. 1 TVG um eine auf „tarifnormdienende“ Verpflichtungen begrenzte Generalklausel handelt. Bestätigt wird eine dahingehende, funktionell an den verfassungsrechtlichen Vorgaben der Tarifautonomie ausgerichtete Auslegung

---

306 *Beuthien*, ZfA 1983, 141 (161); zustimmend *Boeck*, Tarifverträge und andere Koalitionsverträge, S. 123; *Lasson*, Kollektivrechtliche Investitionsvereinbarungen, S. 45.

307 So auch *Lasson*, Kollektivrechtliche Investitionsvereinbarungen, S. 45; *Boeck*, Tarifverträge und andere Koalitionsverträge, S. 123.

308 Ebenfalls von einer abschließenden Ausgestaltung tarifvertraglicher Inhalte durch das TVG ausgehend *Beuthien*, ZfA 1983, 141 (159ff); *Säcker/Oetker*, Grundlagen, S. 155ff (insbes. S. 162); sowie aus der jüngeren Zeit *Lasson*, Kollektivrechtliche Investitionsvereinbarungen, S. 45; *Boeck*, Tarifverträge und andere Koalitionsverträge, S. 123; vgl. auch *Löwisch/Rieble*, TVG, § 1 Rn. 987, 1166ff.

des TVG durch die ursprünglichen schuldrechtlichen Verpflichtungen in einem Tarifvertrag, die gerade auch zur Zeit der Entstehung des TVG anerkannt und in der Gesetzesdiskussion dominierend waren.

a. Die sogenannte Friedens- und Durchführungspflicht in ihrer charakteristischen „tarifnormdienenden" Funktion

Sowohl die sogenannte Friedens- als auch die sogenannte Durchführungspflicht sind seit jeher als schuldrechtliche Vereinbarungen zwischen den Tarifvertragsparteien in einem Tarifvertrag anerkannt und unstreitig zulässig. Bereits während der Zeit der Weimarer Republik unter Geltung der TVVO [309] und bei der Einführung des TVG und des Grundgesetzes galten die Friedens- und Durchführungspflicht als „typische" schuldrechtliche Verpflichtungen in einem Tarifvertrag, die gerade auch deshalb bereits immanent, d.h. auch ohne ausdrückliche Vereinbarung zwischen den beiden Tarifvertragsparteien gelten sollten.[310] Bei funktioneller Betrachtung zeigt sich, dass beide darauf angelegt sind, Tarifnormen in deren Entstehung oder deren Durchsetzung im einzelnen Arbeitsverhältnis zu unterstützen und insofern den Tarifnormen „zu dienen"[311].

Die Friedenspflicht ist von entscheidender Bedeutung für die Entstehung tariflicher Normen. Ohne die Aussicht für den Zeitraum eines geltenden Tarifvertrages aufgrund der Friedenspflicht von Arbeitskämpfen verschont zu bleiben, bestünde allenfalls ein wesentlich geringerer Anreiz für die Arbeitgeberseite, sich in Tarifverhandlungen überhaupt zu einigen oder jedenfalls zu Gunsten höherer Forderungen der Gewerkschaft nachzugeben. Denn wenn die Arbeitgeberseite befürchten müsste, unmittelbar nach Abschluss eines Tarifvertrages dennoch wieder von Arbeitskampfmaßnahmen überzogen zu werden, ginge die aus Arbeitgebersicht so bedeutsame Planungssicherheit der künftigen Lohnkosten verloren. Bis zu einem gewissen Grad schafft die durch den Tarifvertragsabschluss ausgelöste schuldrechtliche Friedenspflicht also überhaupt erst die Möglichkeit, Tarifnormen zur Geltung zu bringen. Für das geltende Tarifvertragsrecht ist die

---

309 Vgl. für die Zeit der Weimarer Republik nur etwa *Hueck/Nipperdey*, Lehrbuch des Arbeitsrechts II, 3.-5. Aufl., 105ff (zur Friedenspflicht insbes. 108ff, zur Durchführungspflicht 125ff).

310 Vgl. hierzu *Nikisch*, Arbeitsrecht, S. 308f, 341ff.

311 Von einer solchen „dienenden Funktion" schuldrechtlicher Vereinbarungen bereits ausgehend *Nikisch*, Arbeitsrecht, S. 308. ; ähnlich *Hueck/Nipperdey*, Lehrbuch des Arbeitsrechts, II/1, S. 336, mit dem Hinweis auf eine „Hilfsfunktion" des schuldrechtlichen Teils des Tarifvertrages; aus der jüngeren Zeit ebenso *Lasson*, Kollektivrechtliche Investitionsvereinbarungen, S. 45.

Friedenspflicht in ihrer „tarifnormdienenden" Funktion daher von großer Bedeutung, um das mit der Tarifautonomie nach Art. 9 Abs. 3 GG gewährleistete, marktmäßige Aushandeln der einzelnen Arbeitsbedingungen auf kollektiver Ebene zu ermöglichen.

Dass auch die sogenannte Durchführungspflicht der effektiven Umsetzung der vereinbarten Tarifnormen „dient", liegt auf der Hand. So ist die Durchführungspflicht darauf angelegt, sicher zu stellen, dass die rechtlich bereits „unmittelbar und zwingend" geltenden Tarifnormen auch tatsächlich im Einzelarbeitsverhältnis verwirklicht werden.[312] Letztlich stellt die Durchführungspflicht daher eine besondere Ausprägung einer Vertragstreuepflicht dar.[313]

Bei einer funktionellen Betrachtung zeigt sich also, dass die beiden seit jeher anerkannten und auch heute noch immanent geltenden Verpflichtungen eines Tarifvertrages in ihrer Funktion auf die Tarifnormen des Tarifvertrages bezogen sind, um so die verfassungsrechtlichen Vorgaben der Tarifautonomie an ein Tarifsystem umzusetzen.

b. Die Auslegung der „Rechte und Pflichten" nach § 1 Abs. 1 S. 1 Hs. 1 TVG als auf „tarifnormdienende" Vereinbarungen begrenzte Generalklausel

Die verfassungsrechtlich in Art. 9 Abs. 3 GG vorgegebene Funktion des Tarifvertrages, ein marktmäßiges Aushandeln der Arbeitsbedingungen zu ermöglichen, wird nach dem TVG in sachlicher Hinsicht durch die Möglichkeit, Tarifnormen zu vereinbaren, sichergestellt. Seine verfassungsrechtlich vorgegebene Funktion zur Ausgestaltung der synallagmatischen Arbeitsbedingungen kann der Tarifvertrag nach dem TVG jedoch nur dann erfüllen, wenn Tarifnormen zum einen tatsächlich vereinbart werden und zum anderen nach einer Vereinbarung auch effektiv durchsetzbar sind. Aus diesem Grund ist der verfassungsrechtlichen Vorgabe der Tarifautonomie nach Art. 9 Abs. 3 GG auch nur dann genüge getan, wenn das bereitgestellte Tarifsystem tatsächlich eine effektive kollektive Ausgestaltung der Arbeitsbedingungen durch die Tarifvertragsparteien ermöglicht.[314] Aus der in Art. 9 Abs. 3 GG gewährleisteten Tarifautonomie folgen insofern

---

312 *Löwisch/Rieble*, TVG, § 1 Rn. 1090f; *Nikisch*, Arbeitsrecht, S. 342.

313 BAG (29.04.1992), BAGE 70, 165 (172).

314 Zur erforderlichen Bereitstellung eines effektiven Tarifvertragssystems zur Umsetzung der Tarifautonomie nach Art. 9 Abs. 3 GG durch den einfachen Gesetzgeber vgl. BVerfG (01.03.1979), BVerfGE 50, 290 (368f); ähnlich bereits BVerfG (18.11.1954), BVerfGE 4, 96 (106); vgl. aus der Literatur hierzu nur etwa Sachs/*Höfling*, GG, Art. 9 Rn. 78ff, 89.

nicht nur sachlich-gegenständliche, sondern eben auch funktionale Vorgaben an die praktische Effektivität des bereitzustellenden Tarifsystems.

Einen ganz wesentlichen Beitrag zur Effektivität des geltenden Tarifvertragsrechts leisten, wie gerade aufgezeigt, die sogenannte Durchführungs- und die Friedenspflicht. Sie sind funktional darauf ausgelegt, Tarifnormen im Einzelarbeitsverhältnis auch praktisch tatsächlich zur Geltung zu bringen. Vor dem Hintergrund ein effektives Tarifsystem im Sinne der Tarifautonomie nach Art. 9 Abs. 3 GG bereitzustellen, liegt es nahe, dass nach dem geltenden Tarifsystem nicht nur der Friedens- und Durchführungspflicht, sondern grundsätzlich den schuldrechtlichen Verpflichtungen in einem Tarifvertrag eine solche „Hilfsfunktion“[315] bei der Entstehung und Durchsetzung tarifvertraglicher Normen zukommen soll. Daher überzeugt es, das Begriffspaar der „Rechte und Pflichten“ nach § 1 Abs. 1 S. 1 Hs. 1 TVG als eine auf „tarifnormdienende“ Vereinbarungen begrenzte Generalklausel zu verstehen. Auf Grundlage dieser Generalklausel können solche schuldrechtlichen Verpflichtungen zwischen Tarifvertragsparteien in einem Tarifvertrag vereinbart werden, die der Entstehung oder der Durchsetzung tarifvertraglicher Normen „dienen“.[316]

Die Entwicklungsgeschichte des TVG bestätigt eine solche, an den funktionalen Vorgaben der Tarifautonomie orientierte Auslegung der „Rechte und Pflichten“ als eine auf „tarifnormdienende“ Vereinbarungen begrenzte Generalklausel. Wie bereits dargestellt, war mit der Aufnahme der „Rechte und Pflichten“ in § 1 Abs. 1 S. 1 TVG keine abschließende inhaltliche Ausgestaltung bezweckt.[317] Vor dem Hintergrund, dass das TVG stets nur als provisorische Regelung gedacht war und in der TVVO von 1918 schuldrechtliche Vereinbarungen nicht einmal erwähnt wurden, glaubte man auf eine ausdrückliche Ausgestaltung schuldrechtlicher Vereinbarungen im Einzelnen verzichten zu können. Andererseits legte man gerade für die schuldrechtlichen Verpflichtungen, allen voran wiederum hinsichtlich der Friedens- und Durchführungspflicht,

315 Eine solche Hilfsfunktion bereits annehmend *Hueck/Nipperdey*, Lehrbuch des Arbeitsrechts, II/1, S. 336.

316 Ebenfalls für eine abschließende Ausgestaltung auch der schuldrechtlichen Vereinbarungen in einem Tarifvertrag durch das TVG *Beuthien*, ZfA 1983, 141 (159ff); *Säcker/Oetker*, Grundlagen, S. 155ff (insbes. S. 162); sowie aus der jüngeren Zeit *Lasson*, Kollektivrechtliche Investitionsvereinbarungen, S. 45; *Boeck*, Tarifverträge und andere Koalitionsverträge, S. 123; vgl. auch *Löwisch/Rieble*, TVG, § 1 Rn. 987, 1166ff.

317 S. oben 1. Kapitel, C. I. 3.

die bisherigen Praxiserfahrungen aus der Weimarer Zeit zu Grunde.[318] Wirft man dahingehend einen Blick in das „Standardwerk“[319] zum Tarifvertragsrecht in der Weimarer Zeit, so heißt es dort zum Zusammenhang des schuldrechtlichen und des normativen Teils des Tarifvertrages: „Die normativen Bestimmungen stehen praktisch im Vordergrund. Um ihretwillen wird der Vertrag vor allem geschlossen. Von besonderen Einzelpflichten abgesehen, dient der obligatorische Teil mit seinen beiden Hauptpflichten, der Friedenspflicht und der Durchführungspflicht, der Sicherung und Durchführung der normativen Regeln, hat also eine ausgesprochene Hilfsfunktion.“[320] Ähnlich führt auch *Nikisch* in seinem Lehrbuch von 1951 aus: „Die Bedeutung dieser Bestimmungen [gemeint sind schuldrechtliche Vereinbarungen] ergibt sich aber immer nur aus ihrem Zusammenhang mit dem normativen Teil, der durchaus im Vordergrund steht, sie haben eine ausgesprochen dienende Funktion und es ist irreführend, wenn das Gesetz sie an erster Stelle nennt (§ 1 I TVG).“[321] Sowohl der Ausführung *Nipperdeys* in der Weimarer Zeit als auch *Nikischs* Einordnung wenige Jahre nach Einführung des TVG ist zu entnehmen, dass zur Zeit der Entstehung des TVG schuldrechtlichen Vereinbarungen eine im Vergleich zu den Tarifnormen deutlich geringere Bedeutung beigemessen wurde. Dem bis heute im Wesentlichen unveränderten TVG als einfachgesetzlicher Ausgestaltung des Tarifrechts liegt damit ursprünglich die Vorstellung einer untergeordneten und auf Tarifnormen bezogenen Rolle schuldrechtlicher Vereinbarungen in einem Tarifvertrag zu Grunde. Die Entwicklungsgeschichte des TVG und die vom einfachen Gesetzgeber zugrunde gelegten Erfahrungswerte der Weimarer Zeit lassen demnach ebenfalls auf eine Auslegung der „Rechte und Pflichten“ als eine auf „tarifnormdienende Vereinbarungen“ begrenzte Generalklausel schließen. Die Entwicklungsgeschichte bestätigt damit eine Auslegung der „Rechte und Pflichten“ als eine auf „tarifnormdienende“ Vereinbarungen begrenzte Generalklausel. Mit der Aufnahme der „Rechte und Pflichten“ in das TVG hat der einfache Gesetzgeber daher seinen verfassungsrechtlichen „Auftrag“ erfüllt, ein auch in funktioneller Hinsicht effektives Tarifvertragssystem bereitzustellen.

---

318 Vgl. hierzu nur etwa die Begründung zu § 3 Abs. 1 des sog. Lemgoer Entwurfs, abgedruckt bei Wiedemann/*Oetker*, TVG, Geschichte Rn. 23 sowie die Begründung zum Entwurf des Gewerkschaftsrats der Vereinigten Zonen vom 07. September 1948, ebenfalls abgedruckt a.a.O., Rn. 33.

319 So *Nikisch* über das Lehrbuch von Hueck-Nipperdey, *Nikisch*, Arbeitsrecht, Vorwort V.

320 *Hueck/Nipperdey*, Lehrbuch des Arbeitsrechts II, 3.-5. Aufl., S. 129 (ohne die Hervorhebung des Originals).

321 *Nikisch*, Arbeitsrecht, S. 308 (ohne die Hervorhebung des Originals).

c. *Weitere „tarifnormdienende" schuldrechtliche Vereinbarungen zwischen den Tarifvertragsparteien in einem Tarifvertrag*

Neben den beiden auch heute zentralen, tarifnormdienenden schuldrechtlichen Vereinbarungen (Durchführungs- und Friedenspflicht) sind eine unbestimmbare Vielzahl weiterer Vereinbarungen von gegenseitigen Rechten und Pflichten der Tarifvertragsparteien denkbar, die der Durchsetzung oder der Entstehung von Tarifnormen „dienen" und auf Grundlage der einfachgesetzlichen Generalklausel nach § 1 Abs. 1 S. 1 Hs. 1 TVG in einem Tarifvertrag vereinbart werden können.

Sonstige „tarifnormdienende" Vereinbarungen zielen heute zumeist auf das Zustandekommen neuer Tarifnormen. Ein Musterbeispiel hierfür sind Vereinbarungen von *Verhandlungsansprüchen*, die auch während der Laufzeit eines Tarifvertrages und damit trotz bestehender Friedenspflicht einen gegenseitigen Dialog verbindlich festlegen, um so im Idealfall zur Geltung neuer Tarifnormen zu kommen, ohne das Mittel des Arbeitskampfes bemühen zu müssen.[322] Nach verbreiteter Einschätzung „dienen" auch konkrete *Schlichtungs- und Arbeitskampfregeln* dem Abschluss künftiger Tarifverträge.[323] Daneben gibt es noch weitere schuldrechtliche Vereinbarungen in einem Tarifvertrag, welche die Durchsetzung tarifvertraglicher Normen bzw. deren Geltung unterstützen sollen, sodass diese, ganz den funktionellen Vorgaben entsprechend, tariflichen Normen „dienen". Dies gilt etwa für die Vereinbarung, einen gemeinsamen *Antrag auf Allgemeinverbindlichkeit* nach § 5 TVG zu stellen.[324] Ein weiteres Beispiel ist die gegenseitige Verpflichtung zur *Gründung einer Gemeinsamen Einrichtung*, infolge deren Gründung sich die normative Wirkung nach § 4 Abs. 2 TVG erst entfaltet.[325]

Die Möglichkeit, die Arbeitsgerichtsbarkeit für bürgerliche Rechtsstreitigkeiten zwischen Tarifvertragsparteien aus einem Tarifvertrag, § 101 Abs. 1 ArbGG, oder aus einem Arbeitsverhältnis, das sich nach einem Tarifvertrag bestimmt, § 101 Abs. 2 ArbGG, durch schuldrechtliche Vereinbarung in einem Tarifvertrag auszuschließen, ist hingegen an genannter Stelle gesondert geregelt. Eines

---

322 *Löwisch/Rieble*, TVG, § 1 Rn. 1109; Kempen/Zachert/*Seifert*, TVG, § 1 Rn. 935; JKOS/*Krause*, TVR, § 4 Rn. 155.

323 *Löwisch/Rieble*, TVG, § 1 Rn. 1110ff; zu „Schlichtungsvereinbarungen" vgl. auch Kempen/Zachert/*Seifert*, TVG, § 1 Rn. 935; JKOS/*Krause*, TVR, § 1 Rn. 156; Henssler/Moll/Bepler/*Hexel*, Tarifvertrag, Teil 4 Rn. 130ff.

324 *Löwisch/Rieble*, TVG, § 5 Rn. 146.

325 Statt Vieler *Löwisch/Rieble*, TVG, § 1 Rn. 992.

Rückgriffs auf die Generalklausel schuldrechtlicher Vereinbarungen nach § 1 Abs. 1 S. 1 Hs. 1 TVG bedarf es daher nicht.

d. *Grenzen schuldrechtlicher Vereinbarungen als „tarifnormdienende" Verpflichtungen – insbesondere hinsichtlich schuldrechtlicher Verpflichtungen bezüglich des Arbeitskampfes*

Bereits der einfachgesetzlichen Ausgestaltung als Generalklausel geschuldet, ist die Zulässigkeit schuldrechtlicher Verpflichtung in einem Tarifvertrag stets in jedem Einzelfall genau zu bestimmen.

Fraglich ist in diesem Zusammenhang insbesondere, ob Verpflichtungen der Tarifvertragsparteien, die das *Arbeitskampfrecht* betreffen, tatsächlich noch als Vereinbarungen zu verstehen sind, die dem künftigen Entstehen tarifvertraglicher Normen „dienen". Sicherlich lässt sich dahingehend argumentieren, dass schuldrechtliche Vereinbarungen über ein Verhalten im Arbeitskampf, wie etwa die Vereinbarung sogenannter *Erhaltungsarbeiten und Notdienste*, bereits aufgrund größerer Akzeptanz für das Handeln der Gegenseite für einen künftigen Tarifabschluss förderlich sind und insofern der Entstehung künftiger Tarifnormen „dienten".[326] Allerdings ist die Befugnis zum Arbeitskampf im geltenden Tarifvertragsrecht funktionell von wesentlicher Bedeutung, um ein annähernd paritätisches Verhandlungsgleichgewicht zwischen den kollektiven Vertragsparteien sicher zu stellen.[327] Aus diesem Grund muss wohl die in dieser Untersuchung nicht abschließend zu beantwortende Frage gestellt werden, inwieweit im Speziellen in das Arbeitskampfrecht überhaupt durch gegenseitige Verpflichtungen eingegriffen werden kann, ohne den Arbeitskampf seiner Funktion als Druckmittel zur Durchsetzung tarifvertraglicher Forderungen zu berauben.[328] Jedenfalls dann, wenn schuldrechtliche Vereinbarungen dazu führen, dass entscheidend in die Kampfparität eingegriffen wird, kann nicht mehr die Rede davon sein, dass entsprechende Verpflichtungen der Entstehung künftiger Tarifnormen „dienten". Im Gegenteil ist bei einem Eingriff in die Kampfparität davon

---

326 Vgl. hierzu nur etwa *Löwisch/Rieble*, TVG, § 1 Rn. 1113.

327 Zum funktionellen Bezug des Arbeitskampfes auf die Tarifautonomie s. unten 2. Kapitel, A. IV. 2.

328 Kritisch ist in diesem Zusammenhang auch die Aussage des Großen Senates des BAG zu hinterfragen, der Vereinbarungen, die sich mit der Austragung der Interessengegensätze befassen, sogar für erforderlich hält BAG (21.04.1971), BAGE 23, 292 (307f).

auszugehen, dass entsprechende Vereinbarungen einen Verstoß gegen die in Art. 9 Abs. 3 GG gewährleistete Tarifautonomie darstellen.[329]

e. Zwischenergebnis: Die „Rechte und Pflichten" nach § 1 Abs. 1 S. 1 Hs. 1 TVG als auf „tarifnormdienende" Vereinbarungen begrenzte Generalklausel

Die in § 1 Abs. 1 S. 1 Hs. 1 TVG erwähnten „Rechte und Pflichten" stellen eine auf „tarifnormdienende" Verpflichtungen begrenzte Generalklausel schuldrechtlicher Vereinbarungen in einem Tarifvertrag dar. Schuldrechtlichen Vereinbarungen kommt im geltenden Tarifvertragsrecht eine auf Tarifnormen bezogene „Hilfsfunktion" zu.

4. Ergebnis: Die auf „tarifnormdienende" Vereinbarungen begrenzte schuldrechtliche Regelungsbefugnis der Tarifvertragsparteien in einem Tarifvertrag

Die schuldrechtliche Regelungsbefugnis in einem Tarifvertrag ist begrenzt auf solche Verpflichtungen, die dem Entstehen oder der Durchsetzung tarifvertraglicher Normen „dienen". Die in § 1 Abs. 1 S. 1 Hs. 1 TVG zum Ausdruck kommende Möglichkeit, in einem Tarifvertrag nicht nur unmittelbar und zwingend geltende Tarifnormen vereinbaren, sondern auch schuldrechtliche Verpflichtungen begründen zu können, stellt in sachlich-gegenständlicher Hinsicht keine Erweiterung der in einem Tarifvertrag regelbaren Inhalte dar. Die in § 1 Abs. 1 S. 1 Hs. 1 TVG erwähnten „Rechte und Pflichten" sind stattdessen als eine funktional begrenzte Generalklausel schuldrechtlicher Vereinbarungen in einem Tarifvertrag zu verstehen. Schuldrechtliche Vereinbarungen in einem Tarifvertrag sind hiernach begrenzt auf „tarifnormdienende" Verpflichtungen. In einem Tarifvertrag kann sich die Arbeitgeberseite daher auch nicht zu einem unternehmerischen Verhalten jenseits des Sachkatalogs tarifvertraglicher Normen nach § 1 Abs. 1 S. 1 Hs. 2 TVG verpflichten. Insbesondere schuldrechtliche Verpflichtungen gegenüber der Gewerkschaft, einen Standort zu erhalten, auszubauen oder zu schließen, eine bestimmte Modellpolitik umzusetzen oder andere unternehmerische Grundlagenentscheidungen zu vollziehen, sind keine zulässigen Regelungsinhalte eines Tarifvertrages.

---

329 Vgl. hierzu nur etwa *Löwisch/Rieble*, TVG, § 1 Rn. 1115.

II. Neuüberprüfung der tarifvertraglichen Regelungsmöglichkeit sogenannter „tarifnormersetzender" schuldrechtlicher Tarifvertragsvereinbarungen

Neben der Möglichkeit „tarifnormdienende" Verpflichtungen in einem Tarifvertrag zu begründen ist heute im Schrifttum fast einhellig anerkannt, dass es den Tarifvertragsparteien nach ihrer freien Wahl zustehe, „anstatt" Tarifnormen gemäß § 1 Abs. 1 S. 1 Hs. 2 TVG „entsprechende" Inhalte lediglich als schuldrechtliche Einwirkungspflichten in einem Tarifvertrag zu vereinbaren und insofern auf die Befugnis zur Normsetzung „zu verzichten".[330] Auch die Rechtsprechung geht hinsichtlich solcher Inhalte, die ebenfalls als Tarifnormen beschlossen werden könnten, davon aus, dass es den Tarifvertragsparteien frei stehe, entsprechende Inhalte auch lediglich als schuldrechtliche Verpflichtungen in einem Tarifvertrag zu regeln.[331] Ob im Einzelfall eine normative oder eine schuldrechtliche Wirkung tarifvertraglicher Vereinbarungen vorliege, sei ebenso wie die Abgrenzung zu außertariflichen Vereinbarungen durch Auslegung des Parteiwillens entsprechend der §§ 133, 157 BGB zu bestimmen.[332]

Vor dem Hintergrund einer konsequenten Ausrichtung der Tarifautonomie als kollektiv ausgeübte Privatautonomie muss diese von der herrschenden Meinung eingeräumte Möglichkeit der Tarifvertragsparteien, zwischen einer normativen und einer schuldrechtlichen Ausgestaltung des Tarifvertrages zu wählen, im Folgenden kritisch hinterfragt werden.

1. *Die Begründung einer Wahlfreiheit zur schuldrechtlichen oder normativen Ausgestaltung eines Tarifvertrages*

Die Umsetzung schuldrechtlicher „tarifnormersetzender" Tarifvertragsvereinbarungen in das Einzelarbeitsverhältnis soll durch sogenannte Einwirkungsverpflichtungen der Tarifvertragsparteien herbeigeführt werden.[333] Da es dieses

330 Vgl. für die g.h.M. nur etwa Wiedemann/*Thüsing*, TVG, § 1 Rn. 961; *Löwisch/Rieble*, TVG, § 1 Rn. 1166; Däubler/*Reim/Ahrend*, TVG, § 1 Rn. 1070; BeckOK-TVG/*Waas*, § 1 Rn. 74; zu „tarifnormersetzenden" Vereinbarungen vgl. oben 1. Kapitel, A. I.

331 BAG (27.06.2012), 5 AZR 51/11, juris; BAG, (24.08.2011), ZTR 2012, 92.

332 BAG (14.04.2004), BAGE 110, 164 (171f); BAG (26.01.2011), BAGE 137, 45 (Rn. 18); BAG, (08.12.2011), 6 AZR 291/10, juris (Rn. 15); ebenfalls nach §§ 133, 157 BGB sei im Zweifel zu ermitteln, ob einer tarifvertraglichen Regelung normative oder nur schuldrechtliche Wirkung zukommen soll BAG (26.01.2011), BAGE 137, 45 (Rn. 21).

333 S. oben 1. Kapitel, A. I.; sowie zu den verschiedenen Intensitätsstufen einer schuldrechtlichen Kollektivvereinbarung *Löwisch/Rieble*, TVG, § 1 Rn. 1130ff.

einzelvertraglichen Umsetzungsaktes im Falle lediglich relativ wirkender schuldrechtlicher Verpflichtungen zwischen den Tarifvertragsparteien noch bedarf, stellt diese Form der Vereinbarung in einem Tarifvertrag aus Sicht der erfassten Arbeitsvertragsparteien im Vergleich zur unmittelbaren Wirkung der Tarifnormen nach §§ 3 Abs. 1, 4 Abs. 1 S. 1 TVG eine lediglich mittelbare Ausgestaltung der Arbeitsbedingungen dar.

Dies wird bereits an einem einfachen Beispiel deutlich: Vereinbaren Gewerkschaft und Arbeitgeberseite nach § 1 Abs. 1 S. 1 Hs. 2 Var. 1 TVG als Inhaltsnorm eines Tarifvertrages ein zusätzliches Weihnachtsgeld, so hat der tarifgebundene Arbeitnehmer unmittelbar einen Anspruch auf die zusätzlichen Leistungen. Vereinbaren hingegen Gewerkschaft und Arbeitgeberseite lediglich, schuldrechtlich auf ihre jeweiligen Mitglieder dahingehend einzuwirken, entsprechende Leistungen in die erfassten Einzelarbeitsverhältnisse aufzunehmen, besteht ein entsprechender Anspruch erst nach der einzelvertraglichen Umsetzung. In diesem Fall besteht ein Anspruch des Arbeitnehmers nicht aus dem Tarifvertrag bzw. der kollektiven Vereinbarung, sondern lediglich aufgrund der einzelvertraglichen Umsetzung.

Begründet wird diese „freie Wahl" zwischen normativer und schuldrechtlicher Ausgestaltung eines Tarifvertrages unter anderem damit, dass es sich bei der Befugnis zur Normsetzung lediglich um „ein Privileg der Tarifvertragsparteien [handele], zu dessen Inanspruchnahme sie nicht verpflichtet sind"[334]. Dass die Tarifvertragsparteien anstatt normativer auch lediglich schuldrechtliche Regelungen in einem Tarifvertrag treffen könnten, folge hiernach aus einem „Erst-recht-Schluss". Da den Tarifvertragsparteien sogar die Möglichkeit gegeben sei, Vereinbarungen mit unmittelbarer und zwingender Wirkung zu treffen, könnten sie auch eine geringere „Intensität" der Regelungswirkung wählen.[335] Insofern sei der Verzicht auf eine normative Ausgestaltung des Tarifvertrages ein „Ausdruck tarifautonomer Wahlfreiheit"[336]. Ohne dies ausdrücklich zu begründen, liegt eine solche Vorstellung auch der Rechtsprechung des BAG zu Grunde, wenn bei der Auslegung, ob einer Vereinbarung normative oder lediglich schuldrechtliche Wirkung zukommen soll, der Wille der Tarifvertragsparteien entscheidend sein soll.[337]

334 Däubler/*Reim/Ahrend*, TVG, § 1 Rn. 1070 mwN.

335 Zu einer solchen Begründung „a maiore ad minus" *Säcker/Oetker*, Grundlagen, S. 157f; ähnlich auch *Löwisch/Rieble*, TVG, § 1 Rn. 1166.

336 *Karsten*, Schuldrechtliche Tarifverträge, S. 51; vgl. auch *Löwisch/Rieble*, TVG, § 1 Rn. 1166.

337 BAG (26.01.2011), BAGE 137, 45 (insbes. Rn. 17ff mwN).

2. *Die Motive der Tarifvertragsparteien zum Abschluss schuldrechtlicher „anstatt" normativer Tarifvertragsvereinbarungen*

Da keine Zweifel bestehen, dass die unmittelbare und zwingende Wirkung der Tarifnormen nach §§ 3 Abs. 1, 4 Abs. 1 S. 1, Abs. 3 TVG die effektivste Form ist, um die erfassten Arbeitsverhältnisse tarifvertraglich zu gestalten, stellt sich die Frage, welche Motive es gibt, dass Tarifvertragsparteien auf eine mögliche normative Ausgestaltung des Tarifvertrages verzichten und stattdessen den Umweg über schuldrechtliche Vereinbarungen suchen.

Besonders beim Verbandstarifvertrag wird ein Vorteil schuldrechtlicher Vereinbarungen im Vergleich zu Tarifnormen teilweise in einer gewissen „Flexibilität" schuldrechtlicher Vereinbarungen gesehen.[338] Hierdurch sei etwa eine Lohnerhöhung mit einem bestimmten Volumen für den gesamten Betrieb zu erreichen, ohne die konkrete Lohnerhöhung für den einzelnen Arbeitnehmer im Einzelnen festzulegen.[339] Unternehmen eines Arbeitgeberverbandes könnten ebenfalls ein Interesse an lediglich schuldrechtlichen Vereinbarungen ihres Verbandes haben. Insbesondere mächtige Unternehmen eines Verbandes könnten sich im Falle bloßer schuldrechtlicher Verbandstarifverträge gewissermaßen offen halten, ob sie die vom Verband geschlossenen Tarifverträge einzelvertraglich umsetzen. Gerade für solche besteht die Möglichkeit, sich der Einwirkung des Verbandes zumindest eine Zeit lang zu widersetzen,[340] oder die Möglichkeit, sich durch einen Austritt aus dem Verband der Einwirkung durch den Verband gänzlich zu entziehen und damit eine Umsetzung der tarifvertraglichen Arbeitsbedingungen in das Einzelarbeitsverhältnis zu verhindern.[341]

In der Praxis hat sich noch ein weiteres Motiv gezeigt, welches die Tarifvertragsparteien dazu veranlasst hat, auf eine mögliche normative Ausgestaltung zu verzichten und stattdessen schuldrechtliche Vereinbarungen zu treffen. In einer jüngeren Entscheidung des BAG, in der über ein durch Kollektivvertrag beschlossenes „Lehrerpersonalkonzept" zu entscheiden war, haben die beteiligten Tarifvertragsparteien aufgrund interner Vorgaben auf Seiten des Arbeitgeberverbandes bewusst auf die Ausgestaltung als normativ wirkenden Tarifvertrag

338 So etwa *Heinze*, DB 1996, 729 (734f), der darin gerade auch eine Möglichkeit zur Lösung der Krise des Flächentarifvertrages sieht.

339 *Heinze*, DB 1996, 729 (734f).

340 Vgl. hierzu bereits *Gamillscheg*, Differenzierung, S. 75; *Hölters*, Harmonie, S. 26f.

341 *Hölters*, Harmonie, S. 27.

verzichtet, weil befürchtet wurde, eine interne Zustimmung zu einem normativen Tarifvertrag würde unterbleiben.[342]

3. *Kritische Auseinandersetzung mit der Begründung und den Motiven „tarifnormersetzender" Vereinbarungen als schuldrechtlichem Tarifvertrag*

Auf Grundlage der bisherigen Untersuchung und des hieraus resultierenden privatrechtlich-mandatarischen Verständnisses der Tarifautonomie muss insbesondere die angeführte Begründung eines Erst-recht-Schlusses und einer „tarifautonomen Wahlfreiheit" erhebliche Zweifel wecken. Schutzgut der Tarifautonomie ist die Privatautonomie des einzelnen Mitglieds.[343] Diese verfassungsrechtliche Vorgabe der Tarifautonomie aus Art. 9 Abs. 3 GG wurde vom Gesetzgeber mit dem TVG in funktioneller Hinsicht gerade durch die Möglichkeit zum Abschluss von Tarifnormen umgesetzt. Unabhängig davon, ob eine normative Ausgestaltung des Tarifsystems von der Tarifautonomie nach Art. 9 Abs. 3 GG zwingend vorgegeben wird,[344] stellt die unmittelbare und zwingende Wirkung der Tarifnormen die effektivste Form zur Ausgestaltung der Arbeitsbedingungen der organisierten Arbeitnehmer dar.[345] Die in Art. 9 Abs. 3 GG verfassungsrechtlich gewährleistete Tarifautonomie ließe sich daher allenfalls umgekehrt dafür ins Feld führen, dass eine normative Wirkung des Tarifvertrages erforderlich sei. Mit dem verfassungsrechtlichen Schutzzweck der Tarifautonomie nach Art. 9 Abs. 3 GG lässt sich hingegen gerade nicht begründen, warum die Tarifvertragsparteien auf die effektivere Form zur Ausgestaltung der Arbeitsbedingungen ihrer Mitglieder durch Tarifnormen verzichten können sollten. Die angeführte Begründung einer „tarifautonomen Wahlfreiheit" geht vor dem Hintergrund der verfassungsrechtlichen „Schutzfunktion" der Tarifautonomie jedenfalls insofern fehl, wenn hierdurch schuldrechtliche Vereinbarungen in ihrer geringeren Intensität auf das Einzelarbeitsverhältnis anstelle von Tarifnormen möglich sein sollen.

---

342 BAG (14.04.2004), BAGE 110, 164; vgl. auch *Plander*, FS Kehrmann, 295 (301).

343 S. oben 1. Kapitel, E. II.

344 Unklar insoweit BVerfG (15.07.1980), BVerfGE 55, 7 (23); gegen die verfassungsrechtliche Vorgabe einer normativen Ausgestaltung des Tarifsystems etwa *Giesen*, Tarifvertragliche Rechtsgestaltung, S. 154ff.

345 In diesem Sinne stellte bereits *Sinzheimer* fest, dass „die zwingende Kraft der Arbeitsnorm technisch das einfachste Mittel [ist], um die Arbeitsnorm in den einzelnen Arbeitsverhältnissen zur inhaltlichen Anerkennung zu bringen", *ders.*, Arbeitsnormvertrag, S. 283; vgl. hierzu auch *Giesen*, Tarifvertragliche Rechtsgestaltung, S. 516f.

Im Gegenteil bedeutet die Einräumung einer „tarifautonomen Wahlfreiheit" stets eine Schwächung der durch die Tarifautonomie gewährleisteten individuellen Schutzposition, wenn der einzelne Arbeitnehmer die unmittelbare und zwingende Wirkung der Tarifnormen verliert und stattdessen auf eine einzelvertragliche Umsetzung angewiesen ist. Einen praktischen Beleg hierfür stellt der dem BAG zur Entscheidung vom 14. April 2004 zugrunde liegende Sachverhalt eines schuldrechtlich zwischen den beteiligten Gewerkschaften und dem Land Mecklenburg-Vorpommern als Arbeitgeber vereinbarten Personalkonzeptes zum Abbau von Lehrerstellen in Mecklenburg-Vorpommern dar.[346] Dieses „Lehrerpersonalkonzept" sah im Konkreten unter anderem eine erhöhte Abfindung für diejenigen Arbeitnehmer vor, welche aus dem Lehrerdienst vorzeitig ausschieden. Auf eine normative Regelung wurde in diesem Falle aufgrund verbandsinterner Bedenken auf Arbeitgeberseite verzichtet. Geklagt hatte eine Lehrerin, die aufgrund einer individuell vereinbarten Abfindung weniger Geld erhalten hatte als ihr auf Grundlage der Berechnung nach dem „Lehrerpersonalkonzept" zugestanden hätte. Nach dem BAG handelte es sich bei dem „Lehrerpersonalkonzept" jedenfalls um keinen normativ geltenden Tarifvertrag.[347] Mangels unmittelbarer und zwingender Wirkung und der fehlenden Anwendbarkeit von § 4 Abs. 4 TVG für die schuldrechtliche Vereinbarung konnte sich die betreffende Lehrerin daher nicht auf das Personalkonzept für die Berechnung ihrer Abfindung stützen und unterlag insofern vor Gericht. Eindrucksvoll zeigt dieses Beispiel, dass der Verzicht auf eine mögliche normative Gestaltung in einem Tarifvertrag aufgrund des geringeren Schutzes schuldrechtlicher Vereinbarungen für den einzelnen Arbeitnehmer mit der durch Art. 9 Abs. 3 GG bezweckten „Schutzfunktion" der Tarifautonomie in jedenfalls potentiellem Widerspruch steht.

4. *Die Ablehnung „tarifnormersetzender" Vereinbarungen in einem Tarifvertrag*

Fraglich ist nun, welche Konsequenzen daraus zu ziehen sind, dass der Verzicht der Tarifvertragsparteien auf eine mögliche normative Regelung in einem Tarifvertrag mit dem bezweckten Schutz der Tarifautonomie nach Art. 9 Abs. 3 GG in potentiellem Widerspruch steht.

---

346 BAG (14.04.2004), BAGE 110, 164.

347 Das BAG ist im zu Grunde gelegten Fall der Frage, ob es sich bei dem „Lehrerpersonalkonzept" um einen schuldrechtlichen Tarifvertrag handelt, unter Hinweis auf den ausdrücklichen Willen der Vertragsparteien ausgewichen und ist so nach Ablehnung eines normativen Tarifvertrages von einer außertariflichen Vereinbarung ausgegangen.

Teilweise wird die Lösung darin gesehen, schuldrechtliche Vereinbarungen, die anstelle möglicher Tarifnormen geschlossen werden, in ihren Rechtsfolgen den Tarifnormen anzugleichen.[348] Auf schuldrechtliche Tarifvertragsvereinbarungen wenden entsprechende Auffassungen aus diesem Grund teilweise äußerst großzügig die für Tarifnormen geltenden Vorschriften des TVG an, wie beispielsweise das Günstigkeitsprinzip nach § 4 Abs. 3 TVG oder das Verzichtsverbot nach § 4 Abs. 4 TVG.[349] Durch diese weitgehende Anwendung der für Tarifnormen geltenden Vorschriften wird versucht, eine annähernd gleich effektive Geltung schuldrechtlicher Tarifverträge im einzelnen Arbeitsverhältnis im Vergleich zu den unmittelbar und zwingend geltenden Tarifnormen zu erreichen. Im genannten Beispielsfall des schuldrechtlich vereinbarten „Lehrerpersonalkonzepts" in Mecklenburg-Vorpommern hätte dies die Konsequenz, dass der klagenden Lehrerin aufgrund einer entsprechenden Anwendung des § 4 Abs. 4 TVG eine erhöhte Abfindung trotz der lediglich schuldrechtlichen Vereinbarung zugestanden hätte.

Zweifel muss hierbei jedenfalls eine (entsprechende) Anwendung derjenigen Vorschriften des TVG wecken, welche bereits nach dem Wortlaut einen klaren Bezug zu den Tarif*normen* aufweisen.[350] Von diesen Zweifeln abgesehen, lässt sich auch hierdurch nicht verhindern, dass sich ein Arbeitgeber nach Abschluss eines Verbandstarifvertrages, aber noch vor der einzelvertraglichen Umsetzung, durch einen Austritt aus dem Verband der lediglich schuldrechtlich getroffenen Tarifvertragsvereinbarung entzieht.[351] Ähnliche Schutzlücken rein schuldrechtlicher Tarifverträge aufgrund der im Vergleich zu den Tarifnormen noch erforderlichen einzelvertraglichen Umsetzung ergeben sich für den einzelnen Arbeitnehmer bei einem Betriebsübergang nach § 613a BGB.[352] Bereits nach dem Wortlaut kann kein Zweifel bestehen, dass lediglich Tarifnormen von § 613a

---

348 *Boeck*, Tarifverträge und andere Koalitionsverträge, insbes. S 47ff; ähnlich auch *Karsten*, Schuldrechtliche Tarifverträge, insbes. S. 145ff.

349 So *Boeck*, Tarifverträge und andere Koalitionsverträge, insbes. S 63ff, 66ff.

350 So zu Recht kritisch gegenüber einer (analogen) Anwendung des § 4 Abs. 4 TVG auf schuldrechtliche Vereinbarungen BAG (14.4.2004), BAGE 110, 164 (174f); aus dem Schrifttum hierzu *Löwisch/Rieble*, TVG, § 4 Rn. 598ff, obwohl diese von einer zwingenden Qualifikation „tarifnormersetzender" Vereinbarungen als Tarifvertrag ausgehen, vgl. *dies.*, a.a.O., § 1 Rn. 1166.

351 Eine Nachbindung an schuldrechtliche Verpflichtungen eines Verbandstarifvertrages entsprechend § 3 Abs. 3 TVG wird soweit ersichtlich auch von denjenigen nicht vertreten, die von einer weitgehend (analogen) Anwendung der Vorschriften des TVG auf „tarifnormersetzende" schuldrechtliche Tarifverträge ausgehen.

352 Dies belegt beispielsweise BAG (24.08.2011), ZTR 2012, 92.

Abs. 1 S. 2 BGB erfasst werden.[353] Alle diese Überlegungen legen letztlich offen, dass der Verzicht auf eine normative Regelung auch bei großzügiger (analoger) Anwendung einen geringeren Schutz für die Geltung der kollektiven Arbeitsbedingungen im Einzelarbeitsvertrag darstellt.

Vor dem Hintergrund der aufgezeigten „Schutzfunktion“ der Tarifautonomie nach Art. 9 Abs. 3 GG ließe sich der Verzicht auf die normative Ausgestaltung der Arbeitsbedingungen einzig und alleine noch unter der Prämisse rechtfertigen, dass eine tarifvertragliche Vereinbarung mit normativer Wirkung im konkreten Einzelfall nicht zu Stande gekommen wäre. In diesen Fällen wären rein schuldrechtliche Vereinbarungen zwischen den Tarifvertragsparteien besser als kein Tarifvertrag. Nur unter dieser Prämisse ist ein schuldrechtlicher Tarifvertrag aus Perspektive der Einzelarbeitsvertragsparteien mit dem Schutzzweck der Tarifautonomie nach Art. 9 Abs. 3 GG vereinbar. Letztlich entscheidend ist damit, ob man mit dem Ziel zusätzlicher (!) Tarifverträge auch „tarifnormersetzende“ schuldrechtliche Verpflichtungen in Tarifverträgen zulässt oder ob man an der normativen Ausgestaltung in einem Tarifvertrag zwingend festhält. Diese Frage zu beantworten ist Aufgabe des einfachen Gesetzgebers, dem die Befugnis zur Ausgestaltung des Tarifvertragsrechts unter Beachtung der verfassungsrechtlichen Vorgaben nach Art. 9 Abs. 3 GG zukommt.

Jedoch sprechen die besseren Argumente im gegenwärtigen Tarifvertragsrecht für eine exklusive Ausgestaltung der kollektiven Arbeitsbedingungen durch Tarifnormen mit unmittelbarer und zwingender Wirkung in den erfassten Einzelarbeitsverhältnissen. Zum einen hat sich die Begründung einer „tarifautonomen Wahlfreiheit“ der Tarifvertragsparteien als falsch erwiesen.[354] Darüber hinaus ist die einzige Ausgangsthese, welche die Einräumung einer „Wahlfreiheit“ mit Blick auf die in Art. 9 Abs. 3 GG mit der Tarifautonomie geschützte effektive Ausgestaltung der synallagmatischen Arbeitsbedingungen begründen könnte, äußerst zweifelhaft. Dass die Möglichkeit „tarifnormersetzender“ schuldrechtlicher Vereinbarungen zu zusätzlichen (!) tarifvertraglichen Regelungen im Vergleich zu einer zwingenden normativen Ausgestaltung der Arbeitsbedingungen in einem Tarifvertrag führt, erscheint unwahrscheinlich. Die Fälle, in denen, wie im genannten Beispiel des „Lehrerpersonalkonzeptes“ in Mecklenburg-Vorpommern, aufgrund Bedenken hinsichtlich verbandsinterner Regelungen auf eine normative Ausgestaltung des Tarifvertrags verzichtet wurde, können hierbei nicht ins

353 Henssler/Moll/Bepler/*Hexel*, Tarifvertrag, Teil 4 Rn. 113, Teil 15 Rn. 56; ErfK/*Preis*, BGB, § 613a Rn. 118.

354 S. oben 1. Kapitel, F. II. 3.

Gewicht fallen. Vielmehr gehen einem Tarifvertrag regelmäßig komplexe Verhandlungen zwischen den Tarifvertragsparteien voraus. Nachdem eine schuldrechtliche Verpflichtung in einem Tarifvertrag getroffen wurde, lässt sich daher kaum mehr beurteilen, ob alternativ eine normative Gestaltung gewählt worden oder eine tarifvertragliche Regelung unterblieben wäre. Diese Schwierigkeiten einer Bewertung sprechen ebenfalls für die gesetzgeberische Entscheidung, „tarifnormersetzende" Regelungen generell nicht zuzulassen. Jedenfalls lässt sich so ausschließen, dass andernfalls normativ geregelte Arbeitsbedingungen durch lediglich schuldrechtliche Verpflichtungen ersetzt werden.

Im Übrigen findet die exklusiv normative Ausgestaltung der Arbeitsbedingungen in einem Tarifvertrag bei unvoreingenommener Lektüre des § 1 Abs. 1 S. 1 Hs. 2 TVG ihre einfachgesetzliche Stütze im gegenwärtigen Tarifvertragsrecht, wenn es dort heißt, dass ein Tarifvertrag „Rechts*normen* [enthalte], die den Inhalt, den Abschluß und die Beendigung von Arbeitsverhältnissen sowie betriebliche und betriebsverfassungsrechtliche Fragen ordnen können". Auch aufgrund der einfachgesetzlichen Ausgestaltung des TVG ist die Möglichkeit „tarifnormersetzender" schuldrechtlicher Tarifverträge insofern naheliegend abzulehnen.

Nicht zuletzt ist die Entwicklungsgeschichte des deutschen Tarifvertragsrechts gekennzeichnet durch die Einführung der unmittelbaren und zwingenden Wirkung der Tarifnormen in der TVVO von 1918 und die Erweiterung tarifvertraglicher Normen durch den Sachkatalog des § 1 Abs. 1 S. 1 Hs. 2 TVG. Schuldrechtliche Vereinbarungen „anstelle" rechtlich möglicher Tarifnormen wären insofern auch aus historischer Perspektive ein Rückschritt.[355]

Im Ergebnis ist daher die Möglichkeit „tarifnormersetzender" schuldrechtlicher Vereinbarungen in einem Tarifvertrag abzulehnen. Die Tarifvertragsparteien sind abschließend auf die Möglichkeit zu verweisen, nach § 1 Abs. 1 S. 1 Hs. 2 TVG Rechtsnormen mit unmittelbarer und zwingender Wirkung im erfassten Einzelarbeitsverhältnis zu vereinbaren, die den Inhalt, den Abschluss und die Beendigung von Arbeitsverhältnissen sowie betriebliche und betriebsverfassungsrechtliche Fragen betreffen.

---

355 Zuzustimmen ist insofern *Wank*, NJW 1996, 2273 (2278), der davon ausgeht, dass mit dem Verzicht auf Tarifnormen auch eine „Errungenschaft des Tarifvertragssystems" verloren ginge.

G. Ergebnis zur schuldrechtlichen Regelungsbefugnis in einem Tarifvertrag

In einem Tarifvertrag können zwischen den Tarifvertragsparteien nur solche schuldrechtlichen Verpflichtungen begründet werden, die der Entstehung oder der Durchsetzung tarifvertraglicher Normen „dienen". Einfachgesetzlich ist diese Möglichkeit „tarifnormdienender" Vereinbarungen zwischen den Tarifvertragsparteien durch die als funktional begrenzte Generalklausel zu verstehende Erwähnung der „Rechte und Pflichten" in einem Tarifvertrag gemäß § 1 Abs. 1 S. 1 Hs. 1 TVG ausgestaltet. Schuldrechtliche Verpflichtungen ermöglichen keine sachlich-gegenständliche Erweiterung tarifvertraglicher Inhalte im Vergleich zu den Tarifnormen eines Tarifvertrages.

Die Möglichkeit „tarifnormersetzender" schuldrechtlicher Verpflichtungen in einem Tarifvertrag anstatt unmittelbar und zwingend wirkender Tarifnormen ist ebenfalls abzulehnen.

2. Kapitel: Schuldrechtliche Verpflichtungen zwischen Tarifvertragsparteien jenseits des Tarifvertrages? – Außertarifliche Vertragsfreiheit oder exklusiver Vorrang des Tarifvertrages

Nachdem im *ersten Kapitel* die Frage beantwortet wurde, inwieweit in einem Tarifvertrag zwischen Gewerkschaft und Arbeitgeberseite schuldrechtliche Verpflichtungen begründet werden können, soll im nun folgenden Kapitel der Frage nachgegangen werden, ob bzw. inwieweit Tarifvertragsparteien an die besondere Vertragsform des Tarifvertrages gebunden sind, wenn es darum geht, gegenseitige Verpflichtungen zu begründen. Von besonderer praktischer Bedeutung ist, ob bzw. inwieweit sich die Arbeitgeberseite in sogenannten außertariflichen Vereinbarungen mit der Gewerkschaft zu einem bestimmten unternehmerischen Verhalten, wie z.B. dem Erhalt eines Standortes, verpflichten kann. Denn wie sich gezeigt hat, sind in einem Tarifvertag entsprechende Verpflichtungen nicht möglich. Entgegen der kontrovers geführten Diskussion zur Reichweite schuldrechtlicher Vereinbarungen in einem Tarifvertrag war sowohl in der Rechtsprechung als auch in der Literatur bis in die jüngere Zeit unbestritten, dass den Tarifvertragsparteien jenseits der besonderen Vertragsform des Tarifvertrages eine grundsätzlich umfassende Vertragsfreiheit zukomme und diese so ungeachtet der Grenzen des Tarifvertragsrechts Schuldvereinbarungen treffen könnten. Rechtsgrundlage für diese außertariflichen Vereinbarungen zwischen den Tarifvertragsparteien sei je nach Regelungsinhalt entweder Art. 9 Abs. 3 GG oder Art. 2 Abs. 1 GG (A.). Erst in jüngerer Zeit kamen grundlegende Bedenken auf, ob sich Gewerkschaften und die Arbeitgeberseite außerhalb des Tarifvertrages, wie andere Privatrechtssubjekte, durch schuldrechtliche Vereinbarungen gegenseitig verpflichten können.[356] Im Folgenden soll aufgezeigt werden, dass diese Bedenken berechtigt sind. Entgegen der herrschenden Auffassung gewährleistet Art. 9 Abs. 3 GG keine weitere koalitionsautonome Einigungsform neben dem Tarifvertrag (B.). Auch handelt es sich bei den Tarifvertragsparteien um keine „einfachen“ Privatrechtssubjekte, die sich in schuldrechtlichen Vereinbarungen zu grundsätzlich jedem Verhalten gegenseitig verpflichten können,

356 *Giesen*, in: Rieble/Junker/Giesen (Hrsg.), Ausweitung der Tarifmacht, S. 57ff.

sondern um besondere Privatrechtssubjekte des Tarifvertragsrechts, die als solche auch bei schuldrechtlichen Vereinbarungen an die Vorgaben und Grenzen des Tarifvertragsrechts gebunden sind. Auch ein Rückgriff auf die allgemeine Handlungsfreiheit nach Art. 2 Abs. 1 GG bildet daher keine Rechtsgrundlage zur Begründung schuldrechtlicher Verpflichtungen jenseits des Tarifvertrages (C.).

A. Umfassende Vertragsfreiheit der Tarifvertragsparteien zur Begründung schuldrechtlicher Verpflichtungen jenseits des Tarifvertrages nach (bisher) herrschender Auffassung

Zunächst soll ein Überblick über die bis in jüngere Zeit unbestrittene und noch immer deutlich herrschende Auffassung erfolgen, wonach Tarifvertragsparteien außerhalb des Tarifvertrages eine umfassende Vertragsfreiheit zur Begründung gegenseitiger Verpflichtungen zukomme.

I. Die nach herrschender Auffassung umfassende Vertragsfreiheit zur Begründung gegenseitiger Verpflichtungen jenseits des Tarifvertrages

Als bis heute nahezu unbestritten gilt, dass Tarifvertragsparteien neben der Möglichkeit, Tarifverträge zu schließen, auch außertarifliche Vereinbarungen mit gegenseitigen Verpflichtungen treffen können, die keine Tarifverträge im Sinne des TVG sind.[357] Den Tarifvertragsparteien komme hierbei außerhalb des Tarifvertrages eine auch in sachlicher Hinsicht grundsätzlich unbegrenzte Vertragsfreiheit zu.[358] Insbesondere müssten die für den Tarifvertrag geltenden Grenzen nach dem TVG von Gewerkschaft und Arbeitgeberseite bei außertariflichen

357 *Löwisch/Rieble*, TVG, § 1 Rn. 1116ff; Däubler/*ders.*, TVG, Einl. Rn. 869ff; *Säcker/Oetker*, Grundlagen, 164ff; JKOS/*Krause*, TVR, § 1 Rn. 191ff; Wiedemann/*Thüsing*, TVG, § 1 Rn. 25; Kempen/Zachert/*Zeibig/Zachert*, TVG, § 1 Rn. 940; Henssler/Moll/Bepler/*Hexel*, Tarifvertrag, Teil 4 Rn. 128; *Karsten*, Schuldrechtliche Tarifverträge, S. 181ff; *Lasson*, Kollektivrechtliche Investitionsvereinbarungen, S. 41, 47ff; *Ruch*, Dreiseitige Vereinbarungen, S. 22ff; vgl. hierzu auch aus der Rechtsprechung BAG (05.11.1997), BAGE 87, 45; BAG (14.04.2004), BAGE 110, 164; BAG (21.05.2014), BAGE 148, 139 (insbes. Rn. 31); kritisch gegenüber einer umfassenden Vertragsfreiheit soweit ersichtlich erstmals *Giesen*, in: Rieble/Junker/Giesen (Hrsg.), Ausweitung der Tarifmacht, S. 57ff.

358 Vgl. Fn. 357.

Vereinbarungen nicht beachtet werden.[359] Diese Vertragsfreiheit jenseits des Tarifvertrages sei Tarifvertragsparteien im Vergleich zur Tarifvertragsbefugnis „originär" und müsse diesen daher auch nicht erst eingeräumt werden.[360]

Im Gegensatz zu anderen Privatrechtssubjekten sei zwischen Tarifvertragsparteien die rechtliche Grundlage, die eine umfassende Vertragsfreiheit gewährleiste, nicht ausschließlich die allgemeine Handlungsfreiheit nach Art. 2 Abs. 1 GG. Sobald es sich um schuldrechtliche Vereinbarungen handele, die dem Begriffspaar der „Arbeits- und Wirtschaftsbedingungen" zugeordnet werden könnten, seien entsprechende Vereinbarungen zwischen Tarifvertragsparteien[361] (ergänzend[362]) durch das speziellere Grundrecht der Koalitionsfreiheit geschützt.[363] Nach herrschender Auffassung sollen Gewerkschaft und Arbeitgeberseite damit auch außerhalb des Tarifvertrages schuldrechtliche Vereinbarungen gerade als durch Art. 9 Abs. 3 GG besonders geschützte Vereinigungen treffen können. Der Koalitionsfreiheit sei diesbezüglich nicht nur die Gewährleistung eines Tarifvertragssystems zu entnehmen, sondern darüber hinaus die Gewährleistung eines „dualen Systems" der koalitionsautonomen Einigung.[364] Teilweise wird der verfassungsrechtliche Schutz außertariflicher Vereinbarungen durch Art. 9 Abs. 3 GG auch sprachlich durch die Bezeichnung als „sonstige Kollektivvereinbarungen"[365] in Abgrenzung zum Tarifvertrag und zu schuldrechtlichen Verpflichtungen jenseits

---

359 Kempen/Zachert/*Zeibig/Zachert*, TVG, § 1 Rn. 947; Däubler/*ders.*, TVG, Einl. Rn. 870.

360 So ausdrücklich *Löwisch/Rieble*, TVG, § 1 Rn. 1169; vgl. Henssler/Moll/Bepler/*Hexel*, Tarifvertrag, Teil 4 Rn. 128, mit dem Hinweis auf ein „allgemein geltende[s] Prinzip der Vertragsautonomie".

361 Gleiches gilt nach herrschender Auffassung für nicht tariffähige Koalitionen: vgl. hierzu nur etwa Kempen/Zachert/*Zeibig/Zachert*, TVG, § 1 Rn. 947; *Löwisch/Rieble*, TVG, Einl. Rn. 56f, § 1 Rn. 1126.

362 So Wiedemann/*Thüsing*, TVG, § 1 Rn. 25.

363 Däubler/*ders.*, TVG, Einl. Rn. 870; Kempen/Zachert/*Zeibig/Zachert*, TVG, § 1 Rn. 944f; *Löwisch/Rieble*, TVG, § 1 Rn. 1126, Grundl. Rn. 59f; JKOS/*Krause*, TVR, § 1 Rn. 192; *Säcker/Oetker*, Grundlagen, S. 164ff; *Ruch*, Dreiseitige Vereinbarungen, S. 23.

364 *Säcker/Oetker* gehen davon aus, dass den Koalitionen ein „duales System koalitionsautonomer Einigungsmodelle" zur Wahrung und Förderung der „Arbeits- und Wirtschaftsbedingungen" zur Verfügung stehe, *dies.*, Grundlagen, S. 165; Däubler/*ders.*, *TVG*, Einl. Rn. 846, spricht insofern vom „verdeckte[n] Dualismus der Kollektivverhandlungen"; vgl. auch Kempen/Zachert/*Zeibig/Zachert*, TVG, § 1 Rn. 940 mwN.

365 So Kempen/Zachert/*Zeibig/Zachert*, TVG, § 1 Rn. 940, 944; ebenfalls vorzufinden ist die Bezeichnung als „(sonstige) Koalitionsverträge" oder „Sozialpartnervereinbarungen", vgl. zu den verschiedenen Bezeichnungen mwN *Boeck*, Tarifverträge und andere Koalitionsverträge, S. 35 (insbes. Fn. 21–23).

der „Arbeits- und Wirtschaftsbedingungen" zum Ausdruck gebracht. Andere ordnen Vereinbarungen, die jenseits der Tarifautonomie, aber im Schutzbereich der Koalitionsfreiheit liegen sollen, auch als Verträge „sui generis" ein.[366] Im Ergebnis soll den Tarifvertragsparteien im Rahmen der „Arbeits- und Wirtschaftsbedingungen" also gerade aufgrund ihrer Eigenschaft als Koalition die Möglichkeit eingeräumt sein, auch außertarifliche Vereinbarungen zu treffen, ohne hierbei an die für den Tarifvertrag geltenden Grenzen nach dem TVG gebunden zu sein.

Treffen Gewerkschaft und Arbeitgeberseite schuldrechtliche Vereinbarungen, die jenseits der umstrittenen[367] Reichweite der „Arbeits- und Wirtschaftsbedingungen" liegen, seien diese Vereinbarungen als „gewöhnliche"[368] Schuldverträge und auf Grundlage der allgemeinen Handlungsfreiheit nach Art. 2 Abs. 1 GG möglich.[369] Scheinbar selbstverständlich geht die herrschende Auffassung davon aus, dass Tarifvertragsparteien „wie andere Privatrechtssubjekte"[370] auf eine ihnen originäre Privatautonomie zur Begründung gegenseitiger Verpflichtungen zurückgreifen könnten, wenn die Grenzen der tarifvertraglichen Regelungsbefugnis auf Grundlage der Tarifautonomie bzw. die Grenzen der vermeintlich koalitionsspezifischen außertariflichen Vereinbarungen nach Art. 9 Abs. 3 GG überschritten seien.[371] Die weitere Begründung beschränkt sich vielfach allenfalls auf einen zusätzlichen Quervergleich, nach dem den Tarifvertragsparteien solche Regelungen möglich sein müssten, die auch einfache Koalitionen oder sogar einfache Idealvereine nach dem BGB schließen könnten.[372] Zur Begründung dafür, dass diese Vertragsfreiheit umfassend sei und auch nicht auf einen oder mehrere Vertragstypen beschränkt sei, erfolgt teilweise der ausdrückliche

366 *Boeck*, Tarifverträge und andere Koalitionsverträge, S. 131f; *Däubler*, Mitbestimmung, S. 193.

367 Zur umstrittenen Reichweite des Begriffspaars der „Arbeits- und Wirtschaftsbedingungen" nach Art. 9 Abs. 3 GG im Zusammenhang mit der Tarifautonomie bereits 1. Kapitel, B. II.

368 So Kempen/Zachert/*Zeibig/Zachert*, TVG, § 1 Rn. 947; ebenso Däubler/*ders.*, TVG, Einl. Rn. 871.

369 Kempen/Zachert/*Zeibig/Zachert*, TVG, § 1 Rn. 947; Wiedemann/*Thüsing*, TVG, § 1 Rn. 25; JKOS/*Krause*, TVR, § 1 Rn. 192; *Säcker/Oetker*, Grundlagen, S. 167; *Karsten*, Schuldrechtliche Tarifverträge, S. 182; *Ruch*, Dreiseitige Vereinbarungen, S. 23.

370 Kempen/Zachert/*Zeibig/Zachert*, TVG, § 1 Rn. 947.

371 Kempen/Zachert/*Zeibig/Zachert*, TVG, § 1 Rn. 947; JKOS/*Krause*, TVR, § 1 Rn. 192; *Ruch*, Dreiseitige Vereinbarungen, S. 23; *Karsten*, Schuldrechtliche Tarifverträge, S. 182.

372 So etwa *Löwisch/Rieble*, TVG, § 1 Rn. 1116.

Verweis auf § 311 BGB, der auch für Tarifvertragsparteien die Vertragsfreiheit im einfachen Recht bestätige.[373]

Nach bisher ganz herrschenden Meinung besteht insofern kein Zweifel, dass den Tarifvertragsparteien neben der begrenzten Regelungsbefugnis der Tarifautonomie und der daraus folgenden begrenzten Regelungsinhalte eines Tarifvertrages außerhalb des Tarifvertragsrechts eine umfassende Vertragsfreiheit zur Begründung gegenseitiger Verpflichtungen zukomme. Diese Vertragsfreiheit setze sich für Tarifvertragsparteien aus Art. 9 Abs. 3 und Art. 2 Abs. 1 GG als rechtliche Grundlage außertariflicher Vereinbarungen zusammen.

II. Die unbedeutende Abgrenzung zwischen Art. 9 Abs. 3 GG und Art. 2 Abs. 1 GG für eine umfassende außertarifliche Vereinbarungsbefugnis der Tarifvertragsparteien

Welche Regelungsinhalte bei schuldrechtlichen Vereinbarungen den „Arbeits- und Wirtschaftsbedingungen" nach Art. 9 Abs. 3 GG zuzuordnen seien und welche Regelungsinhalte außerhalb der Koalitionsfreiheit lägen und somit verfassungsrechtlich (lediglich) durch Art. 2 Abs. 1 GG geschützt sein sollen, wird – wie auch im Rahmen der Tarifautonomie – unterschiedlich beurteilt. Dabei ergeben sich aufgrund der umstrittenen Reichweite des Begriffspaars der „Arbeits- und Wirtschaftsbedingungen" die gleichen Abgrenzungsprobleme, die auch eine nähere Bestimmung der Tarifautonomie nach Art. 9 Abs. 3 GG unmöglich machen.[374] Dies führt z.B. dazu, dass *Löwisch/Rieble* schuldrechtliche Vereinbarungen der Tarifvertragsparteien zum Umweltschutz außerhalb der „Arbeits- und Wirtschaftsbedingungen" sehen,[375] während *Zeibig/Zachert* unter Berufung auf eine erforderliche „weit[e] und zeitoffen[e]" Auslegung der „Arbeits- und Wirtschaftsbedingungen" zu dem Ergebnis kommen, dass auch für Regelungen des Umweltschutzes Art. 9 Abs. 3 GG die maßgebliche Rechtsgrundlage gegenseitiger Verpflichtungen sei.[376] Beide soeben genannten Ansichten stützen hingegen außertarifliche Vereinbarungen zur Beschäftigungssicherung auf Art. 9

---

373 Däubler/*ders.*, TVG, Einl. Rn. 871; Kempen/Zachert/*Zeibig/Zachert*, TVG, § 1 Rn. 947; *Karsten*, Schuldrechtliche Tarifverträge, S. 182; mit Verweis auf die Vorgängervorschrift des § 305 BGB a.F. *Säcker/Oetker*, Grundlagen, S. 164.

374 Zur Bandbreite der Auslegung der „Arbeits- und Wirtschaftsbedingungen" vgl. 1. Kapitel, D. I.

375 *Löwisch/Rieble*, TVG, Grundl. Rn. 59; ebenso wie beispielsweise auch Vereinbarungen zu internationalen Sozialstandards für die dritte Welt, *dies*, a.a.O., § 1 Rn. 1126.

376 Kempen/Zachert/*Zeibig/Zachert*, TVG, § 1 Rn. 944.

Abs. 3 GG,[377] während nach anderer Auffassung außertarifliche Vereinbarungen, in denen Investitionen in einen Standort oder der Erhalt eines Standortes zugesichert werden, lediglich auf Grundlage der allgemeinen Handlungsfreiheit nach Art. 2 Abs. 1 GG zwischen den Tarifvertragsparteien vereinbart werden können sollen.[378]

Nach ganz herrschender Auffassung spielt für die angenommene umfassende außertarifliche Vereinbarungsbefugnis der Tarifvertragsparteien diese unterschiedliche Zuordnung zu Art. 9 Abs. 3 GG oder Art. 2 Abs. 1 GG jedoch keine Rolle. Hiervon hänge die Befugnis zum Abschluss gegenseitiger Verpflichtungen nicht ab.[379] Ohne Ausnahme wird davon ausgegangen, dass die Privatautonomie nach Art. 2 Abs. 1 GG dort einsetze, wo nach jeweiligem Verständnis der sachliche Anwendungsbereich der „Arbeits- und Wirtschaftsbedingungen" nach Art. 9 Abs. 3 GG ende.[380]

III. Exkurs: Das Verhältnis zwischen „sonstigen Kollektivvereinbarungen" nach Art. 9 Abs. 3 GG und Tarifverträgen nach herrschender Auffassung

Wie im *ersten Kapitel* bereits dargestellt, geht die wohl überwiegende Auffassung davon aus, dass die Reichweite (schuldrechtlicher) Tarifvertragsinhalte anhand von Art. 9 Abs. 3 GG und dem Begriffspaar der „Arbeits- und Wirtschaftsbedingungen" zu bestimmen sei,[381] was zur Folge hat, dass hiernach jedenfalls die schuldrechtlichen Regelungsinhalte eines Tarifvertrages unmittelbar an den verfassungsrechtlichen Gewährleistungsgehalt der Koalitionsfreiheit nach Art. 9 Abs. 3 GG gekoppelt sind.[382] Bereits aufgrund der mit Art. 9 Abs. 3 GG gemeinsamen Rechtsgrundlage kann es nicht verwundern, dass nach diesen Ansichten die schuldrechtlichen Regelungsinhalte eines Tarifvertrages und die Regelungsinhalte außertariflicher Vereinbarungen, die der Koalitionsfreiheit nach Art. 9 Abs. 3 GG zuzuordnen seien, jedenfalls weitgehend deckungsgleich scheinen.[383] In aller

---

377 *Löwisch/Rieble*, TVG, Grundl. Rn. 59; Kempen/Zachert/*Zeibig/Zachert*, TVG, § 1 Rn. 944.

378 So beispielsweise *Beuthien*, ZfA 1984, 1 (29); vgl. auch Wiedemann/*ders.*, TVG, Einl. 328.

379 So ausdrücklich *Löwisch/Rieble*, TVG, § 1 Rn. 1127.

380 Vgl. hierzu Fn. 357.

381 S. oben 1. Kapitel, B. II.

382 S. oben 1. Kapitel, D. I.

383 Vgl. hierzu nur etwa Kempen/Zachert/*Zeibig/Zachert*, TVG, § 1 Rn. 944f; Däubler/*ders.*, TVG, Einl. Rn. 870, 872.

Regel gehen diese Ansichten in der Literatur [384] wie auch die Rechtsprechung[385] daher von einer Wahlfreiheit der Tarifvertragsparteien aus, ob sie entsprechende Inhalte in der besonderen Vertragsform des Tarifvertrages oder als außertarifliche Schuldvereinbarung beschließen wollen. Entscheidend für die Frage, ob es sich bei einer Vereinbarung zwischen den Tarifvertragsparteien um einen Tarifvertrag oder eine außertarifliche Vereinbarung mit auch tariflich regelbarem Inhalt handelt, sei der durch Auslegung zu bestimmende Wille der Tarifvertragsparteien bei Vertragsschluss.[386] Demgegenüber lehnt *Karsten* trotz einer verfassungsrechtlichen Bestimmung tarifvertraglicher Inhalte anhand von Art. 9 Abs. 3 GG eine „Wahlfreiheit" der Tarifvertragsparteien ab und ordnet schuldrechtliche Vereinbarungen, die nach ihrem Inhalt den Arbeits- und Wirtschaftsbedingungen nach Art. 9 Abs. 3 GG zuzuordnen seien, zwingend als Tarifvertrag ein.[387]

Die Ablehnung einer „Wahlfreiheit" und eine zwingende Qualifikation solcher Vereinbarungen mit tariflich regelbarem Inhalt als Tarifvertrag im Sinne des TVG ist hingegen bei denjenigen Stimmen im Schrifttum die Regel, die, wenn auch überwiegend mit anderer Begründung als vorliegend, ebenfalls davon ausgehen, dass die Regelungsinhalte eines Tarifvertrages nicht anhand des Begriffspaars der „Arbeits- und Wirtschaftsbedingungen" nach Art. 9 Abs. 3 GG bestimmt werden können. Für Verpflichtungen, die auf Grundlage der jeweiligen Auffassung auch Inhalt eines Tarifvertrages nach dem TVG sein können, besteht nach diesen Ansichten ein exklusiver Vorrang des Tarifvertrages im Verhältnis zu einfachen Schuldvereinbarungen nach dem BGB.[388] Bei Vereinbarungen mit tariflich regelbaren Inhalten handele es sich zwingend um einen Tarifvertrag. Dies bedeute, dass auch die formalen Voraussetzungen eines Tarifvertrages, wie beispielsweise die Schriftform nach § 1 Abs. 2 TVG, einzuhalten seien. Umgekehrt soll einem solchen Vorrang des Tarifvertrages jedoch nicht entnommen werden können, dass ausschließlich Tarifverträge zwischen den Tarifvertragsparteien

---

384 JKOS/*Krause*, TVR, § 1 Rn. 193; Kempen/Zachert/*Zeibig/Zachert*, TVG, § 1 Rn. 945; Däubler/*ders.*, TVG, Einl. Rn. 872; aA trotz weiten Anwendungsbereichs des Tarifvertrages auf Grundlage der Koalitionsfreiheit nach Art. 9 Abs. 3 GG *Karsten*, Schuldrechtliche Tarifverträge, passim (insbes. S. 145, 184ff).

385 BAG (21.05.2014), BAGE 148, 139 (Rn. 31); BAG (26.01.2011), BAGE 137, 45 (Rn. 18); BAG (14.04.2004), BAGE 110, 164 (insbes. 171f).

386 BAG (26.01.2011), BAGE 137, 45 (Rn. 18); BAG (14.04.2004), BAGE 110, 164 (171); JKOS/*Krause*, TVR, § 1 Rn. 193; Kempen/Zachert/*Zeibig/Zachert*, TVG, § 1 Rn. 988ff.

387 *Karsten*, Schuldrechtliche Tarifverträge, passim (insbes. S. 145, 184ff).

388 *Löwisch/Rieble*, TVG, § 1 Rn. 1166; *Boeck*, Tarifverträge und andere Koalitionsverträge, S. 133; *Säcke/Oetker*, Grundlagen, S. 166; *Beuthien*, ZfA 1983, 141 (162f).

nach Art. 9 Abs. 3 GG geschützt seien. So gehen beispielsweise auch *Löwisch/Rieble* davon aus, dass „einfache" Verpflichtungen jenseits des tarifvertraglich Regelbaren, solange sie noch dem im Vergleich zur Tarifautonomie sachlich weiter verstandenen Begriffspaar der „Arbeits- und Wirtschaftsbedingungen" zuzuordnen seien, durch die Koalitionsfreiheit nach Art. 9 Abs. 3 GG gewährleistet seien.[389] Nach *Löwisch/Rieble* sind daher beispielsweise Standortvereinbarungen und Investitionszusagen zwar nicht in einem Tarifvertrag, jedoch als außertarifliche Vereinbarungen auf Grundlage der Koalitionsfreiheit nach Art. 9 Abs. 3 GG möglich.[390]

IV. Kein Arbeitskampf um außertarifliche Regelungsinhalte

1. Kein Arbeitskampf jenseits der Tarifautonomie nach Art. 9 Abs. 3 GG

Trotz der aufgezeigten Unterschiede in den Auffassungen hinsichtlich der schuldrechtlichen Regelungsinhalte und der Erkämpfbarkeit eines Tarifvertrages[391] besteht weitgehende Einigkeit, dass jedenfalls um solche Verpflichtungen, die nach ihrem Inhalt nicht zumindest auch in einem Tarifvertrag geregelt werden könnten, Arbeitskampfmaßnahmen unzulässig sind.[392] Wie auch das BAG jüngst noch einmal bestätigte, ist der Arbeitskampf „funktional auf die Tarifautonomie bezogen[…]. Ein Grundrecht auf Streik, losgelöst von seiner funktionalen Bezugnahme auf die Tarifautonomie, gewährleistet Art. 9 Abs. 3 GG nicht."[393] Frühere Bedenken des Gerichts hinsichtlich einer Vereinbarkeit einer funktional

---

389 *Löwisch/Rieble*, TVG, § 1 Rn. 1126, Grundl. Rn. 59; ähnlich auch *Säcker/Oetker*, Grundlagen, S.165f.

390 *Löwisch/Rieble*, TVG, § 1 Rn. 1168, Grundl. Rn. 59.

391 S. oben 1. Kapitel, B. IV.

392 *Löwisch/Rieble*, TVG, § 1 Rn. 1168, Grundl. 447ff; Kempen/Zachert/*Zeibig/Zachert*, TVG, § 1 Rn. 945; *Karsten*, Schuldrechtliche Tarifverträge, S. 312f; *Otto*, Arbeitskampfrecht, § 5 Rn. 2; *Gamillscheg*, Kollektives Arbeitsrecht I, S. 1071; *Brox/Rüthers/Henssler*, Arbeitsrecht, Rn. 754, 756; *Dütz/Thüsing*, Arbeitsrecht, Rn. 702f; unklar dahingehend *Franzen*, in: Rieble/Junker/Giesen (Hrsg.), Ausweitung der Tarifmacht, S. 119ff (insbes. 134f), der keine Unterscheidung zwischen schuldrechtlichen Tarifverträgen und außertariflichen Vereinbarungen vorzunehmen scheint und stattdessen wohl etwas undifferenziert vom Schutzbereich der Koalitionsfreiheit nach Art. 9 Abs. 3 GG zur Bestimmung der Erkämpfbarkeit einer Vereinbarung ausgeht; ebenfalls dahingehend unklar ErfK/*Linsenmaier*, GG, Art. 9 Rn. 114, vgl. auch Rn. 23f, 72.

393 BAG (20.11.2012), BAGE 144, 1 (Rn. 49) mwN; vgl. auch BVerfG (26.06.1991), BVerfGE 84, 212 (225).

auf die Tarifautonomie begrenzten Arbeitskampfbefugnis mit Art. 6 Nr. 4 ESC[394] scheint das Gericht nicht mehr zu verfolgen.[395] Um solche Regelungsinhalte, welche ausschließlich auf Grundlage der den Tarifvertragsparteien eingeräumten außertariflichen Vertragsfreiheit möglich sein sollen, kann somit, wie auch sonst im Privatrecht, kein Arbeitskampf geführt werden.

Zu dem funktionalen Bezug des Arbeitskampfes auf die Tarifautonomie bilden insbesondere auch diejenigen Auffassungen keine Ausnahme, die annehmen, dass auch um außertarifliche Vereinbarungen gekämpft werden kann, solange es sich jedenfalls auch um tariflich regelbare Inhalte handelt.[396] Denn auch nach diesen Auffassungen bleibt es mit Blick auf die Regelungsinhalte dabei, dass ausschließlich tariflich regelbare Inhalte erkämpfbar sind. Demgegenüber scheint *Däubler*, der eine grundsätzliche und auch funktionale Ausweitung des Arbeitskampfrechts beispielsweise um ausgewählte politische Streiks für möglich hält,[397] einer Erweiterung der Arbeitskampfbefugnis um außertarifliche Regelungsinhalte jedenfalls nicht abgeneigt.[398] Dabei bezeichnet *Däubler* selbst einen solchen Schritt jedoch ausdrücklich als „Wandel" [399] gegenüber dem bisherigen Verständnis, der „(noch) nicht anerkannt"[400] sei. Als äußere Grenze der Arbeitskampfbefugnis müsse jedoch selbst dann die sachliche Reichweite der Koalitionsfreiheit nach Art. 9 Abs. 3 GG beachtet werden.[401]

---

394 BAG (10.12.2002), BAGE 104, 155 (169); vgl. hierzu Däubler-AK/*Däubler*, § 13 Rn. 2.

395 Eingehend hierzu mwN ErfK/*Linsenmaier*, GG, Art. 9 Rn. 71, 105, 114; im Zusammenhang mit der Frage möglicher Streiks um unternehmerische Entscheidungen auch *Lobinger*, in Rieble (Hrsg.), Zukunft des Arbeitskampfes, S. 56ff (insbes. Rn. 27).

396 *Karsten*, Schuldrechtliche Tarifverträge, S. 312ff; Kempen/Zachert/*Zeibig/Zachert*, TVG, § 1 Rn. 998.

397 Däubler-AK/*Däubler*, § 13 Rn. 47ff.

398 Däubler-AK/*Däubler*, § 13 Rn. 17ff; Dafür, dass die Kampfbefugnis nach Art. 9 Abs. 3 GG jedenfalls auf Grundlage des Verfassungsrecht weiter reichen können soll als tarifvertragliche Regelungsinhalte vgl. Maunz/Dürig/*Scholz*, GG, Art. 9 Rn. 316 – der jedoch zugleich einräumt, dass der Gesetzgeber bzw. der Arbeitsrichter als Ersatzgesetzgeber berechtigt sei, der Arbeitskampfbefugnis Grenzen zu setzen.

399 Däubler-AK/*Däubler*, § 13 Rn. 4.

400 Däubler/*ders.*, TVG, Einl. Rn. 872.

401 Däubler-AK/*Däubler*, § 13 Rn. 1ff (insbes. Rn. 12, 54, 66); vgl. auch Maunz/Dürig/*Scholz*, GG, Art. 9 Rn. 316.

2. *Bestätigung des funktionellen Bezugs des Arbeitskampfes zur Tarifautonomie durch das Verständnis der Tarifautonomie als „kollektiv ausgeübte Privatautonomie“*

Das vorliegend zu Grunde gelegte funktionale und am Schutzzweck ausgerichtete Verständnis der Tarifautonomie[402] bestätigt den zwingenden Bezug des Arbeitskampfes zur Tarifautonomie und legt den Funktionszusammenhang zwischen Arbeitskampf und Tarifautonomie besonders deutlich offen. Hiernach liegt die Funktion und Bedeutung des Arbeitskampfes im Ausgleich der strukturellen Unterlegenheit der Arbeitnehmerseite beim Aushandeln der Arbeitsbedingungen.[403] Die Arbeitskampfbefugnis stellt sicher, dass Tarifvertragsverhandlungen mehr sind als „kollektives Betteln“[404]. Versteht man die Tarifautonomie, wie vorliegend, nicht als abstrakte Machtposition der Tarifvertragsparteien, sondern aus ihrer Funktion heraus als „kollektiv ausgeübte Privatautonomie“, erweist sich der Arbeitskampf als „Hilfsmittel“[405] zur „marktmäßigen Umsetzung der ‚Ware' Arbeit“[406]. Das Hilfsmittel des Streiks ist funktional nicht mehr und nicht weniger als die „Vorenthaltung der Arbeitskraft, um eine Steigerung ihres Wertes herbeizuführen“.[407] In den Einzelarbeitsverhältnissen handelt es sich bei Arbeitskampfmaßnahmen um einen ausnahmsweise erlaubten Vertragsbruch.[408] Ein gerechtfertigter Vertragsbruch ist dem allgemeinen Privatrecht grundsätzlich fremd, was sich bereits aus dem privatrechtlichen Grundsatz *pacta sunt servanda* ergibt und anhand der Rechtsfolgen deutlich wird, welche eine Nichterfüllung der vertraglich zugesicherten Leistung nach dem BGB auslöst – vgl. nur

402 S. oben 1. Kapitel, E. II.

403 Ausführlich hierzu *Picker*, ZfA 2010, 499 (512ff).

404 BAG (10.06.1980), BAGE 33, 140 (151); zu der Formulierung als solcher und ihrem Ursprung vgl. *Franzen*, in: Rieble/Junker/Giesen (Hrsg.), Ausweitung der Tarifmacht, S. 125 insbes. Fn. 11.

405 Zur sogenannten „Hilfsfunktion für die Tarifautonomie“ BAG (07.06.1988), BAGE 58, 343; vgl. auch BAG (05.03.1985), BAGE 48, 160; *Kissel*, Arbeitskampfrecht, § 24 Rn. 2ff.

406 So *Lobinger*, in Rieble (Hrsg.), Zukunft des Arbeitskampfes, S. 56ff (insbes. Rn. 30); *Picker*, ZfA 2011, 443 (453ff); vgl. auch *Brox/Rüthers/Henssler*, Arbeitsrecht, Rn. 736 – „Arbeitskampf ist ‚Preiskampf' am Arbeitsmarkt“.

407 So bereits *Legien*, Deutsche Gewerkschaftsbewegung, S. 25; ebenso *Lobinger*, in Rieble (Hrsg.), Zukunft des Arbeitskampfes, S. 56ff (insbes. Rn. 31); vgl. auch *Picker*, ZfA 2011, 443 (453ff); *Zöllner/Loritz/Hergenröder*, Arbeitsrecht, S. 551.

408 *Kissel*, Arbeitskampfrecht, § 24 Rn. 2; *Lobinger*, in Rieble (Hrsg.), Zukunft des Arbeitskampfes, S. 56ff (insbes. Rn. 29); *Dütz/Thüsing*, Arbeitsrecht, Rn. 698.

§§ 280 ff , 323 ff BGB. Umgekehrt zeigt sich daher gerade in der Befugnis zum Arbeitskampf die Aufwertung der Tarifautonomie als eine zu ihrer funktionellen Zweckerfüllung „privilegierten" Regelungsbefugnis im Privatrecht. Seine Rechtfertigung findet der Arbeitskampf dabei ausschließlich im funktionellen Bezug zur Tarifautonomie. Ein Arbeitskampf um außertarifliche Vereinbarungen kann damit nicht rechtmäßig sein.

V. „Gesamtsanierungspakete" aus tariflichen Arbeitsbedingungen und nicht tariflich regelbaren unternehmerischen Entscheidungen als Folge einer umfassenden Regelungsbefugnis jenseits des Tarifvertrages

Wie im *ersten Kapitel* aufgezeigt, können in einem Tarifvertrag ergänzend zu normativen Arbeitsbedingungen keine schuldrechtlichen Vereinbarungen über grundlegende unternehmerische Entscheidungen getroffen werden. Die in der Praxis zunehmenden Verpflichtungen der Arbeitgeberseite gegenüber der Gewerkschaft, beispielsweise zum Erhalt eines Standortes[409], zur Investition in einen Standort[410] oder ein Zustimmungsvorbehalt für Outsourcingmaßnahmen[411], sind hiernach keine zulässigen Verpflichtungen in einem Tarifvertrag. Entsprechende Vereinbarungen zwischen der Gewerkschaft und dem einzelnen Arbeitgeber setzen sich damit aus tariflichen und nicht tariflich regelbaren Inhalten zusammen. Im Zusammenhang mit dem bereits erwähnten *Master Agreement* beim Automobilhersteller Opel spricht das BAG mit einer angedeuteten Differenzierung insofern zutreffend von einer „tariflichen und schuldrechtlichen Gesamtvereinbarung"[412], ohne jedoch deren Zulässigkeit in Frage zu stellen. Auch in der Literatur werden zusammengesetzte Vereinbarungen aus tariflichen Arbeitsbedingungen und nicht tariflich regelbaren schuldrechtlichen Verpflichtungen, jedenfalls solange sie „freiwillig" vereinbart werden, für möglich gehalten.[413] Gerade mit dem einzelnen Arbeitgeber bestünde dabei die Möglichkeit

409 BAG (04.04.2002), BAGE 97, 263 (270).

410 LAG Niedersachsen (18.5.2011), 17 SaGa 1939/10, juris.

411 BAG (26.01.2011), BAGE 137, 45.

412 BAG (21.05.2014), BAGE 148, 139 (Rn. 40); in Rn. 45 bezeichnet das BAG das *Master Agreement* zudem als „Gesamtsanierungspaket", das aus „tariflichen und anderen schuldrechtlichen Vereinbarungen" bestehe.

413 JKOS/*Krause*, TVR, § 1 Rn. 108; vgl. *Gamillscheg*, Kollektives Arbeitsrecht I, S. 344; wohl auch Wiedemann/*ders.*, TVG, Einl. 328.

„Verhandlungspakete [zu] schnüren", die sich aus „tarifvertraglichen und nicht-tarifvertraglichen" Inhalten zusammensetzten.[414]

Dass die Zulässigkeit von „Gesamtvereinbarungen" aus tariflichen Arbeitsbedingungen und außertariflichen Verpflichtungen weder in der Rechtsprechung noch in der Literatur problematisiert wird, kann angesichts des (bisher herrschenden) Ausgangspunkts einer umfassenden außertariflichen Vereinbarungsbefugnis der Tarifvertragsparteien jenseits des Tarifvertrages kaum verwundern. Wie im Folgenden aufgezeigt werden soll, zeigt sich bei näherer Auseinandersetzung jedoch gerade anhand derartiger „Gesamtvereinbarungen", dass eine umfassende Vertragsfreiheit zwischen den Tarifvertragsparteien jenseits der durch das TVG ausgestalteten Grenzen des Tarifvertragsrechts kritisch zu hinterfragen und letztlich abzulehnen ist.

VI. Ergebnis zur bisher ganz herrschenden Auffassung einer grundsätzlich umfassenden außertariflichen Regelungsbefugnis

Im Ergebnis geht die ganz herrschende Auffassung in der Literatur wie auch die Rechtsprechung von einer umfassenden Vertragsfreiheit der Tarifvertragsparteien jenseits des Tarifvertrages aus. Je nach Regelungsinhalt der gegenseitigen Verpflichtung zwischen Gewerkschaft und Arbeitgeberseite soll Rechtsgrundlage der Vereinbarung die Koalitionsfreiheit nach Art. 9 Abs. 3 GG oder die allgemeine Handlungsfreiheit nach Art. 2 Abs. 1 GG sein. Die Koalitionsfreiheit gewährleistet nach herrschender Auffassung den Tarifvertragsparteien damit gerade als kollektiven Vereinigungen gemäß Art. 9 Abs. 3 GG neben dem Tarifvertrag eine weitere Form der koalitionsautonomen Einigung. Jenseits der unterschiedlich bestimmten Reichweite der „Arbeits- und Wirtschaftsbedingungen" könnten auch Tarifvertragsparteien auf eine umfassende Vertragsfreiheit auf Grundlage der allgemeinen Handlungsfreiheit nach Art. 2 Abs. 1 GG zurückgreifen, um gegenseitige Verpflichtungen zu begründen. Im Ergebnis komme den Tarifvertragsparteien damit eine umfassende schuldrechtliche Regelungsbefugnis zu. Insbesondere seien Gewerkschaft und Arbeitgeberseite beim Abschluss außertariflicher Vereinbarungen nicht an die für den Tarifvertrag geltenden Grenzen nach dem TVG gebunden. Einigkeit besteht auch insoweit, dass ein Arbeitskampf ausschließlich um tariflich regelbare Inhalte und nicht zur Durchsetzung außertariflicher Forderungen geführt werden könne.

---

414 So JKOS/*Krause*, TVR, § 1 Rn. 108; *Gamillscheg* spricht insofern von einem „größeren ‚Paket[s]' gegenseitigen Gebens und Nehmens", *ders.*, Kollektives Arbeitsrecht I, S. 344.

Im Folgenden soll jedoch aufgezeigt werden, dass die Koalitionsfreiheit nach Art. 9 Abs. 3 GG keine weitere koalitionsautonome Einigungsform neben dem Tarifvertrag gewährleistet (B.). Auch handelt es sich bei den Tarifvertragsparteien um keine „einfachen" Privatrechtssubjekte, die sich in schuldrechtlichen Vereinbarungen zu grundsätzlich jedem Verhalten gegenseitig verpflichten können, sondern um besondere Privatrechtssubjekte des Tarifvertragsrechts, die sich als solche auch bei schuldrechtlichen Vereinbarungen an die Vorgaben und Grenzen des Tarifvertragsrechts halten müssen. Ein Rückgriff auf die allgemeine Handlungsfreiheit nach Art. 2 Abs. 1 GG als Rechtsgrundlage zur Begründung schuldrechtlicher Verpflichtungen jenseits des Tarifvertrages kommt daher nicht in Frage (C.).

B. Keine außertariflichen Verpflichtungen zwischen Tarifvertragsparteien auf Grundlage der Koalitionsfreiheit nach Art. 9 Abs. 3 GG

Nach der in der arbeitsrechtlichen Literatur verbreiteten Auffassung gewährleistet Art. 9 Abs. 3 GG nicht nur die Tarifautonomie, sondern bildet auch die verfassungsrechtliche Rechtsgrundlage für „außertarifliche" schuldrechtliche Vereinbarungen zwischen Tarifvertragsparteien, die dem Begriffspaar der „Arbeits- und Wirtschaftsbedingungen" zuzuordnen seien.[415] Insofern gewährleiste Art. 9 Abs. 3 GG ein „duales System" der koalitionsautonomen Einigung.[416] Wie sich im Folgenden zeigen wird, ist dies jedoch nicht der Fall.

I. Berechtigte Kritik an der grundlegenden Vorstellung von Art. 9 Abs. 3 GG als „Doppelgrundrecht"

In aller Regel legen diejenigen Stimmen, die auch außertarifliche Schuldvereinbarungen, soweit sie den „Arbeits- und Wirtschaftsbedingungen" zuzuordnen sind, durch das Grundrecht der Koalitionsfreiheit geschützt sehen, hierbei die durchaus herrschende Vorstellung der Koalitionsfreiheit nach Art. 9 Abs. 3 GG

415 S. oben 2. Kapitel, A. I. insbesondere Fn. 363.

416 So *Säcker/Oetker*, die davon ausgehen, dass den Koalitionen ein „duales System koalitionsautonomer Einigungsmodelle" zur Wahrung und Förderung der „Arbeits- und Wirtschaftsbedingungen" zur Verfügung stehe, *dies.*, Grundlagen, S. 165; ähnlich Däubler/*ders.*, *TVG*, Einl. Rn. 846, der insofern vom „verdeckte[n] Dualismus der Kollektivverhandlungen" spricht; vgl. auch Kempen/Zachert/*Zeibig/Zachert*, TVG, § 1 Rn. 940 mwN.

als „Doppelgrundrecht"[417] zu Grunde.[418] Hiernach soll nicht nur dem Individuum, sondern auch der Koalition als Vereinigung durch Art. 9 Abs. 3 GG eine eigenständige Grundrechtsposition eingeräumt sein. Eine solche eigenständige kollektive Schutzposition der Koalitionsfreiheit begünstigt insofern die Vorstellung, dass Tarifvertragsparteien (und einfachen Koalitionen) gerade als kollektive Vereinigungen nach Art. 9 Abs. 3 GG ein weiteres Einigungsmodell neben dem Tarifvertragsrecht verfassungsrechtlich gewährleistet sei. Es zeigt sich jedoch, dass trotz der verbreiteten Zustimmung die sogenannte Lehre vom „Doppelgrundrecht" nicht überzeugen kann. Auch wenn die Annahme eines eigenständigen kollektiven Schutzgehalts der Koalitionsfreiheit keine zwingende Voraussetzung dafür zu sein scheint, dass Art. 9 Abs. 3 GG als Rechtsgrundlage außertariflicher Vereinbarungen herangezogen wird,[419] ergeben sich erste Zweifel an einem Schutz außertariflicher Vereinbarungen bereits durch den ausschließlich individuellen Schutzzweck von Art. 9 Abs. 3 GG.

Eine verbandsschützende Wirkung ist bereits dem Wortlaut des Art. 9 Abs. 3 GG nicht zu entnehmen. Der Kern der berechtigten und bis heute anhaltenden Kritik an der Lehre von der Koalitionsfreiheit als „Doppelgrundrecht" liegt darin begründet, dass die eigenständige, im Ergebnis oftmals übergeordnete Bedeutung eines kollektiven Grundrechtsschutzes sich zwangsläufig nicht nur gegenüber dem Staat, sondern auch gegenüber den individuellen Arbeitsvertragsparteien entfaltet.[420] Ein eigenständiger Grundrechtsschutz der Vereinigung als solcher, losgelöst von einem Schutz der dahinter stehenden Individuen, die sich in der Vereinigung zusammengeschlossen haben, kann innerhalb der

---

417 Zur sogenannten Lehre vom „Doppelgrundrecht" BVerfG (18.11.1954), BVerfGE 4, 96 (101f); BVerfG (01.03.1979), BVerfGE 50, 290 (367); BVerfG (03.04.2001), BVerfGE 103, 293 (304); JKOS/*Krause*, TVR, § 1 Rn. 18 mwN; Wiedemann/*ders.*, TVG, Einl. Rn. 70ff.

418 Abweichend hiervon *Löwisch/Rieble*, die trotz ausdrücklicher Ablehnung der Lehre vom „Doppelgrundrecht" (*dies.*, TVG, Grundl. Rn. 89) davon ausgehen, dass auch außertarifliche Vereinbarungen durch Art. 9 Abs. 3 GG geschützt seien, *dies.*, TVG, Grundl. Rn. 59f, § 1 Rn. 1116ff.

419 S. Fn. 418.

420 *Picker*, NZA 2002, 761 (764f); *Hartmann*, Negative Tarifvertragsfreiheit, S. 63; *ders.*, Jb.J.ZivRWiss. 2008, S. 389; dagegen ist für die grundlegende Kritik an der sogenannten Lehre vom „Doppelgrundrecht" lediglich von untergeordneter Bedeutung, ob ein vermeintlich eigenständiges Kollektivgrundrecht nun direkt aus Art. 9 Abs. 3 GG folge oder aus Art. 19 Abs. 3 GG abzuleiten sei, so zutreffend *Hartmann*, Negative Tarifvertragsfreiheit, S. 63 mwN zur dahingehenden Diskussion; ebenso bereits *Zöllner*, AöR 98 (1973), 71 (79).

Systematik der Grundrechte als individueller Freiheitsrechte nicht überzeugen, sodass auch der Koalitionsfreiheit nach Art. 9 Abs. 3 GG kein eigenständiger kollektiver Grundrechtsschutz zu entnehmen ist.[421]

Wie die bisherige Untersuchung für die Tarifautonomie nach Art. 9 Abs. 3 GG bestätigt hat, ist der Koalitionsfreiheit auch und gerade in dieser zentralen Grundrechtsgewährleistung keine eigenständige „kollektive" Schutzrichtung zu entnehmen. So stellen die Tarifautonomie und der Abschluss von Tarifverträgen als typische nach Art. 9 Abs. 3 GG geschützte Betätigung keine „originäre" Befugnis der Tarifvertragsparteien dar, sondern leiten sich, der Vorstellung eines individualschützenden Grundrechts zur Bündelung individueller Interessen entsprechend, aus der Schutzpositionen der einzelnen Mitglieder ab.[422] Mit der Tarifautonomie nach Art. 9 Abs. 3 GG als „kollektiv ausgeübter Privatautonomie" wird daher gerade keine Privatautonomie der Tarifvertragsparteien als Kollektiv geschützt, sondern das privatautonome Handeln der einzelnen Mitglieder.[423] Dass der Abschluss eines Tarifvertrages den Tarifvertragsparteien als kollektive Vereinigung vorbehalten ist, ändert hierbei nichts an dem dahinter stehenden individuellen Schutzzweck der Tarifautonomie, sondern ist schlicht die Konsequenz eines kollektiven Handelns. Das verfassungsrechtlich mit der Tarifautonomie verankerte Recht der Tarifvertragsparteien zum Abschluss von Tarifverträgen ist damit entgegen der wohl überwiegenden Darstellung[424] nicht einem etwaigen kollektiven Schutzbereich der Koalitionsfreiheit nach Art. 9 Abs. 3 GG zuzuordnen, sondern liegt im auf das Individuum bezogenen Schutzzweck der Tarifautonomie begründet, die Selbstbestimmung des Individuums zu schützen.

Bestätigt durch den individuellen Schutzzweck der durch Art. 9 Abs. 3 GG gewährleisteten Tarifautonomie als zentrale Gewährleistung der Koalitionsfreiheit, überzeugt auch deshalb die Annahme einer von diesem individuellen Schutzgehalt

---

421 Zur auch heute noch berechtigten Kritik an einem eigenständigen kollektiven Grundrechtsgehalt vgl. v. Mangoldt/Klein/Starck/*Kemper*, GG, Art. 9 Rn. 140; *Hartmann*, Negative Tarifvertragsfreiheit, S. 63; *ders*, Jb.J.ZivRWiss. 2008, S. 389; *Koop*, Tarifvertragssystem, S. 59; grundlegend hierzu auch *Picker*, ZfA 1986, 199 (203ff); *ders.*, NZA 2002, 761 (764f); *Richardi*, Kollektivgewalt, S. 74ff; *Zöllner*, AöR 98 (1973), 71 (77ff).

422 S. oben 1. Kapitel, E. II.

423 Mit zutreffendem Hinweis auf dahingehend potentiell missverständliche Ausführungen des BAG, die nahe legen, es ginge um die Privatautonomie der kollektiven Vereinigung als solche, *Richardi*, JZ 2011, 282 (283); *Hartmann*, Negative Tarifvertragsfreiheit, S. 97f.

424 Vgl. nur etwa Jarass/Pieroth/*Jarass*, GG, Art. 9 Rn. 37ff; Sachs/*Höfling*, GG, Art. 9 Rn. 69ff; Dreier/*Bauer*, GG, Art. 9 Rn. 82f.

gelösten kollektiven Schutzdimension der Koalitionsfreiheit für außertarifliche Vereinbarungen nicht. Nach vorliegender Auffassung lässt damit bereits die ausschließlich individuelle Schutzrichtung der Koalitionsfreiheit daran zweifeln, dass Tarifvertragsparteien sich als kollektive Vereinigungen beim Abschluss außertariflicher Vereinbarungen auf Art. 9 Abs. 3 GG berufen können sollen.

Im Folgenden wird sich jedoch zeigen, dass selbst dann, wenn man von einem solchen eigenständigen kollektiven Schutzgehalt der Koalitionsfreiheit ausgeht, hieraus keine verfassungsrechtliche Regelungsbefugnis der Tarifvertragsparteien zum Abschluss gegenseitiger Verpflichtungen als durch Art. 9 Abs. 3 GG geschütztes Betätigungsmittel neben dem Tarifvertragsrecht abgeleitet werden kann.

II. Kein Schutz zweckgerichteter Betätigungsmittel im Außenverhältnis nach Art. 9 Abs. 1 GG

Abgesehen von den grundsätzlichen Zweifeln an der „Lehre vom Doppelgrundrecht" erscheint aus verfassungsrechtlicher Perspektive wenig plausibel, weshalb von Art. 9 Abs. 3 GG jegliche zweckgerichtete Betätigungsmittel und eben auch schuldrechtliche Vereinbarungen der Koalition geschützt sein sollen, während für Vereinigungen nach Art. 9 Abs. 1 GG anerkannt ist, dass auch beim vereinszweckrealisierenden Handeln im Außenverhältnis der Vereinigung als solcher kein weitergehender Schutz aus Art. 9 Abs. 1 GG zukommt als dem einzelnen Individuum. Das BVerfG wie auch die herrschende Auffassung im Schrifttum gehen davon aus, dass Art. 9 Abs. 1 GG im Außenverhältnis lediglich den „vereinssichernde[n] Außenkontakt der Mitglieder in Form von Mitgliederwerbung und Selbstdarstellung"[425] schützt.[426] Demgegenüber vermittelt die vereinsmäßige Struktur keinen besonderen Grundrechtsschutz, wenn die Vereinigung wie jedermann im Rechtsverkehr tätig wird.[427] Im Außenkontakt kommen allein die auch beim individuellen Handeln einschlägigen Grundrechte zum Tragen, da Art. 9 Abs. 1 GG keinen im Vergleich zum individuellen Grundrechtsschutz

---

425 So Sachs/*Höfling*, GG, Art. 9 Rn. 19.

426 BVerfG (09.10.1991), BVerfGE 84, 374 (378); Dreier/*Bauer*, GG, Art. 9 Rn. 45; v. Münch/Kunig/*Löwer*, GG, Art. 9 Rn. 24; Jarass/Pieroth/*Jarass*, GG, Art. 9 Rn. 8f; v. Mangoldt/Klein/Starck/*Kemper*, GG, Art. 9 Rn. 1ff; Sachs/*Höfling*, GG, Art. 9 Rn. 19ff; zur noch heute vertretenen Gegenansicht etwa Maunz/Dürig/*Scholz*, GG, Art. 9 Rn. 86; weitere Nachweise aus dem älteren Schrifttum bei v. Münch/Kunig/*Löwer*, GG, Art. 9 Rn. 24 (insbes. Fn. 87).

427 So insbesondere auch BVerfG (14.05.1985), BVerfGE 70, 1 (25); BVerfG, NJW 2000, 1251; vgl. auch BVerfG (10.06.2009), BVerfGE 123, 186 (236f).

erhöhten Schutz der kollektiven Ausübung bezweckt.[428] Dies gilt gerade auch für das „vereinszweckrealisierende Außenwirken"[429]. Für „einfache" Vereinigungen nach Art. 9 Abs. 1 GG ergibt sich der grundrechtliche Schutz zur Vereinbarung privatrechtlicher Verträge im Rechtsverkehr aus der allgemeinen Handlungsfreiheit nach Art. 2 Abs. 1 GG (ggf. iVm Art. 19 Abs. 3 GG) und eben nicht aus der Vereinigungsfreiheit nach Art. 9 Abs. 1 GG.[430]

Die Koalitionsfreiheit nach Art. 9 Abs. 3 GG und die Vereinigungsfreiheit nach Art. 9 Abs. 1 GG unterscheiden sich zuallererst durch die Einbeziehung des spezifischen Zwecks der Vereinigung.[431] Koalitionen im Sinne von Art. 9 Abs. 3 GG sind nur solche Vereinigungen, die den Zweck verfolgen, die Arbeits- und Wirtschaftsbedingungen zu fördern. Die in Art. 9 GG zum Ausdruck kommende besondere Stellung der Koalitionen ist historisch zu erklären und stellt hierbei eine Reaktion auf die staatliche Bekämpfung entsprechender Vereinigungen in der Vergangenheit dar.[432] Dass es sich bei Vereinigungen nach Abs. 3 um aufgrund der historischen Erfahrungen besonders geschützte Vereinigungen im Sinne des Abs. 1 handelt, zeigt sich gerade auch darin, dass die Voraussetzungen des Abs. 1, wie der privatrechtliche und freiwillige Zusammenschluss der Vereinigung, auch für die Koalitionen nach Abs. 3 gelten.[433]

Geht man aufgrund der verfassungsrechtlichen Systematik von den Grundsätzen der Vereinigungsfreiheit nach Art. 9 Abs. 1 GG aus, können sich Abweichungen für die Koalitionsfreiheit allenfalls aufgrund eines darüber hinaus gehenden Schutzes der Koalitionen ergeben. Jenseits der Tarifautonomie ist ein solcher verfassungsrechtlicher Schutzzweck, der ein eigenständiges koalitionsautonomes

---

428 Dreier/*Bauer*, GG, Art. 9 Rn. 45; Sachs/*Höfling*, GG, Art. 9 Rn. 19; v. Mangoldt/Klein/Starck/*Kemper*, GG, Art. 9 Rn. 4ff; vgl. auch BVerfG (14.05.1985), BVerfGE 70, 1 (25); BVerfG, NJW 2000, 1251, jeweils mit dem Verweis auf die einschlägigen „materiellen Individualgrundrechte".

429 Sachs/*Höfling*, GG, Art. 9 Rn. 21.

430 Vgl. BVerfG (14.05.1985), BVerfGE 70, 1 (25); BVerfG (15.12.1999), NJW 2000, 1251; BGH (27.09.1999), BGHZ 142, 304 (312); ferner auch Dreier/*Bauer*, Art. 9 Rn. 45; v. Mangoldt/Klein/Starck/*Kemper*, GG, Art. 9 Rn. 5.

431 Jarass/Pieroth/*Jarass*, Art. 9 Rn. 32, 34; vgl. auch *Richardi*, Kollektivgewalt, S. 78f, der insofern auch von einem „inneren Zusammenhang" der Koalitionsfreiheit „zur allgemeinen Vereinigungsfreiheit und zu den Freiheitsrechten des Grundgesetzes überhaupt" (Zitat auf S. 79) ausgeht.

432 BVerfG (26.06.1991), BVerfGE 84, 212 (224).

433 Jarass/Pieroth/*Jarass*, Art. 9 Rn. 33; zum Verhältnis von Art. 9 Abs. 3 GG als lex specialis zu Art. 9 Abs. 1 GG vgl. nur etwa v. Münch/Kunig/*Löwer*, GG, Art. 9 Rn. 72 mwN.

kollektives Einigungsmodell verfassungsrechtlich erforderlich machen würde, jedoch nicht ersichtlich. Verbreitet fehlt es an einer Begründung, weshalb Vereinbarungen der Koalitionen entgegen privatrechtlicher Vereinbarungen anderer Vereinigungen auch jenseits der Tarifautonomie durch das spezielle Kollektivgrundrecht nach Art. 9 GG geschützt sein sollen.[434] Die wenigen angedeuteten Begründungen, wodurch nach Art. 9 Abs. 3 GG neben dem vom Gesetzgeber bereitzustellenden Tarifvertragsrecht noch eine weitere Einigungsform verfassungsrechtlich durch die Koalitionsfreiheit gewährleistet würde, können bereits aufgrund struktureller Vorgaben nicht überzeugen (hierzu zugleich III.).

III. Keine außertariflichen Vereinbarungen zur Erfüllung einer „Ordnungsaufgabe"

Zur Begründung, weshalb Koalitionen neben dem Tarifvertragsrecht durch Art. 9 Abs. 3 GG noch ein weiteres Einigungsmodell gewährleistet sei, wird teilweise vorgetragen, dass die „Ordnungsaufgabe" [435] bzw. die „umfassende Gestaltungsfunktion"[436], welche den Koalitionen nach Art. 9 Abs. 3 GG übertragen sei, ein solches „freiwilliges" Einigungsmodell neben dem Tarifvertragsrecht verlange.[437] *Boeck* meint dahingehend etwa: „Bei einer Begrenzung der mittels Tarifvertrags regelbaren Materie auf Inhalte des § 1 Abs. 1 TVG bedarf es also wegen der durch Art. 9 Abs. 3 GG den Koalitionen zugewiesenen Aufgabe neben dem Tarifvertrag einer weiteren Form vertraglicher Einigungen".[438] Insofern sei ein Kollektivvertrag „sui generis" verfassungsrechtlich durch Art. 9 Abs. 3 GG gewährleistet.[439]

---

434 Exemplarisch dahingehend nur etwa *Löwisch/Rieble*, TVG, Grundl. Rn. 59ff, § 1 Rn. 1126; JKOS/*Krause*, TVR, § 1 Rn. 192, § 4 Rn. 158f.

435 *Säcker/Oetker*, Grundlagen, S.165; *Boeck* geht ohne nähere Erläuterung von einer durch Art. 9 Abs. 3 GG „den Koalitionen zugewiesenen Aufgabe" aus, die gerade auch über die Grenzen des Tarifvertrages reichen soll, *dies.*, Tarifverträge und andere Koalitionsverträge, S. 132.

436 So ohne nähere Begründung Kempen/Zachert/*Zeibig/Zachert*, TVG, § 1 Rn. 940; *Ruch*, Dreiseitige Vereinbarungen, S. 23; *Karsten*, Schuldrechtliche Tarifverträge, S. 181.

437 *Säcker/Oetker*, Grundlagen, S.165; Kempen/Zachert/*Zeibig/Zachert*, TVG, § 1 Rn. 940; *Boeck*, Tarifverträge und andere Koalitionsverträge, S. 131f; wohl auch *Karsten*, Schuldrechtliche Tarifverträge, S. 181.

438 *Boeck*, Tarifverträge und andere Koalitionsverträge, S. 132 mit Verweis auf *Säcker/Oetker*, Grundlagen, S.165.

439 *Boeck*, Tarifverträge und andere Koalitionsverträge, S. 133; vgl. auch *Däubler*, Mitbestimmung, S. 193.

Entsprechende Begründungsansätze können jedoch bereits deshalb nicht überzeugen, weil Tarifvertragsparteien als kollektiven Vereinigungen des Arbeitsrechts eine „Gestaltungsfunktion“ für die „Sozial- und Wirtschaftsordnung des Gemeinwesens“[440] allenfalls insoweit zukommen kann, als mit der Tarifautonomie als „kollektiv ausgeübter Privatautonomie“ sicher gestellt wird, auch am freiheitlichen Arbeitsmarkt das annähernd paritätische Aushandeln der synallagmatischen Arbeitsbedingungen zu ermöglichen.[441] Nicht anders als im Rahmen der Tarifautonomie ausgeführt, fehlt es den lediglich privatrechtlich-mandatarisch durch ihre Mitglieder legitimierten Tarifvertragsparteien bereits an der nötigen personellen Legitimation, um eine wirtschaftliche Ordnungsfunktion oder eine gesellschaftliche Aufgabe jenseits des Mandats ihrer Mitglieder zu erfüllen.[442] Diese fehlende Legitimation ist insofern unabhängig von der koalitionsautonomen Einigungsform in einem Tarifvertrag oder einer außertariflichen Vereinbarung. Die Aufgabe, das Arbeits-, Sozial- und Wirtschaftsleben aus gesamtgesellschaftlicher Perspektive zu ordnen, kann letztlich allein dem Staat als in personeller Hinsicht umfassend legitimierter Instanz zukommen. Im Übrigen gelten für außertarifliche wie für tarifliche Vereinbarungen die gleichen Einwände einer Unvereinbarkeit einer gleichzeitigen Vertretung von Gruppeninteressen und einer gesamtgesellschaftlichen Verantwortung.[443]

Mangels einer übergeordneten gesamtgesellschaftlichen Gestaltungsfunktion bzw. „Ordnungsaufgabe“ der Tarifvertragsparteien, die durch außertarifliche Vereinbarungen erfüllt würde, laufen entsprechende Begründungen eines durch Art. 9 Abs. 3 GG gewährleisteten koalitionsautonomen Einigungsmodells („sui generis“) neben dem Tarifvertragsrecht ins Leere.

IV. Keine außertariflichen Vereinbarungen im Schutzbereich von Art. 9 Abs. 3 GG nach der Rechtsprechung des BVerfG

Wenn in der arbeitsrechtlichen Literatur[444] davon ausgegangen wird, dass außertarifliche Vereinbarungen zwischen Tarifvertragsparteien durch Art. 9 Abs. 3 GG geschützt seien, solange sie ihrem Vereinbarungsinhalt den „Arbeits- und

---

440 So jedoch Kempen/Zachert/*Zeibig/Zachert*, TVG, § 1 Rn. 940, jedenfalls für den vorliegenden Zusammenhang zu Unrecht mit dem Verweis auf BVerfG (26.05.1979), BVerfGE 28, 295.

441 Hierzu bereits ausführlich im Zusammenhang mit der sachlichen Reichweite der Tarifautonomie nach Art. 9 Abs. 3 GG 1. Kapitel, E. II. 4.

442 S. oben 1. Kapitel, E. II. 4.

443 S. oben 1. Kapitel, E. II. 4.

444 Vgl. Fn. 363.

Wirtschaftsbedingungen" zuzuordnen seien, erfolgt zur Begründung nicht selten der Verweis auf die Rechtsprechung des BVerfG.[445] Ein entsprechender Grundrechtsschutz außertariflicher Vereinbarungen durch Art. 9 Abs. 3 GG könne dem Mitbestimmungsurteil[446] des BVerfG entnommen werden.[447] Dort heißt es: „Art. 9 Abs. 3 GG lässt sich auch nicht dahingehend auslegen, daß er ein Tarifsystem als *ausschließliche* Form der Förderung der Arbeits- und Wirtschaftsbedingungen gewährleiste."[448] Sowie im weiteren Verlauf: „Vielmehr kann die sinnvolle Ordnung und Befriedung des Arbeitslebens, um die es Art. 9 Abs. 3 GG geht, auf verschiedenen Wegen angestrebt werden: nicht nur durch Gestaltungen, die, wie das Tarifsystem, durch die Grundelemente der Gegensätzlichkeit der Interessen, des Konflikts und des Kampfes bestimmt sind, sondern auch durch solche, die Einigung und Zusammenwirken in den Vordergrund rücken, wenngleich sie Konflikte und deren Austragung nicht ausschließen."[449]

Betrachtet man entsprechende Aussagen isoliert und losgelöst aus dem Zusammenhang des betreffenden Urteils, mögen entsprechende Rückschlüsse noch möglich erscheinen. Ganz anders sieht es jedoch aus, wenn man die betreffenden Aussagen des BVerfG in den unmittelbaren Kontext und den Gesamtzusammenhang des ergangenen Urteils einordnet. Bereits der Prüfungsmaßstab des BVerfG verdeutlicht, dass entsprechende Rückschlüsse in der arbeitsrechtlichen Literatur nicht überzeugen können. Geprüft wurde durch das Gericht, ob durch die in Frage stehenden gesetzlichen Regelungen zur Mitbestimmung „dem Tarifvertragssystem nicht in verfassungswidriger Weise eine weitere Form der Förderung der Arbeits- und Wirtschaftsbedingungen hinzu [gefügt wurde]"[450]. Bereits der angelegte Prüfungsmaßstab zeigt, dass Art. 9 Abs. 3 GG nicht pauschal jegliche Betätigung oder eine umfassende Vertragsfreiheit der Tarifvertragsparteien schützt. Im Gegenteil müssen in diesem Kontext die Aussagen des BVerfG dahingehend verstanden werden, dass das BVerfG weitere Formen zur Förderung der „Arbeits- und Wirtschaftsbedingungen" zwar für grundsätzlich *möglich* hält, jedoch ausschließlich unter der Voraussetzung, dass diese mit der in Art. 9

445 Kempen/Zachert/*Zeibig/Zachert*, TVG, § 1 Rn. 945 mwN; *Karsten*, Schuldrechtliche Tarifverträge, S. 181; *Säcker/Oetker*, Grundlagen, S.162; Däubler/*ders.*, TVG, Einl. Rn. 869.

446 BVerfG (01.03.1979), BVerfGE 50, 290.

447 So jedenfalls Kempen/Zachert/*Zeibig/Zachert*, TVG, § 1 Rn. 945; *Karsten*, Schuldrechtliche Tarifverträge, S. 181; *Säcker/Oetker*, Grundlagen, S.162.

448 BVerfG (01.03.1979), BVerfGE 50, 290 (371) – mit Hervorhebung aus dem Original.

449 BVerfG (01.03.1979), BVerfGE 50, 290 (371).

450 BVerfG (01.03.1979), BVerfGE 50, 290 (367f).

Abs. 3 GG gewährleisteten Tarifautonomie vereinbar sind. Im betreffenden Urteil hielt das BVerfG die zu überprüfenden Regelungen der unternehmerischen Mitbestimmung durch die Gewerkschaften nicht zuletzt deshalb für möglich, weil das Tarifvertragssystem durch die betreffenden Regelungen unverändert erhalten bleibe und die Mitbestimmung lediglich „neben“ das Tarifsystem trete.[451] Zum anderen schränkten die betreffenden Regelungen den Grundsatz der „Gegnerunabhängigkeit“ nicht unzulässig ein.[452] Dass ein weiteres Einigungsmodell neben dem Tarifvertragsrecht hinsichtlich dieser beiden Prüfungspunkte ebenfalls unproblematisch sein soll, kann bereits vor dem Hintergrund der bisherigen Ausführungen bezweifelt werden. Zum einen zeigen gerade die in der Praxis aufkommenden „Gesamtvereinbarungen“, dass Vereinbarungen zwischen Gewerkschaft und Arbeitgeberseite nicht „neben“ den Tarifvertrag treten, sondern mit tarifvertraglichen Arbeitsbedingungen kombiniert werden.[453] Zum anderen ist die Gegnerunabhängigkeit jedenfalls dann kritisch zu hinterfragen, wenn die Gewerkschaft durch schuldrechtliche Vereinbarungen unmittelbar Einfluss auf grundlegende unternehmerische Entscheidungen des Arbeitgebers nimmt.

Doch selbst für den Fall, dass man ein weiteres Einigungsmodell der Tarifvertragsparteien neben dem Tarifvertragssystem als Ausgestaltung der Tarifautonomie nach Art. 9 Abs. 3 GG verfassungsrechtlich für möglich hält, bedürfte die Einführung eines weiteren koalitionsautonomen Einigungsmodells im Schutzbereich der Koalitionsfreiheit nach Art. 9 Abs. 3 GG wie die Tarifautonomie der Ausgestaltung des einfachen Gesetzgebers. So betont das BVerfG nicht nur im Mitbestimmungsurteil, sondern in ständiger Rechtsprechung, dass die Koalitionsfreiheit nach Art. 9 Abs. 3 GG „der Ausgestaltung durch die Rechtsordnung [bedarf], soweit das Verhältnis der Tarifvertragsparteien zueinander berührt wird“[454]. Die Ausgestaltung eines weiteren Einigungsmodells der Koalitionsfreiheit nach Art. 9 Abs. 3 GG kann jedenfalls nicht in § 311 BGB gesehen werden.[455] Hiergegen spricht bereits die Regelung im allgemeinen Zivilrecht und der unbestrittene Anwendungsbereich gerade nicht nur für Koalitionen im Sinne von Art. 9 Abs. 3 GG, sondern für alle Privatrechtssubjekte. Darüber hinaus lässt

---

451 BVerfG (01.03.1979), BVerfGE 50, 290 (371).

452 BVerfG (01.03.1979), BVerfGE 50, 290 (370).

453 S. oben 2. Kapitel, A. V.

454 So BVerfG (26.06.1991), BVerfGE 84, 212 (224); vgl. auch BVerfG (01.03.1979), BVerfGE 50, 290 (368); BVerfG (02.03.1993), BVerfGE 88, 103 (115); BVerfG (04.07.1995), BVerfGE 92, 365 (394).

455 Hierfür anscheinend jedoch Kempen/Zachert/*Seifert*, TVG, § 1 Rn. 884; wohl ebenso für die Vorgängervorschrift des § 305 BGB a.F. *Säcker/Oetker*, Grundlagen, S. 164f.

sich § 311 BGB keinerlei Beschränkung auf eine Förderung der „Arbeits- und Wirtschaftsbedingungen" entnehmen und scheidet somit als Ausgestaltung der Koalitionsfreiheit nach Art. 9 Abs. 3 GG aus.

Auch die vom BVerfG nicht nur im Mitbestimmungsurteil, sondern in ständiger Rechtsprechung betonte freie „Wahl der Mittel", welche den Tarifvertragsparteien nach Art. 9 Abs. 3 GG gewährleistet sei,[456] ist keinesfalls dahingehend zu verstehen, dass den Tarifvertragsparteien neben dem Tarifvertragssystem ein weiteres Einigungsmodell „sui generis" durch Art. 9 Abs. 3 GG garantiert sei.[457] Jene freie Wahl der Mittel bezieht das BVerfG vielmehr ausdrücklich nur auf den Abschluss von Tarifverträgen bzw. die Ausübung der Tarifautonomie.[458] Insbesondere überlasse es jene freie Wahl der Mittel den Tarifvertragsparteien, ob sie Arbeitskampfmaßnahmen zur Durchsetzung ihrer Tarifverträge einsetzen oder nicht.[459] Durch Art. 9 Abs. 3 GG werden entsprechende Mittel zur Durchsetzung des Tarifvertrages auch nur insoweit gewährleistet, „als sie allgemein erforderlich sind, um eine funktionierende Tarifautonomie sicher zu stellen".[460] Ein weiteres „Mittel" zum Abschluss gegenseitiger Vereinbarungen neben dem Tarifvertrag fordert das BVerfG in den betreffenden Entscheidungen, in denen die freie „Wahl der Mittel" nach Art. 9 Abs. 3 GG hervorgehoben wird, gerade nicht.

Trotz der angeführten Hinweise in der arbeitsrechtlichen Literatur kann der Rechtsprechung des BVerfG also keinesfalls entnommen werden, dass nach Auffassung des Gerichts den Tarifvertragsparteien ein weiteres koalitionsautonomes Einigungsmodell neben dem Tarifvertragsrecht gemäß Art. 9 Abs. 3 GG verfassungsrechtlich gewährleistet sei. Im Gegenteil macht das BVerfG gerade im Mitbestimmungsurteil deutlich, dass weitere vom Gesetzgeber auszugestaltende Betätigungsmittel der Tarifvertragsparteien hinsichtlich ihrer Verfassungskonformität sogar an der durch Art. 9 Abs. 3 GG gewährleisteten Tarifautonomie zu messen sind.

---

456 BVerfG (26.06.1991), BVerfGE 84, 212 (224f); BVerfG (02.03.1993), BVerfGE 88, 103 (114); BVerfG (04.07.1995), BVerfGE 92, 365 (393f).

457 So jedoch wohl *Ruch*, Dreiseitige Vereinbarungen, S. 28f, trotz der zutreffenden Erkenntnis, dass die entsprechenden Entscheidungen des BVerfG sich lediglich auf die Tarifautonomie und den Arbeitskampf bezogen.

458 BVerfG (26.06.1991), BVerfGE 84, 212 (224f); BVerfG (02.03.1993), BVerfGE 88, 103 (114); BVerfG (04.07.1995), BVerfGE 92, 365 (393f).

459 Grundlegend hierzu BVerfG (06.05.1964), BVerfGE 18, 18 (32).

460 BVerfG (26.06.1991), BVerfGE 84, 212 (225).

V. Keine „sonstigen Kollektivvereinbarungen“ nach Art. 9 Abs. 3 GG zur Einflussnahme auf unternehmerische Entscheidungen

Ebenfalls nicht überzeugen kann, dass Vereinbarungen über unternehmerische Entscheidungen, wie beispielsweise Standortsicherungsvereinbarungen oder Investitionszusagen, auf Grundlage der Koalitionsfreiheit nach Art. 9 Abs. 3 GG in „sonstigen Kollektivvereinbarungen“ zwischen den Tarifvertragsparteien vereinbart werden können sollen, obwohl entsprechende Verpflichtungen jenseits der in Art. 9 Abs. 3 GG gewährleisteten Tarifautonomie liegen.[461] Vielmehr bestehen die funktionalen und strukturellen Bedenken gegen eine solche Einflussnahme der Gewerkschaften auf die Unternehmensführung unabhängig von der Vertragsform als Tarifvertrag auch bei außertariflichen Vereinbarungen zwischen den Tarifvertragsparteien.

Jedenfalls auf den ersten Blick trifft der Grundsatz, wonach die Gewerkschaft nicht zum Mitunternehmer werden dürfe, im Schrifttum und letztlich auch in der Rechtsprechung zumindest ausdrücklich auf breiten Zuspruch.[462] Nicht zuletzt begründet *Gamillscheg* diesen Grundsatz damit, dass bei einer Rolle der Gewerkschaft als Mitunternehmer auf kurz oder lang sogar die verfassungsrechtliche Aufgabe als Vertreter der Arbeitnehmerinteressen Schaden nehme.[463] Dem ist zuzustimmen. Ein solches Konfliktpotential liegt etwa dann auf der Hand, wenn sich Gewerkschaft und Arbeitgeberseite auf ein bestimmtes unternehmerisches Verhalten, beispielsweise den Ausbau eines bestimmten Standortes, einigen, sich diese Entscheidung rückblickend jedoch als falsch erweist und gegebenenfalls sogar Arbeitsplätze kostet. In diesem Fall müsste sich die Gewerkschaft plötzlich gegenüber ihren Mitgliedern für eine unternehmerische Fehlentscheidung

---

461 So jedoch *Löwisch/Rieble* trotz Ablehnung entsprechender Verpflichtungen in einem Tarifvertrag, *dies.*, TVG, Grundl. Rn. 59.

462 So in der Analyse auch *Hartmann*, in: Rieble/Junker/Giesen (Hrsg.), Ausweitung der Tarifmacht, S. 15ff (40); aus dem Schrifttum nur etwa *Gamillscheg*, Kollektives Arbeitsrecht I, S. 340; *Krause*, Standortsicherung und Arbeitsrecht, S. 63; vgl. hierzu auch die Rechtsprechung des BVerfG, wonach ein „angemessener Spielraum zur Entfaltung der Unternehmerinitiative […] unantastbar“ sei, BVerfG (01.03.1979), BVerfGE 50, 290 (366) mwN; in gleicher Weise sind wohl auch die Ausführungen des BAG zu einem tariffreien Betätigungsbereich der Unternehmensautonomie zu verstehen, wonach „die Geschäftsleitung unternehmensautonom beispielsweise über Investitionen, Produktion und Vertrieb“ entscheide, so BAG (03.04.1990), BAGE 64, 284 (296).

463 *Gamillscheg*, Kollektives Arbeitsrecht I, S. 340; zustimmend *Hartmann*, in: Rieble/Junker/Giesen (Hrsg.), Ausweitung der Tarifmacht, S. 15ff (38).

rechtfertigen.[464] Bedenklich scheint hieran bereits, dass die Gewerkschaft auf unternehmerische Entscheidungen Einfluss nimmt, ohne im Gegenzug auch unternehmerische Verantwortung zu übernehmen.[465] Andererseits kann gerade eine solche unternehmerische Verantwortung der Gewerkschaft in ihrer Funktion als Tarifvertragspartei und aufgrund ihrer in Ausübung der Tarifautonomie vorausgesetzten Unabhängigkeit von der Arbeitgeberseite nicht zukommen.[466] Wie gesehen, liegen grundlegende unternehmerische Entscheidungen folgerichtig sachlich-gegenständlich jenseits der durch Art. 9 Abs. 3 GG gewährleisteten Tarifautonomie. Neben den sachlichen Grenzen ergeben sich, wie sich gezeigt hat, auch unausweichliche Widersprüche zu den personellen Grenzen der Tarifautonomie nach Art. 9 Abs. 3 GG.[467] Das geradezu Charakteristische an unternehmerischen Entscheidungen, wie sie beispielsweise mit Standort- und Investitionsfragen einhergehen, ist schließlich, dass hiervon das Unternehmen bzw. der Betrieb in seiner Gesamtheit betroffen ist. Gerade auch die fehlende personelle Legitimation der Gewerkschaften zeigt damit die strukturelle Ungeeignetheit der Gewerkschaft zur Einflussnahme auf unternehmerische Entscheidungen.

Vor diesem Hintergrund erscheint es im besonderen Maße zweifelhaft, warum ausgerechnet Art. 9 Abs. 3 GG den Tarifvertragsparteien neben der Tarifautonomie noch eine sachlich und persönlich weitergehende Regelungsbefugnis gewährleisten soll,[468] obwohl die strukturellen und funktionalen Bedenken gegen eine „außertarifliche" schuldrechtliche Einflussnahme auf die unternehmerische Entscheidung die gleichen sind wie im Rahmen der Tarifautonomie. Unabhängig von der gewählten Vertragsform als Tarifvertrag oder außertarifliche Vereinbarung bleibt die Gewerkschaft auch bei außertariflichen Vereinbarungen lediglich für einen Teil der Belegschaft zur Interessenvertretung durch das privatrechtliche Mandat ihrer Mitglieder legitimiert.[469] Ebenso besteht weiter das Problem eines drohenden internen Interessenkonflikts der Gewerkschaft, wenn diese einerseits die synallagmatischen Arbeitsbedingungen für ihre Mitglieder

---

464 *Gamillscheg,* Kollektives Arbeitsrecht I, S. 340, zustimmend *Hartmann,* in: Rieble/Junker/Giesen (Hrsg.), Ausweitung der Tarifmacht, S. 15ff (38).

465 *Gamillscheg,* Kollektives Arbeitsrecht I, S. 341.

466 So auch *Giesen,* in: Rieble/Junker/Giesen (Hrsg.), Ausweitung der Tarifmacht, S. 57ff (69f).

467 Zu den personellen Grenzen der Tarifautonomie s. oben 1. Kapitel, E. III. 1.

468 So jedoch insbesondere *Löwisch/Rieble,* TVG, Grundl. Rn. 59; ähnlich auch *Boeck,* Tarifverträge und andere Koalitionsverträge, S. 133, 141.

469 S. oben 1. Kapitel, E. III. 3. im Zusammenhang mit der Reichweite der Tarifautonomie.

verbessern, andererseits jedoch wirtschaftlich-unternehmerische Entscheidungen treffen soll.[470] Dass diese Bedenken zwar wohl überwiegend geteilt werden, jedoch lediglich hinsichtlich der Erkämpfbarkeit entsprechender Vereinbarungen rechtlich relevant sein sollen, kann nicht überzeugen.[471] Vielmehr stellt *Giesen* im vorliegenden Zusammenhang zutreffend fest, „dass auch das ‚freiwillige' Überschreiten des koalitionsspezifischen Betätigungsfelds eben eine Überschreitung bedeutet“[472].

Aufgrund der strukturellen Vorgaben und funktionalen Aufgaben als Tarifvertragspartei kann der Gewerkschaft keine zusätzliche Regelungsbefugnis zur Einflussnahme auf unternehmerische Entscheidungen nach Art. 9 Abs. 3 GG jenseits der sachlich-gegenständlichen und personellen Reichweite der Tarifautonomie zukommen. Die gleichen Bedenken, die auch im Rahmen der Tarifautonomie gegen eine Einflussnahme der Gewerkschaften auf die unternehmerische Entscheidung als solche sprechen, treffen auch auf „sonstige Kollektivvereinbarungen“ zwischen den Tarifvertragsparteien zu. Auch deshalb kann es nicht überzeugen, dass gerade Art. 9 Abs. 3 GG neben der in sachlich-gegenständlich und personellen Hinsicht begrenzten Tarifautonomie auch noch eine weitere Vereinbarungsform gewährleisten soll, die trotz gleicher struktureller Vorgaben hinsichtlich der unternehmerischen Einflussnahme weiter reiche.

VI. Ergebnis: Keine zusätzlich geschützten Vereinbarungen nach Art. 9 Abs. 3 GG zwischen Tarifvertragsparteien neben dem Tarifvertrag auf Grundlage der Tarifautonomie

Nach vorliegender Auffassung ist ein eigenständiger „kollektiver“ Gewährleistungsgehalt der Koalitionsfreiheit nach Art. 9 Abs. 3 GG abzulehnen, sodass bereits deshalb äußerst zweifelhaft erscheint, weshalb Tarifvertragsparteien in ihrer Eigenschaft als kollektive Vereinigungen die Möglichkeit zum Abschluss kollektiver Vereinbarungen unabhängig von den dahinterstehenden Individuen und damit jenseits der Tarifautonomie nach Art. 9 Abs. 3 GG gewährleistet sein soll.

Doch selbst dann, wenn man an der grundlegenden Vorstellung von Art. 9 Abs. 3 GG als „Doppelgrundrecht“ festhält, hat sich gezeigt, dass kollektivrechtliche Vereinbarungen jenseits des Tarifvertrages nicht durch das Grundrecht der

---

470 S. oben 1. Kapitel, E. II. 4. insbes. Fn. 256 im Zusammenhang mit der Reichweite der Tarifautonomie.

471 Vgl. dahingehend *Gamillscheg*, Kollektives Arbeitsrecht I, S. 344; sowie zur zunehmende Auffassung eines „Freiwilligkeitsvorbehalts“ s. oben 1. Kapitel, B. IV.

472 *Giesen*, in: Rieble/Junker/Giesen (Hrsg.), Ausweitung der Tarifmacht, S. 57ff (70).

Koalitionsfreiheit nach Art. 9 Abs. 3 GG verfassungsrechtlich geschützt sind. Dies zeigt sich anhand des systematischen Vergleichs zur allgemeinen Vereinigungsfreiheit nach Art. 9 Abs. 1 GG. Anders als bei der durch Art. 9 Abs. 3 GG gewährleisteten Tarifautonomie ist kein Schutzzweck der Koalitionsfreiheit nach Art. 9 Abs. 3 GG ersichtlich, der außertarifliche Vereinbarungen zwischen Tarifvertragsparteien verfassungsrechtlich erforderlich machen würde.

Nicht zuletzt hat eine nähergehende Auseinandersetzung mit der Rechtsprechung des BVerfG gezeigt, dass entgegen anders lautenden Auffassungen im arbeitsrechtlichen Schrifttum auch der Rechtsprechung des BVerfG ein grundsätzlicher Schutz außertariflicher Vereinbarungen zwischen Tarifvertragsparteien durch Art. 9 Abs. 3 GG nicht zu entnehmen ist. Im Gegenteil lässt die bisherige Rechtsprechung des BVerfG erkennen, dass ein weiteres koalitionsautonomes Einigungsmodell neben dem Tarifvertragsrecht einer Ausgestaltung durch den einfachen Gesetzgeber bedürfte und hierbei mit der Tarifautonomie nach Art. 9 Abs. 3 GG vereinbar sein müsste.

Wie sich gezeigt hat, gelten zudem die funktionalen und strukturellen Bedenken, die gegen eine schuldrechtliche Einflussnahme der Gewerkschaft auf die unternehmerischen Entscheidungen des Arbeitgebers auf Grundlage der Tarifautonomie gesprochen haben, in gleicher Weise auch für „sonstige Kollektivvereinbarungen“ zwischen den Tarifvertragsparteien.

Außertarifliche Vereinbarungen der Tarifvertragsparteien sind durch Art. 9 Abs. 3 GG weder gewährleistet noch geschützt. Art. 9 Abs. 3 GG bildet daher keine Rechtsgrundlage für außertarifliche Vereinbarungen jenseits der Tarifautonomie.

C. Kein Rückgriff auf die Vertragsfreiheit nach Art. 2 Abs. 1 GG zur Begründung schuldrechtlicher Vereinbarungen zwischen Tarifvertragsparteien

Nach der bisher herrschenden Ansicht sollen Tarifvertragsparteien jedenfalls auf eine umfassende Vertragsfreiheit nach Art. 2 Abs. 1 GG als „einfache“ Privatrechtssubjekte zurückgreifen können, um auch schuldrechtliche Verpflichtungen jenseits des Tarifvertrages zu vereinbaren. Unabhängig von den aufgezeigten Unterschieden in den einzelnen Auffassungen zur Reichweite schuldrechtlicher Verpflichtungen in einem Tarifvertrag entsteht der Eindruck, dass die allgemeine Handlungsfreiheit nach Art. 2 Abs. 1 GG gewissermaßen eine „Reservevereinbarungsbefugnis“ für schuldrechtliche Vereinbarungen zwischen den Tarifvertragsparteien sei, wenn eine schuldrechtliche Verpflichtung nach der jeweils zu

Grunde gelegten Ansicht nicht in einem Tarifvertrag begründet werden kann und auch der Anwendungsbereich, der wie gesehen zu Unrecht für außertarifliche Vereinbarungen herangezogenen Koalitionsfreiheit nach Art. 9 Abs. 3 GG, überschritten sei. Gewerkschaft und Arbeitgeberseite sollen dann schuldrechtliche Vereinbarungen jedenfalls „wie andere" Privatrechtssubjekte bei grundsätzlich bestehender Vertragsfreiheit vereinbaren können. Ein solcher Rückgriff auf die allgemeine Handlungsfreiheit kann für schuldrechtliche Vereinbarungen zwischen Tarifvertragsparteien jedoch nicht überzeugen.

Bereits die Begründung, weshalb dem einzelnen Grundrechtsträger durch die allgemeine Handlungsfreiheit nach Art. 2 Abs. 1 GG grundsätzlich auch eine umfassende Vertragsfreiheit gewährleistet wird, erscheint im Falle schuldrechtlicher Vereinbarungen zwischen Tarifvertragsparteien zweifelhaft (I.).

Aufgrund der nach dem einfachen Recht, insbesondere dem Tarif- und Arbeitskampfrecht, der Gewerkschaft als Tarifvertragspartei eingeräumten Privilegien gegenüber dem Arbeitgeber kann es nicht überzeugen, dass Gewerkschaft und Arbeitgeberseite zugleich als „einfache" Privatrechtssubjekte Vereinbarungen treffen können sollen, ohne an die Grenzen des TVG gebunden zu sein (II.). Ein Rückgriff der Tarifvertragsparteien auf eine „eigene" Privatautonomie nach Art. 2 Abs. 1 GG ist bei struktureller Betrachtung auch deshalb zweifelhaft, weil Tarifvertragsparteien im Rahmen der Tarifautonomie bereits die nach Art. 9 Abs. 3 GG besonders geschützte Form der kollektiv ausgeübten Privatautonomie ihrer Mitglieder ausüben (III.). Ein praktisch seltener Ausnahmefall, in dem sich auch Tarifvertragsparteien auf eine umfassende Vertragsfreiheit nach Art. 2 Abs. 1 GG berufen können, ist, vergleichbar mit den „fiskalischen Hilfsgeschäften" des Staates, der Fall, in dem Gewerkschaft und Arbeitgeber als einfache Marktteilnehmer beispielsweise einen Kauf- oder Mietvertrag schließen (IV).

I. Regelmäßig keine Selbstverwirklichung der Gewerkschaft bei schuldrechtlichen Vereinbarungen mit dem Arbeitgeber

Bereits die grundlegende Begründung einer umfassenden Vertragsfreiheit nach Art. 2 Abs. 1 GG lässt an einem Rückgriff auf die allgemeine Handlungsfreiheit als Rechtsgrundlage schuldrechtlicher Vereinbarungen zwischen Tarifvertragsparteien zweifeln.

1. *Die grundsätzliche Gewährleistung einer umfassenden Vertragsfreiheit nach Art. 2 Abs. 1 GG zur Selbstbestimmung des Einzelnen im Rechtsleben*

Allgemein anerkannt ist, dass die Privatautonomie als „Selbstbestimmung des Einzelnen im Rechtsleben“[473] durch das Grundrecht der Handlungsfreiheit nach Art. 2 Abs. 1 GG geschützt wird. Als „maßgebliches rechtliches Instrument zur Verwirklichung freien und eigenverantwortlichen Handelns in der Beziehung zu anderen“[474] gewährleistet Art. 2 Abs. 1 GG eine grundsätzlich umfassende Vertragsfreiheit im Rahmen der verfassungsmäßigen Ordnung.[475] Mit den Worten des BVerfG schützt Art. 2 Abs. 1 GG „die Freiheit im wirtschaftlichen Verkehr und die Vertragsfreiheit“[476]. Die Vertragsfreiheit gilt grundsätzlich für natürliche und juristische Personen gleichermaßen.[477] Nach bisher herrschender Auffassung besteht daher auch zwischen den Tarifvertragsparteien eine grundsätzliche Vertragsfreiheit zur Begründung gegenseitiger Verpflichtungen nach Art. 2 Abs. 1 GG.[478]

2. *Interessenvertretung für Dritte in schuldrechtlichen Vereinbarungen mit der Arbeitgeberseite*

Für schuldrechtliche Vereinbarungen zwischen Gewerkschaften mit dem Arbeitgeber erscheint bereits die Begründung einer umfassenden Vertragsfreiheit nach Art. 2 Abs. 1 GG, vom Ausnahmefall reiner „Hilfsgeschäfte“ abgesehen,[479] kaum überzeugend. So geht es bei Vereinbarungen der Gewerkschaft mit dem Arbeitgeber gerade nicht darum, dass eine Gewerkschaft „wie jedermann“ im Rechtsverkehr tätig wird, sondern auch dann, wenn nach vorliegender Auffassung der Bereich tariflich regelbare Inhalte bereits verlassen ist, um eine

473 So BVerfG (19.10.1993), BVerfGE 89, 214 (239); BVerfG (26.07.2005), BVerfGE 114, 1 (34); BVerfG (06.12.2005), BVerfGE 115, 51 (52f); die Formulierung geht wohl zurück auf *Flume*, Rechtsgeschäft, S. 19.

474 Jarass/Pieroth/*Jarass*, GG, Art. 2 Rn. 22.

475 Für die ständige Rechtsprechung vgl. BVerfG (25.05.1993), BVerfGE 88, 384 (403); BVerfG (03.04.2001), BVerfGE 103, 197 (215); BVerfG (25.01.2011), BVerfGE 128, 157 (176).

476 So zuletzt BVerfG (16.07.2012), NZA 2013, 193 (194) mwN.

477 Sachs/*Murswiek*, GG, Art. 2 Rn. 39; Jarass/Pieroth/*Jarass*, GG, Art. 2 Rn. 8; v. Münch/Kunig/*Kunig*, GG, Art. 2 Rn. 7.

478 S. oben 2. Kapitel, A. I.

479 S. unten 2. Kapitel, C. IV.

Interessenvertretung der einzelnen Arbeitnehmer gegenüber dem Arbeitgeber. Dies entspricht nicht zuletzt wohl auch dem eigenen Selbstverständnis der Gewerkschaften. Dass Gewerkschaften auch bei schuldrechtlichen Vereinbarungen mit dem Arbeitgeber nicht zur eigenen Selbstverwirklichung handeln, sondern ihrer funktionalen Rolle des Tarifvertragsrechts entsprechend als kollektive Interessenvertretung der Arbeitnehmer, bestätigt sich bereits dadurch, dass die Gewerkschaft als privatrechtliche Vereinigung jedenfalls keine unmittelbaren Vorteile an Vereinbarungen mit der Arbeitgeberseite hat, wenn sich der Arbeitgeber zu einem bestimmten unternehmerischen Verhalten, wie beispielsweise zu einer konkreten Modellpolitik, einer bestimmten Unternehmensführung oder dem Erhalt eines Standortes verpflichtet. In ihrer Zielrichtung sind entsprechende Vereinbarungen nicht darauf ausgerichtet, wie durch die allgemeine Handlungsfreiheit nach Art. 2 Abs. 1 GG gewährleistet, eine freiheitliche Betätigung des Privatrechtssubjektes am wirtschaftlichen Verkehr sicher zu stellen. Entsprechende Vereinbarungen bezwecken vielmehr eine freiheitliche Entfaltung der einzelnen Arbeitnehmer hinter der kollektiven Vereinigung. Diese freiheitliche Selbstbestimmung der einzelnen Arbeitnehmer wird, wie sich gezeigt hat, doch aber gerade durch die in Art. 9 Abs. 3 GG gewährleistete Tarifautonomie verfassungsrechtlich gesondert geschützt.[480] Ein Rückgriff auf Art. 2 Abs. 1 GG widerspricht insofern der anerkannten Funktion der allgemeinen Handlungsfreiheit als Auffanggrundrecht.[481]

Bei alledem gilt es stets zu berücksichtigen, dass die Interessenvertretung der Arbeitnehmer kein beliebig austauschbares Ziel einer Gewerkschaft im Sinne des § 2 Abs. 1 TVG ist. Mit dem im Rahmen der Tarifautonomie von ihren Mitgliedern privatrechtlich erteilten Mandat ist eine solche Interessenvertretung der Gewerkschaft letztlich sogar verfassungsrechtlich in Ausübung der Tarifautonomie nach Art. 9 Abs. 3 GG vorgeschrieben.[482] Das Handlungsinstrument zur Umsetzung der Tarifautonomie ist der Tarifvertrag. Dessen Grenzen sind abschließend im TVG geregelt. Die einfachgesetzliche Ausgestaltung durch das TVG genügt hierbei den verfassungsrechtlichen Vorgaben.[483]

---

480 S. oben 1. Kapitel, E. II.

481 Zur Subsidiarität der allgemeinen Handlungsfreiheit gegenüber anderen Grundrechten nach herrschender Auffassung vgl. nur etwa Jarass/Pieroth/*Jarass*, GG, Art. 2 Rn. 2; Sachs/*Murswiek*, GG, Art. 2 Rn. 10.

482 Zur Frage, ob dieses Mandat der Gewerkschaften auch über die Grenzen des TVG von den einzelnen Mitgliedern/Arbeitnehmern erweitert werden kann 3. Kapitel, D. II.

483 S. oben 1. Kapitel, F. I. 1.

II. Die Tarifvertragsparteien als privilegierte Vertragsparteien des kollektiven Arbeitsrechts – keine Vereinbarungen zwischen Tarifvertragsparteien als „einfache“ Rechtssubjekte

Soweit ersichtlich, wurden erst in jüngerer Zeit von *Giesen* zum ersten Mal grundlegende Bedenken an der bis dahin unbestrittenen Annahme geäußert, dass sich auch Tarifvertragsparteien jenseits der tarifvertraglichen Grenzen des TVG wie „andere“ Privatrechtssubjekte schuldrechtlich zu grundsätzlich jedem Verhalten verpflichten könnten.[484] Abzulehnen sei eine umfassende Vertragsfreiheit unter Rückgriff auf die allgemeine Handlungsfreiheit nach Art. 2 Abs. 1 GG insbesondere deshalb, weil hierbei „die Tarifvertragsparteien aus dem Kontext tarifautonomer Selbstbestimmung“[485] gelöst würden. Des Weiteren resultiere aus einer umfassenden Vertragsfreiheit und den eingeräumten Privilegien im Tarifvertragsrecht „ohne sachlichen Grund“ eine „strukturelle Überprivilegierung“[486] der Tarifvertragsparteien. Eine solche „Überprivilegierung“ müsse „bereits theoretisch zu einer tendenziell übermäßigen Ausweitung der Aktivitäten im privilegierten und im nicht-privilegierten, aber zugelassenen Bereich führen“[487]. Zur Veranschaulichung zieht *Giesen* den Vergleich zwischen Tarifvertragsparteien und „einem Idealverein im Sinne des § 21 BGB, dem teilweise das Betreiben eines wirtschaftlichen Geschäftsbetriebs erlaubt wird“.[488]

Wie im Folgenden aufgezeigt werden soll, erweisen sich die Bedenken *Giesens* als berechtigter Einwand gegen einen Rückgriff der Tarifvertragsparteien auf eine umfassende Vertragsfreiheit nach Art. 2 Abs. 1 GG. So sind im Tarif- und Arbeitskampfrecht insbesondere den Gewerkschaften (aber auch der Arbeitgeberseite[489]) im Vergleich zu allen anderen Privatrechtssubjekten Privilegien eingeräumt, die sich in der konkreten Verhandlungssituation mit der Arbeitgeberseite auswirken und mit einem Rückgriff auf eine etwaige Privatautonomie der Gewerkschaft nach Art. 2 Abs. 1 GG als „einfachem“ Privatrechtssubjekt nicht zu vereinbaren sind.

---

484 *Giesen,* in: Rieble/Junker/Giesen (Hrsg.), Ausweitung der Tarifmacht, S. 57ff (67ff).

485 *Giesen,* in: Rieble/Junker/Giesen (Hrsg.), Ausweitung der Tarifmacht, S. 57ff (68).

486 *Giesen,* in: Rieble/Junker/Giesen (Hrsg.), Ausweitung der Tarifmacht, S. 57ff (68).

487 *Giesen,* in: Rieble/Junker/Giesen (Hrsg.), Ausweitung der Tarifmacht, S. 57ff (68f).

488 *Giesen,* in: Rieble/Junker/Giesen (Hrsg.), Ausweitung der Tarifmacht, S. 57ff (69).

489 Ein solches Privileg ist beispielsweise das insoweit anerkannte Recht zur suspendierenden Abwehraussperrung, grundlegend hierzu BVerfGE (26.06.1991), BVerfGE 84, 212 (225).

1. *Die besonderen Befugnisse der Gewerkschaft als Partei des kollektiven Arbeitsrechts im Tarif- und Arbeitskampfrecht*

Wie sich bereits im *ersten Kapitel* gezeigt hat, ist verfassungsrechtlich mit der Tarifautonomie nach Art. 9 Abs. 3 GG die kollektive Ausübung der Privatautonomie zum paritätischen Aushandeln der Arbeitsbedingungen besonders geschützt. Für den einfachen Gesetzgeber folgt hieraus die verfassungsrechtliche Vorgabe, ein Tarifsystem bereitzustellen, nach dem es den einzelnen Arbeitnehmern möglich ist, durch kollektives Handeln möglichst auf Augenhöhe mit der Arbeitgeberseite zu verhandeln. Der einfache Gesetzgeber hat diese verfassungsrechtliche Vorgabe aus Art. 9 Abs. 3 GG insbesondere mit dem TVG umgesetzt. Nach dem TVG besteht für den einzelnen Arbeitnehmer die Möglichkeit, seine Privatautonomie kollektiv durch Beitritt in die Gewerkschaft auszuüben. Gemäß § 2 Abs. 1 TVG sind Gewerkschaften die kollektive Vereinigung der Arbeitnehmer zur Verwirklichung der in Art. 9 Abs. 3 GG gewährleisteten Tarifautonomie. Der Gewerkschaft sind zur Erfüllung der verfassungsrechtlichen Vorgabe, eine paritätische Verhandlungssituation mit der Arbeitgeberseite durch kollektives Handeln zu gewährleisten, im Vergleich zu anderen privatrechtlichen Vereinigungen strukturelle Privilegien gegenüber der Arbeitgeberseite eingeräumt, die sie von anderen Privatrechtssubjekten abheben.[490] Zuallererst ist hierbei die Befugnis zu nennen, durch den Abschluss eines Tarifvertrages mit der Arbeitgeberseite die Arbeitsbedingungen für das Arbeitsverhältnis ihrer Mitglieder mit dem Arbeitgeber unmittelbar und zwingend, d.h. normativ, auszugestalten. Der Tarifvertrag als besondere Regelungsbefugnis zur Gestaltung der Rechtsverhältnisse für Dritte unterscheidet sich nicht nur durch die unmittelbare und zwingende Wirkung, sondern beispielsweise auch durch die Nachbindung nach § 3 Abs. 3 TVG qualitativ von einer einfachen Stellvertretung anderer Privatrechtssubjekte im Sinne der §§ 164ff BGB.[491] Weiter sind die Tarifvertragsparteien, wie es bereits der verfassungsrechtliche Schutzzweck einer kollektiven Ausübung der Privatautonomie vorgibt, von einer Kartellkontrolle der in einem Tarifvertrag gerade einheitlich vereinbarten (Mindest-)Arbeitsbedingungen befreit.[492]

---

490 Mit ähnlicher Aufzählung wie die folgende auch *Giesen,* in: Rieble/Junker/Giesen (Hrsg.), Ausweitung der Tarifmacht, S. 57ff (68).

491 Zur privatrechtskonformen Erklärbarkeit der Nachbindung nach § 3 Abs. 3 TVG s. oben 1. Kapitel, E. II. 3. a) bb).

492 Vgl. Däubler/*ders.*, TVG, Einl. Rn. 83a; insoweit auch treffend *Löwisch/Rieble*, TVG, Grundl. Rn. 32ff, die von einer „Kartellwirkung ohne Kartellfunktion" des Tarifvertrages sprechen.

Besonders offensichtlich ist die zu anderen Privatrechtssubjekten privilegierte Stellung der Gewerkschaft als Tarifvertragspartei aufgrund der zur Durchsetzung tarifvertraglicher Forderungen eingeräumten Arbeitskampfbefugnis.[493] Entgegen dem zivilrechtlichen Grundsatz *pacta sunt servanda* ist es der Arbeitnehmerseite als Druckmittel in der Verhandlungssituation sogar verfassungsrechtlich nach Art. 9 Abs. 3 GG gewährleistet, vertragliche Pflichten ruhen zu lassen, um eine tarifvertragliche Einigung zu erzielen.[494] Neben diesen grundlegenden Privilegien zur Umsetzung der in Art. 9 Abs. 3 GG gewährleisteten Tarifautonomie bestätigen darüber hinaus die exklusiven Rechte der Gewerkschaften im Bereich der Unternehmensmitbestimmung, der Betriebsverfassung und der Rechtsberatung[495] die besondere Stellung der Gewerkschaften als gegenüber dem Arbeitgeber privilegierte Privatrechtssubjekte.

Allein diese durch den Gesetzgeber den Gewerkschaften im Vergleich zu allen anderen Privatrechtssubjekten eingeräumten Privilegien legen die Stellung der Gewerkschaft als „besondere" Privatrechtssubjekte des Tarifvertragsrechts offen und lassen bereits erheblich daran zweifeln, dass ein Rückgriff auf Art. 2 Abs. 1 GG als „einfache" Rechtssubjekte bei Vereinbarungen mit dem Arbeitgeber überhaupt möglich ist.

2. *Auswirkung der gewerkschaftlichen Privilegien auf nicht tarifliche Regelungsinhalte neben dem Tarifvertag*

Entscheidend ist zudem, dass sich diese der Gewerkschaft eingeräumten Privilegien regelmäßig auch auf nicht tariflich regelbare Verpflichtungen auswirken, wenn man davon ausgeht, dass Tarifvertragsparteien nicht nur in den Grenzen des TVG tarifvertragliche Vereinbarungen treffen können.

---

493 Zum funktionalen Bezug des Arbeitskampfes zur Tarifautonomie, s. oben 2. Kapitel, A. IV. 2.

494 Nach verbreiteter Ansicht besteht, wenn auch unter hohen Voraussetzungen hinsichtlich der Verhältnismäßigkeit, auch für die Arbeitgeberseite die Möglichkeit den Arbeitskampf zu eröffnen. Zur sogenannten Angriffsaussperrung vgl. BAG (21.04.1971), BAGE 23, 292 (308) sowie *Löwisch/Rieble*, TVG, Grundl. Rn. 455 mwN auch zur Gegenansicht.

495 *Giesen,* in: Rieble/Junker/Giesen (Hrsg.), Ausweitung der Tarifmacht, S. 57ff (68).

a. *Tarifvertragliche Arbeitsbedingungen als „Gegenleistung" für eine schuldrechtliche Verpflichtung der Arbeitgeberseite gegenüber der Gewerkschaft*

Dass sich die Privilegien der Gewerkschaft in ihrer Funktion als Tarifvertragspartei auch auf die Verpflichtungen als „einfache" Privatrechtssubjekte auswirken, zeigt sich besonders deutlich anhand der bereits angesprochenen „Gesamtvereinbarungen" zwischen Gewerkschaft und Arbeitgeberseite, in denen zumeist ein Entgegenkommen der Gewerkschaft bei den tarifvertraglichen Arbeitsbedingungen als „Gegenleistung" für eine schuldrechtliche Verpflichtung der Arbeitgeberseite vereinbart wird. In der Praxis finden sich beispielsweise „Gesamtvereinbarungen", in denen tarifvertragliche Arbeitsbedingungen und die Verpflichtung, einen Standort zu erhalten [496] bzw. auf Outsourcingmaßnahmen zu verzichten, [497] in einer Vereinbarung zwischen Gewerkschaft und Arbeitgeber vereinbart wurden. Wie gesehen, liegen entsprechende Verpflichtungen außerhalb der tarifvertraglichen Regelungsbefugnis nach dem TVG. Da auch Art. 9 Abs. 3 GG keine weitere Vereinbarungsbefugnis neben der Tarifautonomie gewährleistet,[498] bleibt allenfalls noch ein Rückgriff auf die allgemeine Handlungsfreiheit nach Art. 2 Abs. 1 GG. Doch zeigen gerade „Gesamtvereinbarungen" aus tariflichen Arbeitsbedingungen mit außertariflichen Verpflichtungen, wie sich die tarifvertraglichen Privilegien auch auf außertarifliche Regelungsinhalte zwischen den Tarifvertragsparteien auswirken. So nutzt die Gewerkschaft das ihr als Tarifvertragspartei eingeräumte Privileg aus, die Arbeitsbedingungen für ihre Mitglieder zu gestalten, um in einer „Gesamtvereinbarung" eine schuldrechtliche Verpflichtung der Arbeitgeberseite zu einem aus Sicht der Gewerkschaft wünschenswerten, weil für die einzelnen Arbeitnehmer günstigeren, unternehmerischen Verhalten zu erreichen.[499] Die Zustimmung der Gewerkschaft zu den tariflichen Arbeitsbedingungen bildet in diesen Fällen bei wirtschaftlicher Betrachtung die „Gegenleistung" für die schuldrechtliche Verpflichtung des Arbeitgebers. Auf die durchschlagenden strukturellen Bedenken, die gegen eine damit einhergehende Einflussnahme der Gewerkschaft auf die unternehmerische Entscheidung sprechen, wurde bereits

496 Vgl. hierzu aus der jüngeren Rechtsprechung BAG (04.04.2002), BAGE 97, 263; LAG Niedersachsen (18.5.2011), 17 SaGa 1939/10, juris.

497 BAG (26.01.2011), BAGE 137, 45; *Löwisch/Rieble*, TVG, § 1 Rn. 1155.

498 S. oben 2. Kapitel, B.

499 Ähnlich auch *Giesen*, in: Rieble/Junker/Giesen (Hrsg.), Ausweitung der Tarifmacht, S. 57ff (69).

eingegangen.[500] Für die vorliegende Frage eines Rückgriffs auf Art. 2 Abs. 1 GG ist entscheidend, dass eine solche „Gegenleistung“ von der Gewerkschaft ausschließlich aufgrund ihrer Stellung als Tarifvertragspartei in die Verhandlungssituation eingebracht werden kann. Die Gewerkschaft nutzt hierbei letztlich die ihr als Tarifvertragspartei eingeräumten Privilegien zur kollektiven Ausgestaltung der Einzelarbeitsverhältnisse, um eine schuldrechtliche Verpflichtung der Gegenseite zu erzielen.[501] Eine solche Einigung kann deshalb keine Einigung zwischen zwei „einfachen“ Rechtssubjekten im Sinne des Art. 2 Abs. 1 GG sein, sondern bleibt eine Vereinbarung zwischen den Tarifvertragsparteien als besonderen Privatrechtssubjekten des kollektiven Arbeitsrechts.

Dass es in der Praxis vermehrt zu solchen Vereinbarungen zu kommen scheint, in denen tarifvertragliche Arbeitsbedingungen und schuldrechtliche Verpflichtungen in einer Vereinbarung geregelt werden, ist wohl als ein Beleg für die von *Giesen* geäußerte Vermutung zu sehen, dass ein unreflektierter Rückgriff auf eine umfassende Vertragsfreiheit als vermeintlich „einfache“ Rechtssubjekte neben der Tarifautonomie zu einer „Überprivilegierung“ führt, die im „Ergebnis [...] zu einer tendenziell übermäßigen Ausweitung der Aktivitäten im privilegierten und nicht privilegierten, aber zugelassenen Bereich führen“ muss.[502] Etwaige „Gesamtvereinbarungen“ aus tariflichen Arbeitsbedingungen und schuldrechtlichen Verpflichtungen jenseits des TVG belegen damit, dass sich die tarifvertraglichen Privilegien auch auf Vereinbarungen jenseits des Tarifvertrages auswirken, wenn man außertarifliche Vereinbarungen zwischen Tarifvertragsparteien für möglich hält.

b. Der Arbeitskampf als Druckmittel der Gewerkschaft auch zur Durchsetzung nicht tariflich regelbarer Inhalte

Gerade auch die Befugnis zum Arbeitskampf beeinflusst bereits als faktisches Druckmittel der Gewerkschaft regelmäßig die Verhandlungssituation mit dem Arbeitgeber.[503] Hierzu muss es keinesfalls zu konkreten Kampfmaßnahmen

---

500 S. im Zusammenhang mit der Reichweite der Tarifautonomie 1. Kapitel, E. III. 3., sowie im Zusammenhang mit vermeintlich außertariflichen Vereinbarungen nach Art. 9 Abs. 3 GG 1. Kapitel, B. V.

501 Vgl. *Giesen*, in: Rieble/Junker/Giesen (Hrsg.), Ausweitung der Tarifmacht, S. 57ff (69f).

502 *Giesen*, in: Rieble/Junker/Giesen (Hrsg.), Ausweitung der Tarifmacht, S. 57ff (69f).

503 Auch *Giesen* nennt die Kampfbereitschaft in einem Unternehmen als jedenfalls einen Faktor, der den Druck auf die Arbeitgeberseite in der konkreten Verhandlungssituation erhöht, *ders.*, in: Rieble/Junker/Giesen (Hrsg.), Ausweitung der Tarifmacht, S. 57ff (69).

kommen oder von der Gewerkschaft mit solchen ausdrücklich gedroht werden.[504] Vielmehr existiert ein Verhandlungsdruck aufgrund drohender Streiks bereits immer dann, wenn auch tarifliche Arbeitsbedingungen im zeitlichen oder, wie dies bei „Gesamtvereinbarungen“ der Fall ist, sogar sachlichen Zusammenhang mit nicht tariflich regelbaren Verpflichtungen zwischen Gewerkschaft und Arbeitgeberseite verhandelt werden. In diesen Verhandlungssituationen muss und wird die Arbeitgeberseite stets in ihre Bewertung einfließen lassen, dass wenn man sich zu entsprechenden außertariflichen Verpflichtungen gegenüber der Gewerkschaft nicht bereit erklärt, um die dann noch ausschließlich verbleibenden tariflichen Arbeitsbedingungen ein Streik droht. Die Möglichkeit, selbst wiederum Arbeitskampfmaßnahmen als Reaktion auf einen Streik der Arbeitnehmerseite zu ergreifen,[505] kann hierbei den Druck, der aufgrund drohender wirtschaftlicher Einbußen auf den Arbeitgeber einwirkt, nicht nehmen. Jedenfalls dann, wenn der Streik ausschließlich um normative Arbeitsbedingungen geführt wird, kann auch an dessen Rechtmäßigkeit kein Zweifel bestehen. Problematisch ist im vorliegenden Zusammenhang die Bestimmung der Streikziele, die mit einem konkreten Arbeitskampf verfolgt werden. Stellt man hierbei auf den formalen Streikaufruf ab,[506] wird es sich regelmäßig, trotz vorangegangener Verhandlungen mit dem Ziel einer „Gesamtvereinbarung“, um einen zulässigen Streik zur Durchsetzung der formal aufgerufenen tariflich regelbaren Inhalte handeln. Die Rechtswidrigkeit eines Streiks kommt häufig allenfalls dann in Betracht, wenn im konkreten Einzelfall hinreichende Anhaltspunkte dafür sprechen, dass jedenfalls auch nicht tariflich regelbare Ziele durch den Arbeitskampf verfolgt werden und man die Umstände des Einzelfalls bei der Ermittlung der Streikziele mit berücksichtigt.[507] Entsprechende Umstände wird man jedoch nicht immer ohne Weiteres annehmen können. So ist bei einer Bewertung des Einzelfalls stets auch die Möglichkeit

504 Ebenfalls die „latente Druckwirkung“ des Arbeitskampfes in der Verhandlungssituation zwischen Tarifvertragsparteien erkennend, jedoch ohne die nachfolgenden Konsequenzen zu ziehen *Franzen*, in: Rieble (Hrsg.), Zukunft des Arbeitskampfes, S. 141 (147); ähnlich bereits auch *Bötticher*, Gemeinsame Einrichtungen, S. 123.

505 Zur suspendierenden Abwehraussperrung vgl. oben Fn. 489; zu einer möglichen Angriffsaussperrung des Arbeitgebers vgl. Fn. 494.

506 Hierfür LAG Sachsen-Anhalt (12.03.1997), 3 Sa 285/96, LAGE Art 9 GG Arbeitskampf Nr. 67; *Otto*, Arbeitskampf, § 5 Rn. 2 (S. 91); *Wolter*, RdA 2002, 218 (224).

507 So LAG Hamm (31. 5. 2000), 18a Sa 858/00, NZA-RR 2000, 535 (537); zuletzt auch LAG Hessen (09.09.2015), 9 SaGa 1082/15 (bisher nur Pressemitteilung); für eine Bewertung auch der Umstände des Einzelfalls zur Ermittlung der „wahren Streikziele“ vgl. *Rolf/Clemens*, DB 2003, 1678 (1680); insgesamt zum Streitstand *Krause*, Standortsicherung und Arbeitsrecht, S. 110ff.

miteinzubeziehen, dass die unternehmerische Entscheidung als außertariflicher Bestandteil der ursprünglich angestrebten „Gesamtvereinbarung“ von der Arbeitnehmerseite akzeptiert worden ist. Ein Streik, beispielsweise zur Durchsetzung eines sogenannten Tarifsozialplans, um die sozialen Folgen einer Standortverlagerung abzumildern, wäre nach verbreiteter Auffassung im Anschluss an die gescheiterten Verhandlungen zur „Gesamtvereinbarung“ ohne Weiteres zulässig.[508]

Bereits in der ursprünglichen Verhandlungssituation steht der Arbeitgeber damit unter dem Druck potentiell drohender Streikmaßnahmen, sollte keine Einigung erzielt werden. Dieser Verhandlungsdruck besteht für die Arbeitgeberseite dabei gleichermaßen für tarifliche als auch für nicht tarifliche Regelungsinhalte. Denn für die Druckwirkung drohender Arbeitskämpfe auf die Arbeitgeberseite macht es keinen Unterschied, dass im Falle eines Scheiterns der Verhandlungen um eine „Gesamtvereinbarung“ oder aufgrund der ausschließlichen Erkämpfbarkeit eines Tarifvertrages lediglich um die dann noch verbleibenden tariflichen Regelungsinhalte gestreikt werden kann. Ein Beispielsszenario, bei dem von einer umfassenden Vertragsfreiheit ausgegangen werden soll, verdeutlicht dies:

> Angenommen, nach aktuellem Verhandlungsstand erklärt sich die Arbeitnehmerseite dazu bereit das bisherige Lohnniveau beizubehalten (sog. „Nullrunde“), wenn sich die Arbeitgeberseite im Gegenzug schuldrechtlich gegenüber der Gewerkschaft dazu verpflichtet, auf eine Betriebsschließung zu verzichten. In diesem Fall steht der Arbeitgeber vor der Wahl, ob er sich zum Erhalt des Standortes verpflichtet und im Gegenzug eine „Nullrunde“ akzeptiert werden wird oder ob er eine entsprechende Verpflichtung ablehnt, dann jedoch befürchten muss, dass die Gewerkschaft eine Verbesserung des tarifvertraglichen Lohnniveaus ggf. auch streikweise durchsetzen wird. Von der gerade im Schrifttum vielfach angenommenen „Freiwilligkeit“ kann in einem solchen Fall wohl kaum die Rede sein.[509] Vielmehr zeigt sich deutlich, dass sich das Druckpotential eines Arbeitskampfes auch ohne ausdrückliche Kampfmaßnahmen regelmäßig auf die Verhandlungssituation um außertarifliche Regelungsinhalte zwischen Gewerkschaft und Arbeitgeber auswirkt.

508 Vgl. in diesem Zusammenhang die Rechtsprechung des BAG zur Erstreikbarkeit eines sogenannten Tarifsozialplans BAG (24.04.2007), BAGE 122, 134; kritisch hingegen *Lobinger*, in Rieble (Hrsg.), Zukunft des Arbeitskampfes, S. 56ff (insbes. Rn. 42ff); *Bauer/Krieger*, NZA 2004, 1019.

509 Mit Hinweis auf die Zulässigkeit „freiwilliger“ Vereinbarungen vgl. *Gamillscheg*, Kollektives Arbeitsrecht I, S. 344; Wiedemann/*ders.*, TVG, Einl. 328.

3. *Keine Vereinbarungen zwischen Tarifvertragsparteien als „einfache" Rechtssubjekte aufgrund der Privilegien als Tarifvertragsparteien*

Die den Gewerkschaften als Tarifvertragspartei gegenüber dem Arbeitgeber eingeräumten Privilegien, allen voran die Befugnis zum Arbeitskampf, und deren Auswirkungen auf die Verhandlungssituation zeigen, dass es nicht überzeugt, wenn Gewerkschaften und die Arbeitgeberseite als „einfache" Privatrechtssubjekte Verpflichtungen begründen und zugleich als Tarifvertragsparteien besondere Privilegien für sich in Anspruch nehmen können sollen. *Giesen* ist darin zuzustimmen, dass eine solche Betrachtung der Gewerkschaft als „einfaches" Rechtssubjekt in Vereinbarungen mit dem Arbeitgeber die „Tarifvertragsparteien aus dem Kontext tarifautonomer Selbstbestimmung" löst.[510] Da Gewerkschaft und Arbeitgeberseite gegenseitige Vereinbarungen nicht als „einfache" Privatrechtssubjekte wie „andere", sondern eben als auch rechtlich privilegierte Privatrechtssubjekte des Tarifvertragsrechts treffen, müssen sie sich als solche auch an die hierfür geltenden Vorgaben, insbesondere das TVG, halten.

III. Keine „eigene" Privatautonomie der Gewerkschaft neben der Tarifautonomie als besondere Form der „kollektiv ausgeübten Privatautonomie"

Wiederum strukturelle Überlegungen ausgehend von dem privatrechtlichen Mandat ihrer Mitglieder im Rahmen der Tarifautonomie bestätigen, dass Gewerkschaften kein Rückgriff auf eine „eigene" Privatautonomie nach Art. 2 Abs. 1 GG möglich sein kann.

Wie sich im *ersten Kapitel* gezeigt hat, handelt es sich bei der dem Tarifvertragsrecht zu Grunde liegenden Tarifautonomie nach Art. 9 Abs. 3 GG nicht um eine originäre Regelungsbefugnis der Gewerkschaften, sondern um eine von den einzelnen Mitgliedern abgeleitete Regelungsbefugnis.[511] In ihrer Funktion als Tarifvertragspartei der Arbeitnehmerseite nach dem TVG handeln Gewerkschaften in Ausübung der Tarifautonomie gerade nicht aufgrund ihrer „eigenen" originären Regelungsbefugnis, sondern verwirklichen die kollektiv gebündelte Privatautonomie ihrer Mitglieder. Auf ein unzutreffendes Verständnis der Tarifautonomie als „kollektiv ausgeübte Privatautonomie" ist es zurückzuführen, wenn im vorliegenden Zusammenhang *Lasson* meint: „Wer zur kollektiven Ausübung einer besonderen Form der Privatautonomie befugt ist, dem muss

510 *Giesen*, in: Rieble/Junker/Giesen (Hrsg.), Ausweitung der Tarifmacht, S. 57ff (68).
511 S. oben 1. Kapitel, E. II.

auch die allgemeine Privatautonomie zur Verfügung stehen".[512] Denn wie sich gezeigt hat, baut die Tarifautonomie nach Art. 9 Abs. 3 GG als „kollektiv ausgeübte Privatautonomie" eben gerade nicht auf einer etwaigen Privatautonomie der Gewerkschaft als eigenständigem Rechtssubjekt auf, sondern auf der Privatautonomie der einzelnen organisierten Arbeitnehmer. Wie im *ersten Kapitel* herausgestellt wurde, ist die in Art. 9 Abs. 3 GG besonders geschützte kollektive Ausübung von Privatautonomie sowohl sachlich-gegenständlich als auch in personeller Hinsicht begrenzt. Nicht überzeugen kann daher, dass ein Rückgriff auf die in Art. 2 Abs. 1 GG gewährleistete „einfache" Privatautonomie diese sachlich-gegenständlichen wie persönlichen Grenzen der kollektiv ausgeübten Privatautonomie nach Art. 9 Abs. 3 GG wieder aufheben können soll oder den verfassungsrechtlichen Schutz kollektiver Interessenvertretung im Vergleich zur hierzu spezielleren Tarifautonomie erweitert. Daher schließen sich die Ausübung der kollektiven Privatautonomie nach Art. 9 Abs. 3 GG und eine „eigene" Privatautonomie der Gewerkschaft nach Art. 2 Abs. 1 GG aus.

IV. Der Ausnahmefall reiner „Hilfsgeschäfte" zwischen Gewerkschaft und dem Arbeitgeber(verband) als „einfachen" Privatrechtssubjekten im Rechtsverkehr

Dass Tarifvertragsparteien aufgrund der eingeräumten Privilegien im Rahmen des Tarifvertragsrechts keine schuldrechtlichen Vereinbarungen nach Art. 2 Abs. 1 GG schließen können, ändert nichts daran, dass auch Gewerkschaften, Arbeitgeberverbände und erst recht der einzelne Arbeitgeber jenseits ihrer Funktion als Tarifvertragsparteien sich, „wie andere" Rechtssubjekte auch, auf eine umfassende Vertragsfreiheit berufen können. Voraussetzung für einen Rückgriff auf die allgemeine Handlungsfreiheit ist jedoch, dass die nach § 2 Abs. 1 TVG potentiellen Tarifvertragsparteien gerade nicht in ihrer Funktion als Tarifvertragsparteien handeln, sondern schlicht am Wirtschaftsverkehr teilnehmen. Nur in diesem Fall kann den Tarifvertragsparteien, wie auch anderen Vereinigungen, nach Art. 2 Abs. 1 iVm Art. 19 Abs. 3 GG eine verfassungsrechtlich geschützte Vertragsfreiheit zur freien Entfaltung am Markt zukommen.[513] Dazu, dass sich der einzelne Arbeitgeber, obwohl er gemäß § 2 Abs. 1 TVG auch Tarifvertragspartei sein kann, in seiner Rolle als Unternehmer im übrigen Rechtsverkehr auf

512 *Lasson*, Kollektivrechtliche Investitionsvereinbarungen, S. 48.

513 Vgl. oben 2. Kapitel, B. II sowie insbesondere Fn. 430.

eine umfassende Vertragsfreiheit nach Art. 2 Abs. 1 GG[514] berufen kann, wenn er beispielsweise Verträge mit einem Zulieferer vereinbart oder eigene Produkte am Markt anbietet, bedarf es keiner weiteren Ausführung. Gleiches gilt jedoch auch für Gewerkschaften und Arbeitgeberverbände. Dass aufgrund ihrer Sonderstellung als privilegierte Privatrechtssubjekte im Tarifvertragsrecht in Umsetzung der Tarifautonomie nach Art. 9 Abs. 3 GG Gewerkschaften nicht auf eine umfassende Vertragsfreiheit nach Art. 2 Abs. 1 GG zurückgreifen können, hat nicht etwa zur Folge, dass Gewerkschaften oder Arbeitgeberverbänden ihre Rechtssubjektivität aberkannt würde.[515] Die Exklusivität des Tarifvertragsrechts bzw. der Tarifautonomie nach Art. 9 Abs. 3 GG als „kollektiv ausgeübte Privatautonomie“ kann überhaupt nur zwischen Gewerkschaft und Arbeitgeberseite, eben den Parteien des Tarifvertragsrechts, in Betracht kommen. Im freien wirtschaftlichen Verkehr mit Dritten ist ein solcher Vorrang überhaupt nicht denkbar. Dass die allgemeine Handlungsfreiheit und die hieraus abgeleitete umfassende Vertragsfreiheit immer, aber auch nur dann, grundrechtlichen Schutz bietet, wenn insofern kein spezielleres Grundrecht einschlägig ist, entspricht der allgemeinen Vorstellung von Art. 2 Abs. 1 GG als Auffanggrundrecht.[516] Auch nach vorliegender Auffassung besteht insofern kein Zweifel daran, dass auch Gewerkschaften auf Grundlage einer grundsätzlich umfassenden Vertragsfreiheit nach Art. 2 Abs. 1 GG einen Mietvertrag abschließen können oder Büromöbel kaufen können.[517] Jedenfalls bei entsprechenden Verträgen mit Dritten steht außer Frage, dass Gewerkschaften (und Arbeitgeberverbände) nicht in ihrer Funktion als Tarifvertragsparteien im Sinne von Art. 9 Abs. 3 GG agieren, sondern insofern

---

514 Auf die Abgrenzung von Art. 2 Abs. 1 GG und Art. 12 GG beim wirtschaftlichen Handeln als Unternehmer braucht im vorliegenden Zusammenhang nicht eingegangen zu werden, vgl. hierzu nur etwa, Dreier/*ders.*, GG, Art. 2 Rn. 36 mwN.

515 So zu Unrecht die Behauptung bei *Lasson*, Kollektivrechtliche Investitionsvereinbarungen, S. 46; an der grundsätzlichen Rechtsfähigkeit auch der nicht im Vereinsregister eingetragenen Gewerkschaft dürften heute keine Zweifel mehr bestehen, vgl. Däubler/*ders.*, TVG, Einl. Rn. 871 mwN; vgl. in diesem Zusammenhang auch die gerade mit Blick auf Art. 9 Abs. 3 GG früh anerkannte Parteifähigkeit der Gewerkschaft im Zivilprozess, BGH (11.07.1968), BGHZ 50, 325 bzw. die ebenfalls bereits früh anerkannte funktionsbezogene Rechtsfähigkeit der Gewerkschaft als Ausfluss ihrer Tariffähigkeit, *Löwisch/Rieble*, TVG, § 2 Rn. 7.

516 Zur Subsidiarität der allgemeinen Handlungsfreiheit gegenüber anderen Grundrechten nach herrschender Auffassung vgl. nur etwa Jarass/Pieroth/*Jarass*, GG, Art. 2 Rn. 2.

517 Vergleiche hierzu die Diskussion im Anschluss an den Beitrag *Giesens* beim 8. Ludwigsburger Rechtsgespräch aus dem Jahr 2011, abgedruckt bei Rieble/Junker/Giesen (Hrsg.), Ausweitung der Tarifmacht, S. 74ff (insbesondere 74f).

tatsächlich als „einfache" Rechtssubjekte am Markt handeln, sodass ihr Handeln am Markt und die hiermit einhergehende Vertragsfreiheit durch Art. 2 Abs. 1 GG geschützt ist. Eine Auswirkung der aufgezeigten Privilegien als Tarifvertragspartei auf die Verhandlungssituation ist hierbei ausgeschlossen.

Wenn auch nur als Ausnahmefall, so ist jedoch zumindest denkbar, dass auch Gewerkschaft und die Arbeitgeberseite ausnahmsweise einen Vertrag als einfache Rechtssubjekte und nicht in ihrer Funktion als Parteien des Tarifvertragsrechts schließen. Hierbei wird es sich in aller Regel um Vereinbarungen handeln, die am treffendsten mit dem im öffentlichen Recht gebräuchlichen Begriff des „(fiskalischen) Hilfsgeschäfts" beschrieben sind. Ein Beispiel für ein solches „Hilfsgeschäft" wäre etwa, dass die IG-Metall Dienstwagen bei VW kauft. Um diese „Hilfsgeschäfte" von Vereinbarungen zwischen Gewerkschaften und der Arbeitgeberseite in ihrer Funktion als Tarifvertragsparteien abzugrenzen, ist, wie auch im öffentlichen Recht, eine wertende Betrachtung des Einzelfalls zu Grunde zu legen.[518] Sobald von Seiten der Gewerkschaft nicht nur die „persönlichen und sächlichen Voraussetzungen"[519] für ihr Handeln als Tarifvertragspartei geschaffen werden, beispielsweise durch die Anmietung von Büroräumen oder den Kauf von Bürobedarf, sondern von der Gewerkschaft die Interessen der Arbeitnehmer gegenüber dem Arbeitgeber vertreten werden, handelt die Gewerkschaft nicht mehr als Marktteilnehmer sondern in ihrer Funktion als Tarifvertragspartei.[520] Außerdem scheidet ein Rückgriff auf Art. 2 Abs. 1 GG immer dann aus, wenn „Hilfsgeschäfte" und tarifliche Arbeitsbedingungen miteinander „gekoppelt" werden. Dies wäre im gebildeten Beispiel etwa dann der Fall, wenn VW der IG-Metall Dienstwagen deshalb zu besonders günstigen Konditionen verkauft, weil im Gegenzug ein Entgegenkommen bei den tarifvertraglichen Arbeitsbedingungen vereinbart wird. In einem solchen Fall würden sich die beiden Tarifvertragsparteien gerade nicht mehr als einfache Marktteilnehmer, sondern eben auch in ihrer Rolle als Tarifvertragsparteien begegnen. Sollte sich das jedenfalls theoretische Missbrauchspotential der privilegierten Stellung als Tarifvertragspartei beim Abschluss von „Hilfsgeschäften" praktisch bestätigen, empfiehlt sich die Einführung

518 Vgl. für die Abgrenzung öffentlich-rechtlicher Verträge von privatrechtlichen Verträgen, insbesondere zu sogenannte „fiskalischen Hilfsgeschäften" der Verwaltung *Kopp/Ramsauer*, VwVfG, § 54 Rn. 38f; Knack/Henneke/*Schliesky*, VwVfG, Vor § 54 Rn. 39f; *Detterbeck*, Verwaltungsrecht, Rn. 907.

519 So zur Abgrenzung fiskalischer Hilfsgeschäfte der Verwaltung *Kopp/Ramsauer*, VwVfG, § 54 Rn. 39.

520 Mit ähnlicher Unterscheidung *Boeck*, Tarifverträge und andere Koalitionsverträge, S. 132f.

eines Genehmigungsvorbehalts de lege ferenda für Hilfsgeschäfte zwischen den Tarifpartnern, um eine solche „Koppelung“ zu verhindern.[521]

V. Ergebnis: Kein Rückgriff auf die Vertragsfreiheit nach Art. 2 Abs. 1 GG zur Begründung schuldrechtlicher Vereinbarungen zwischen Gewerkschaft und Arbeitgeber als Tarifvertragsparteien

Im Ergebnis ist die bisher herrschende Vorstellung abzulehnen, dass den Tarifvertragsparteien auf Grundlage der allgemeinen Handlungsfreiheit nach Art. 2 Abs. 1 GG eine umfassende Vertragsfreiheit zukomme, die es ihnen ermögliche, auch schuldrechtliche Verpflichtungen jenseits des Tarifvertrages nach dem TVG zu vereinbaren. Die Funktion der Tarifvertragsparteien als besondere Rechtssubjekte des kollektiven Arbeitsrechts zeigt sich an den im Vergleich zu anderen Privatrechtssubjekten eingeräumten Privilegien. Ein Rückgriff auf die allgemeine Handlungsfreiheit nach Art. 2 Abs. 1 GG ist mit diesen Privilegien nicht vereinbar. Eine „eigene“ Privatautonomie nach Art. 2 Abs. 1 GG neben der Tarifautonomie als besondere Form der „kollektiv ausgeübten Privatautonomie“ kommt den Gewerkschaften mit der Ausnahme bloßer „Hilfsgeschäfte“ beim Vertragsschluss mit der Arbeitgeberseite nicht zu.

D. Ergebnis: Keine außertariflichen Vereinbarungen zwischen Gewerkschaft und Arbeitgeber(verband) – der Tarifvertrag als exklusive Vereinbarungsform der Tarifvertragsparteien

Als besondere Privatrechtssubjekte des Tarifvertragsrechts sind Gewerkschaften und Arbeitgeber an den Tarifvertrag als Handlungsinstrument gebunden, wenn es darum geht, gegenseitige Verpflichtungen zu begründen. Für außertarifliche Schuldvereinbarungen fehlt es den Tarifvertragsparteien an einer Regelungsbefugnis. Außertarifliche Vereinbarungen der Tarifvertragsparteien sind durch die Koalitionsfreiheit nach Art. 9 Abs. 3 GG weder gewährleistet noch geschützt. Art. 9 Abs. 3 GG bildet keine Rechtsgrundlage für schuldrechtliche Vereinbarungen jenseits der Tarifautonomie. Auch können Gewerkschaft und Arbeitgeber(verband) nicht auf eine umfassende Vertragsfreiheit als „einfache“ Privatrechtssubjekte nach Art. 2 Abs. 1 GG zurückgreifen, um schuldrechtliche Vereinbarungen jenseits des Tarifvertrages zu vereinbaren. Als besondere Privatrechtssubjekte des Tarifvertragsrechts ist ihnen kein Rückgriff auf die allgemeine Handlungsfreiheit nach Art. 2 Abs. 1 GG möglich.

---

521 S. unten 3. Kapitel, D. III. 2.

3. Kapitel: Konsequenzen und die Frage nach einer Umgehung der auf Tarifverträge begrenzten schuldrechtlichen Regelungsbefugnis zwischen Tarifvertragsparteien

Wie sich gezeigt hat, können Gewerkschaften und Arbeitgeberseite auch schuldrechtliche Verpflichtungen lediglich in der besonderen Vertragsform des Tarifvertrages schließen. Für außertarifliche Vereinbarungen besteht keine Regelungsbefugnis. Gegenseitige Rechte und Pflichten können lediglich innerhalb der nach dem TVG geltenden Grenzen begründet werden. Nach § 1 Abs. 1 S. 1 Hs. 1 TVG sind schuldrechtliche Vereinbarungen in einem Tarifvertrag funktional auf solche Verpflichtungen begrenzt, die den tarifvertraglichen Normen „dienen".[522] Hieraus ergibt sich eine Vielzahl praktischer Konsequenzen. Auf einige dieser Konsequenzen soll im Folgenden näher eingegangen werden. Zudem soll der Frage nachgegangen werden, ob Tarifvertragsparteien ihre begrenzte Regelungsbefugnis gerade hinsichtlich einer Einflussnahme auf die unternehmerischen Entscheidungen des Arbeitgebers umgehen können.

A. Die Unwirksamkeit schuldrechtlicher Verpflichtungen jenseits der tarifvertraglichen Grenzen nach dem TVG aufgrund der fehlenden Regelungsbefugnis zwischen Tarifvertragsparteien

Wie sich gezeigt hat, sind Tarifvertragsparteien an die besondere Vertragsform des Tarifvertrages gebunden, wenn es darum geht, gegenseitige Verpflichtungen zu begründen. Auch schuldrechtliche Verpflichtungen müssen sich hierbei an die Grenzen des TVG halten. Zwangsläufig stellt sich damit die Frage, welche Konsequenzen es hat, wenn Tarifvertragsparteien in gegenseitigen Vereinbarungen die Grenzen des Tarifvertragsrechts nach dem TVG überschreiten.

Voraussetzung eines wirksamen Tarifvertrages ist zum einen die „Tariffähigkeit" beider Vertragspartner sowie die „Tarifzuständigkeit" der Gewerkschaft bzw. im Falle eines Verbandstarifvertrages auch des Arbeitgeberverbandes. Liegen

522 S. oben *1. Kapitel.*

Tariffähigkeit oder Tarifzuständigkeit nicht vor, ist der Tarifvertrag unwirksam. Sowohl Tariffähigkeit als auch Tarifzuständigkeit sind insofern Wirksamkeitsvoraussetzung des Tarifvertrages.[523] Tariffähigkeit und Tarifzuständigkeit zeigen damit, dass ein Tarifvertrag, der von Parteien geschlossen wird, die, wie im Falle der Tariffähigkeit, grundsätzlich oder, im Falle der Tarifzuständigkeit für den speziellen Tarifvertrag, nicht befugt sind, unwirksam ist. Nichts anderes kann im Ergebnis auch für den Fall gelten, dass zwar grundsätzlich tariffähige und zuständige Parteien einen Tarifvertrag anstreben, dieser jedoch die durch die Tarifautonomie nach Art. 9 Abs. 3 GG vorgegebenen und durch das TVG konkretisierten Grenzen eines Tarifvertrages in sachlich-gegenständlicher oder personeller Hinsicht überschreitet. Aufgrund der fehlenden Regelungsbefugnis durch das im Rahmen der Tarifautonomie nach Art. 9 Abs. 3 GG von ihren Mitgliedern übertragene Mandat müssen Vereinbarungen der Tarifvertragsparteien, die jenseits der durch das TVG gesteckten Grenzen liegen, ebenfalls unwirksam sein. Insofern kann für schuldrechtliche Vereinbarungen nichts anderes gelten als für tarifvertragliche Normen, welche die Grenzen der einfachgesetzlichen Vorgaben nach dem TVG bzw. der zu Grunde liegenden Tarifautonomie nach Art. 9 Abs. 3 GG überschreiten.[524] Auch schuldrechtliche Vereinbarungen, die nach dem TVG nicht tariflich regelbar sind, sind damit unwirksam.

Für den Fall, dass in einem Tarifvertrag sowohl tariflich regelbare Inhalte als auch nicht tariflich regelbare Inhalte vereinbart werden, liegt es nahe, den Rechtsgedanken des § 139 BGB heranzuziehen. Ergibt sich aus den Umständen einer Vereinbarung zwischen den Tarifvertragsparteien insofern nicht, ob die tariflich regelbaren Inhalte auch ohne die nicht tariflich regelbaren Inhalte so vereinbart worden wären, ist gemäß § 139 BGB im Zweifel davon auszugehen, dass die gesamte Vereinbarung und damit auch die eigentlich tariflich regelbaren Inhalte nichtig sind.

---

523 Statt Vieler *Junker*, Arbeitsrecht, Rn. 520.

524 Für die überwiegend anerkannte abschließende Ausgestaltung der normativen Regelungsbefugnis durch das TVG vgl. Fn. 9; zutreffend von einer Unwirksamkeit aufgrund der Überschreitung der „Binnenschranke“ bzw. „Binnengrenze“ der durch das TVG konkretisierten Tarifautonomie nach Art. 9 Abs. 3 GG ausgehend etwa *Junker*, Arbeitsrecht, Rn. 512.

B. Schriftform schuldrechtlicher Vereinbarungen als Tarifvertrag

Eine weitere, gerade auch für die Praxis relevante Konsequenz der auf Tarifverträge begrenzten Regelungsbefugnis der Tarifvertragsparteien ist das damit einhergehende Schriftformgebot auch aller schuldrechtlichen Verpflichtungen zwischen den Tarifvertragsparteien nach § 1 Abs. 2 TVG. Durch die konstitutive Schriftform nach § 1 Abs. 2 TVG besteht auch hinsichtlich der schuldrechtlichen Verpflichtungen zwischen den Tarifvertragsparteien erhöhte Rechtssicherheit. Es ist nicht davon auszugehen, dass sich der Tarifvertrag hierdurch als ein zu „aufwändiges Mittel" darstellt.[525] Die in § 1 Abs. 2 TVG geforderte Schriftform im Sinne des § 126 BGB ist mit einfachen Mitteln einzuhalten.[526] Im Übrigen ist die Einhaltung der Schriftform hinsichtlich gegenseitiger Verpflichtungen, wie sie in sogenannten Notdienstvereinbarungen zur Fortführung unerlässlicher Arbeiten während eines Streiks getroffen werden, bereits zum Beweiszweck für etwaige Schadensersatzforderungen bei Nichteinhaltung sinnvoll.

C. Die Möglichkeit unverbindlicher gemeinsamer Stellungnahmen der Sozialpartner bei Regelungsinhalten jenseits des Tarifvertrages

In der Praxis finden sich neben Tarifverträgen auch eine Reihe von Absprachen zwischen Gewerkschaften und Arbeitgeberverbänden, die als gemeinsame Stellungnahmen in aller Regel rechtlich *un*verbindlich ausgestaltet sind. Eine dahingehende „Vorreiterrolle"[527] soll den Sozialpartnern in der Chemischen Industrie zukommen.[528] Diese schließen seit nun über zwei Jahrzehnten sogenannte „Sozialpartnervereinbarungen". Diese als „gemeinsame Erklärungen", „gemeinsame Grundsatzpositionen", „gemeinsame Grundsätze", „gemeinsame Hinweise" oder „gemeinsame Positionspapiere" bezeichneten Vereinbarungen betreffen so

---

525 Mit Blick auf die bisherige Praxis jedoch mit dahingehenden Bedenken Däubler/*ders.*, TVG, Einl. Rn. 857.

526 § 1 Abs. 2 TVG normiert die konstitutive Schriftform des Tarifvertrages im Sinne des § 126 BGB, vgl. statt Vieler JKOS/*Schubert*, TVR, § 3 Rn. 20 mwN.

527 So JKOS/*Krause*, TVR, § 4 Rn. 161.

528 Däubler/*ders.*, TVG, Einl. Rn. 851; Kempen/Zachert/*Zeibig/Zachert*, TVG, § 1 Rn. 961; ausführlich zu den einzelnen Sozialpartnervereinbarungen der chemischen Industrie sowie zu deren teilweise unterschiedlich beurteilter rechtlicher Verbindlichkeit *Boeck*, Tarifverträge und andere Koalitionsverträge, S. 147ff; *Karsten*, Schuldrechtliche Tarifverträge, S. 187ff, insbes. 302ff.

unterschiedliche Themen wie Umweltschutz, gewerkschaftliche Vertrauensleute im Betrieb, Weiterbildung, Frauenförderung, Gruppenarbeit oder Diversity im Unternehmen.[529] Grund dafür, dass es gerade in der Chemischen Industrie zu einer solchen Vielzahl gemeinsamer Stellungsnahmen komme, sei der im besonderen Maße gepflegte konsensorientierte Umgang miteinander.[530] Die gemeinsamen Vereinbarungen seien insofern das Ergebnis eines ständigen Dialogs.[531] Hierbei verstehen sich die Tarifvertragsparteien nicht als konkurrierende Vertragsparteien, sondern als „Sozialpartner".[532]

Solange diese „Vereinbarungen" keine Verpflichtungen begründen, sondern letztlich im Ergebnis lediglich als gemeinsame Meinungsäußerung und unverbindliche Empfehlung zu verstehen sind, bestehen gegen solche „Sozialpartnervereinbarungen" auch nach vorliegender Auffassung keine Bedenken. Etwaige rechtliche Verpflichtungen hingegen sind aufgrund der fehlenden Regelungsbefugnis sogenannten Sozialpartnervereinbarungen nicht möglich.

D. Keine Umgehung der begrenzten (schuldrechtlichen) Regelungsbefugnis zwischen den Tarifvertragsparteien zur Einflussnahme auf unternehmerische Entscheidungen

Nachdem die Untersuchung ergeben hat, dass zwischen Tarifvertragsparteien weder in einem Tarifvertrag noch in „außertariflichen" Vereinbarungen Verpflichtungen zu einem bestimmten unternehmerischen Verhalten des Arbeitgebers getroffen werden können, ist nicht zuletzt von hoher praktischer Relevanz, inwieweit es der Gewerkschaft möglich ist, die Grenzen der tarifvertraglichen Regelungsbefugnis zu erweitern bzw. zu umgehen, um gegebenenfalls auch jenseits der tarifvertraglichen Grenzen Einfluss auf die unternehmerischen Entscheidungen des Arbeitgebers zu nehmen.

---

529 Zu den einzelnen Vereinbarungen vgl. http://www.chemie-sozialpartner.de/verein barungen/; sowie die Darstellung des Bundesarbeitgeberverband Chemie (BAVC) http://www.bavc.de/bavc/web/web.nsf/id/pa_sozialpartner_vereinbarungen.html; vgl. hierzu auch Kempen/Zachert/*Zeibig/Zachert*, TVG, § 1 Rn. 961; Wiedemann/*Thüsing*, TVG, § 1 Rn. 21; *Karsten*, Schuldrechtliche Tarifverträge, S. 187ff; *Eich*, NZA 1995, 149 (153ff); *Molitor*, FS Stahlhacke, 339ff.

530 Kempen/Zachert/*Zeibig/Zachert*, TVG, § 1 Rn. 961; *Zachert*, FS Hanau, 137 (138ff); *Eich*, NZA 1995, 149 (153ff).

531 *Eich*, NZA 1995, 149 (153); *Zachert*, FS Hanau, 137 (insbes. 142ff).

532 *Karsten*, Schuldrechtliche Tarifverträge, S. 187 mwN.

I. Kein Bedingungszusammenhang normativer Arbeitsbedingungen an ein unternehmerisches Verhalten - keine Obliegenheit zu einem bestimmten unternehmerischen Verhalten

Die begrenzte tarifvertragliche Regelungsbefugnis auszuweiten und Einfluss auf die unternehmerischen Entscheidungen jenseits des tarifvertraglich regelbaren synallagmatischen Austauschverhältnisses zu nehmen, könnte seitens der Gewerkschaft dadurch versucht werden, dass mit einem Bedingungszusammenhang die tarifvertraglichen Arbeitsbedingungen an ein bestimmtes unternehmerisches Verhalten geknüpft werden. Ein Beispiel aus der Praxis, bei dem bedingte tarifvertragliche Arbeitsbedingungen „zur Absicherung“[533] der auch als solche „einklagbaren“[534] schuldrechtlichen Verpflichtungen gewählt wurden, ist das bereits angesprochene *Master Agreement* beim Automobilhersteller Opel aus dem Jahr 2010.[535] In diesem sagte die Arbeitgeberseite bestimmte unternehmerische Ziele zu, welche anhand sogenannter „Milestones“ auf ihre Einhaltung hin überprüft werden sollten. Die konkreten Zusagen sahen unter anderem Investitionen für bestimmte Standorte, eine konkrete Modellpolitik und einen Rechtsformwechsel des Unternehmens vor. Im Gegenzug verzichtete die Gewerkschaft auf in einem Tarifvertrag normativ geregelte Gehaltsbestandteile. Im konkreten Fall ging es um den Verzicht auf Prämienzahlungen (unter anderem Weihnachts- und Urlaubsgeld) sowie die Nichtweitergabe einer Tariflohnerhöhung der Metallbranche.[536] Diese so erzielten Einsparungen in den Lohnkosten wurden von Opel auf ein Treuhandkonto eingezahlt. Für den Fall, dass die festgelegten „Milestones“ nicht eingehalten worden wären, sollten die genannten Gehaltsansprüche, auf die als Gegenleistung verzichtet wurde, (wieder) entstehen und von dem Treuhandkonto an die Arbeitnehmer ausgezahlt werden.

Werden tarifvertragliche Arbeitsbedingungen oder Teile der tariflichen Arbeitsbedingungen an die Bedingung geknüpft, dass die Arbeitgeberseite ein bestimmtes unternehmerisches Verhalten an den Tag legt, wird mit entsprechenden Vereinbarungen final bezweckt, Einfluss auf die unternehmerische

---

533 Vgl. IV. II. 2. des *Master Agreement*, http://archiv.labournet.de/branchen/auto/gm-opel/allg/master-agreement.pdf, teilweise abgedruckt in der Entscheidung BAG (21.05.2014), BAGE 148, 139.

534 Vgl. V. I. Abs. 2 des *Master Agreement*, s. Fn. 533.

535 Ausführlich hierzu *Hartmann*, in: Rieble/Junker/Giesen (Hrsg.), Ausweitung der Tarifmacht, S. 15ff; *Löwisch/Rieble*, TVG, § 1 Rn. 228.

536 Vgl. Abschnitt IV. B. des *Master Agreement*, s. Fn. 533.

Entscheidung zu nehmen.[537] Die tariflichen Arbeitsbedingungen haben hierbei letztlich die Funktion einer Vertragsstrafe.[538] Im Fall Opel etwa ergibt sich dieser finale Zweck bereits aus dem Gesamtkontext der Vereinbarung, wonach die Voraussetzungen zur zusätzlichen Leistungsgewährung, wie nicht zuletzt die einklagbaren Verpflichtungen zeigen, überhaupt nicht eintreten sollten.[539] Wie die vorliegende Untersuchung ergeben hat, liegen Verpflichtungen der Arbeitgeberseite zu einem bestimmten unternehmerischen Verhalten außerhalb der tarifvertraglichen Regelungsbefugnis. Tarifvertragsparteien können keine schuldrechtlichen Verpflichtungen über ein bestimmtes unternehmerisches Verhalten treffen. Entsprechende Verpflichtungen zu einem unternehmerischen Verhalten sind unwirksam.[540] Da die schuldrechtliche Verpflichtung zu einem unternehmerischen Verhalten in einem Tarifvertrag nicht geregelt werden kann, sind jedoch nach zutreffender Auffassung auch solche Vereinbarungen nach § 344 BGB (entsprechend) unwirksam, die einzelne tarifvertragliche Leistungen unter die Bedingung eines unternehmerischen Verhaltens stellen.[541] Durch einen Bedingungszusammenhang mit normativen Arbeitsbedingungen Einfluss auf die Unternehmensführung zu nehmen, ist im Ergebnis als „widerrechtlicher Formenmissbrauch"[542] zu werten. Einer Unwirksamkeit nach § 344 BGB steht auch nicht entgegen, wenn, anders als im Fall Opel, die Bedingung tarifvertraglicher Arbeitsbedingungen an ein bestimmtes unternehmerisches Verhalten nicht mit zusätzlichen rechtlich durchsetzbaren Verpflichtungen flankiert wird. Denn auch ein mittelbarer Druck durch eine sogenannte selbstständige Vertragsstrafe ist nach § 344 BGB untersagt.[543] Ein solcher mittelbarer Druck besteht bei entsprechender Ausgestaltung der Tarifnormen allein deshalb, weil für den Fall, dass der Arbeitgeber seiner „bloßen" Obliegenheit nicht nachkommt und sich

537 *Löwisch/Rieble*, TVG, § 1 Rn. 233ff; vgl. auch *Hartmann*, in: Rieble/Junker/Giesen (Hrsg.), Ausweitung der Tarifmacht, S. 15ff (30f).

538 *Löwisch/Rieble*, TVG, § 1 Rn. 233ff; *Hartmann*, in: Rieble/Junker/Giesen (Hrsg.), Ausweitung der Tarifmacht, S. 15ff (30).

539 So in der Analyse *Hartmann*, in: Rieble/Junker/Giesen (Hrsg.), Ausweitung der Tarifmacht, S. 15ff (30).

540 S. oben 3. Kapitel, A.

541 Für eine direkte Anwendung des § 344 BGB *Löwisch/Rieble*, TVG, § 1 Rn. 233ff; jedenfalls im Ergebnis auch *Hartmann*, in: Rieble/Junker/Giesen (Hrsg.), Ausweitung der Tarifmacht, S. 15ff.

542 *Hartmann*, in: Rieble/Junker/Giesen (Hrsg.), Ausweitung der Tarifmacht, S. 15ff (40).

543 *Löwisch/Rieble*, TVG, § 1 Rn. 233ff; Staudinger/*Rieble*, BGB, § 344 Rn. 3, 8ff; MüKo/*Gottwald*, BGB, § 344 Rn 1, 10.

dem die Bedingungen auslösenden Verhalten entgegen verhält, die Lohnkosten für den Arbeitgeber unmittelbar steigen.

Normativ geltende Arbeitsbedingungen in einem Tarifvertrag unter der Bedingung an ein bestimmtes unternehmerisches Verhalten sind nach zutreffender Auffassung daher bereits aufgrund des damit final bezweckten Strafzwecks nach § 344 BGB (entsprechend) unwirksam. Entsprechende Vereinbarungen bieten insofern der Gewerkschaft keine Möglichkeit, die begrenzte Regelungsbefugnis als Tarifvertragspartei zu umgehen und Einfluss auf die unternehmerische Entscheidung zu nehmen.

II. Keine zusätzliche Mandatierung der Tarifvertragsparteien durch ihre Mitglieder jenseits der tarifvertraglichen Grenzen nach dem TVG

Wie sich gezeigt hat, ist die tarifvertragliche Regelungsbefugnis abschließend durch das TVG konkretisiert.[544] Dabei genügt die einfachgesetzliche Ausgestaltung den verfassungsrechtlichen Vorgaben der in Art. 9 Abs. 3 GG gewährleisteten Tarifautonomie.[545] Legitimatorische Grundlage der Tarifautonomie ist das den Gewerkschaften übertragene Mandat ihrer Mitglieder.[546] Hiervon ausgehend, stellt sich die Frage, ob Gewerkschaften durch ihre Mitglieder nicht auch ein im Vergleich zu den Grenzen des Tarifvertragsrechts nach dem TVG erweitertes oder zusätzliches Mandat übertragen werden kann.

Für eine solche zusätzliche Mandatierung der Gewerkschaft durch ihre Mitglieder könnte man zunächst etwa an eine Vollmacht im Sinne des § 167 BGB denken. Legitimatorische Grundlage wäre insofern ebenfalls der grundsätzlich in Art. 2 Abs. 1 GG gewährleistete privatautonome Willensentschluss des einzelnen Arbeitnehmers, sich im Rechtsverkehr vertreten zu lassen. Jedoch kann eine zusätzliche Legitimierung zur Vertretung des einzelnen Arbeitnehmers gegenüber dem Arbeitgeber im Speziellen für Gewerkschaften nicht in Betracht kommen. Auch hinsichtlich der Grenzen des an die Gewerkschaft übertragbaren Mandats sind die Vorgaben nach dem TVG als einfachgesetzliche Konkretisierung der Tarifautonomie abschließend.[547] Wie gezeigt, sind den Gewerkschaften

---

544 S. oben 1. Kapitel, F. I.

545 S. oben 1. Kapitel, F. I. 1.

546 S. oben 1. Kapitel, E. II. 3. a).

547 *Giesen* hingegen scheint eine solche zusätzliche Mandatierung wohl für möglich zu halten, vgl. hierzu die im Anschluss an seinen Vortrag geführte Diskussion auf dem 8. Ludwigsburger Rechtsgespräch im Jahr 2011, abgedruckt in: Rieble/Junker/Giesen (Hrsg.), Ausweitung der Tarifmacht, S. 75.

als besonderen Privatrechtssubjekten zum kollektiven Aushandeln der Arbeitsbedingungen im Tarifvertrags- und Arbeitskampfrecht zahlreiche Privilegien eingeräumt, welche sie von einfachen Privatrechtssubjekten unterscheiden. Ein „zusätzliches" privatrechtliches Mandat des einzelnen Arbeitnehmers an die Gewerkschaft würde bedeuten, dass sich der Arbeitnehmer die Privilegien der Gewerkschaft als Tarifvertragspartei bei seiner Vertretung gegenüber dem Arbeitgeber jenseits der tarifvertraglichen Grenzen zunutze macht. Diese Privilegien sind jedoch ausschließlich auf Grundlage der in Art. 9 Abs. 3 GG gewährleisteten Tarifautonomie als besonders geschützte, aber auch sachlich-gegenständlich begrenzte Form der kollektiv ausgeübten Privatautonomie gegenüber der Arbeitgeberseite gerechtfertigt. Eine „zusätzliche" Legitimation der Gewerkschaften jenseits der sachlichen Grenzen muss daher ausscheiden.

Im Ergebnis bildet das TVG als Ausgestaltung der Tarifautonomie nach Art. 9 Abs. 3 GG damit die äußere Grenze für die privatrechtliche Mandatierung der Gewerkschaft durch ihre Mitglieder. Eine beispielsweise in einer Gewerkschaftssatzung normierte Mandatierung der Gewerkschaft, die über die tariflich regelbaren Inhalte des TVG reicht, widerspricht den sachlichen Grenzen der Tarifautonomie nach Art. 9 Abs. 3 GG und kann nicht auf die allgemeine Handlungsfreiheit nach Art. 2 Abs. 1 GG gestützt werden. Keinesfalls liegt hierin eine Beschränkung privatautonomen Handelns des einzelnen Arbeitnehmers. Ein solcher Rückschluss würde verkennen, dass die in Art. 9 Abs. 3 GG gewährleistete Tarifautonomie die Privatautonomie des einzelnen Arbeitnehmers gerade durch eine zusätzliche Handlungsmöglichkeit erweitert. Die „privilegierte Vertretung" durch die Gewerkschaft beim Aushandeln der Arbeitsbedingungen ist bereits als solche ein „Mehr" zu einer Vertretung durch andere Privatrechtssubjekte. Dies ist auch dann der Fall, wenn die Vertretung sachlich-gegenständlich auf das synallagmatische Austauschverhältnis des Arbeitsvertrages begrenzt ist. Dass den Gewerkschaften darüber hinaus kein zusätzliches Mandat durch ihre Mitglieder nach Art. 2 Abs. 1 GG erteilt werden kann, schränkt die Privatautonomie nach Art. 2 Abs. 1 GG der einzelnen Arbeitnehmer insofern nicht ein, sondern legt lediglich die Grenzen der privilegierten kollektiv ausgeübten Privatautonomie nach Art. 9 Abs. 3 GG fest. Den einzelnen Arbeitnehmern steht es frei, auf Grundlage ihrer Privatautonomie nach Art. 2 Abs. 1 GG sich durch andere Rechtssubjekte als die Gewerkschaften auch gegenüber dem Arbeitgeber umfassend vertreten zu lassen.[548] Die Erteilung des sachlich-gegenständlich

548 Ob dies künftig zu einem Zwei-Verbände-Modell der Arbeitnehmervertretung führen wird, bleibt abzuwarten. Zu etwaigen Grenzen hinsichtlich einer Zusammenarbeit zwischen den beiden Verbänden s. unten 3. Kapitel, D. III.

begrenzten Mandats zum kollektiven Aushandeln der Arbeitsbedingungen an die Gewerkschaft ist lediglich eine „zusätzliche", durch die Tarifautonomie nach Art. 9 Abs. 3 GG verfassungsrechtlich geschützte, privilegierte Form der kollektiv ausgeübten Privatautonomie.

Eine Erweiterung der sachlich-gegenständlichen Vertretungsbefugnis der Gewerkschaft gegenüber dem Arbeitgeber im Vergleich zu den sachlich-gegenständlichen Grenzen des Tarifvertragsrechts durch ein zusätzliches Mandat ihrer Mitglieder ist damit nicht möglich.

III. Die zu empfehlende Einführung eines ausdrücklichen „Koppelungsverbots" de lege ferenda

1. „Gekoppelte" Vereinbarungen im Dreiecksverhältnis

Eine weitere mögliche Umgehung der auf Tarifverträge begrenzten Regelungsbefugnis zwischen Gewerkschaften im Sinne des § 2 Abs. 1 TVG und dem Arbeitgeber könnte möglicherweise dadurch drohen, dass jedenfalls formal auf Arbeitnehmerseite ein dritter Vertragspartner hinzugezogen wird, gegenüber dem sich die Arbeitgeberseite zu all den Verhaltensweisen schuldrechtlich verpflichtet, welche die Gewerkschaft als Tarifvertragspartei mit dem Arbeitgeber gerade nicht in einem Tarifvertrag vereinbaren kann.[549] Gegebenenfalls wäre dann konkret zu befürchten, dass Gewerkschaften durch die Gründung beispielsweise eines gewerkschaftsnahen Vereins als nicht tariffähigen Gewerkschaftsableger (OT-Gewerkschaft) und formal „separaten Rechtsträger", die auf Tarifverträge begrenzte Regelungsbefugnis durch „gekoppelte" Vereinbarungen im Dreiecksverhältnis zu umgehen versuchen.[550]

Freilich können entsprechende Umgehungsversuche der begrenzten tarifvertraglichen Regelungsbefugnis aufbauend auf der bisherigen Untersuchung nur unzulässig sein. Erster Ansatzpunkt hierfür ist die nicht nur formale, sondern materielle Betrachtung, ob es sich bei dem durch die Gewerkschaft gegründeten Ableger tatsächlich um einen eigenständigen Rechtsträger handelt. Dies ließe sich etwa für den Fall verneinen, dass die Mitgliedschaft in der Gewerkschaft zwingend die Mitgliedschaft in dem gewerkschaftsnahen Verein nach sich zieht. Bei materieller Betrachtung kann hier nicht die Rede von einem eigenständigen

549 So *Rieble* in der Diskussion im Anschluss an den Beitrag *Giesens* beim 8. Ludwigsburger Rechtsgespräch aus dem Jahr 2011, abgedruckt bei Rieble/Junker/Giesen (Hrsg.), Ausweitung der Tarifmacht, S. 83f; vgl. auch *Löwisch/Rieble*, TVG, § 1 Rn. 1116.

550 So prognostiziert von *Löwisch/Rieble*, TVG, § 1 Rn. 1116.

Rechtsträger sein, sodass auch für den nicht tariffähigen Gewerkschaftsableger die tarifvertraglichen Grenzen zu beachten wären.

Gleiches muss jedoch auch für den Fall gelten, dass es sich bei dem gewerkschaftsnahen Verein tatsächlich um einen eigenständigen Rechtsträger handelt. Denn auch entsprechend „gekoppelte" Vereinbarungen zwischen drei rechtlich zu trennenden Vertragspartnern erstrecken die tarifvertraglichen Privilegien auf Regelungsbereiche jenseits des TVG. So bleibt beispielsweise auch bei einer Standortgarantie gegenüber dem gewerkschaftsnahen Verein bei wirtschaftlicher Betrachtung das Entgegenkommen bei den tarifvertraglichen Arbeitsbedingungen aufgrund des Dreiecksverhältnisses die „Gegenleistung" für die Verpflichtung zum Standorterhalt. Ebenso sind Druckszenarien denkbar, in denen der Arbeitgeber sich lediglich deshalb in einer parallelen Vereinbarung gegenüber Dritten verpflichtet, weil aufgrund der „Koppelung" andernfalls ein Streik der Arbeitnehmer droht. Dass in solch einem Fall auch im „einfachen" Privatrechtsverhältnis zwischen Arbeitgeberseite und dem gewerkschaftsnahen Verein die schuldrechtliche Verpflichtung zum Standorterhalt unwirksam ist, ist deshalb gerechtfertigt, weil durch die unzulässige „Koppelung" an den parallel geschlossenen Tarifvertrag die Unwirksamkeit durch die Vertragsparteien selbst zu verantworten ist. Zur Klarstellung dieser unzulässigen Dreiecksvereinbarungen wäre dem Gesetzgeber eine ausdrückliche Normierung dieses „Koppelungsverbots" de lege ferenda zu empfehlen. Aufgrund der „gekoppelten" Vereinbarungen wäre die schuldrechtliche Verpflichtung des Arbeitgebers gegenüber dem Dritten bereits nach § 134 BGB nichtig.

Der praktisch sicherlich schwierigste Fall wäre der, dass es zu keiner ausdrücklich vereinbarten „Koppelung" tarifvertraglicher Arbeitsbedingungen an (parallel) geschlossene schuldrechtliche Vereinbarungen kommt, sondern informelle Absprachen zu solchen Parallelvereinbarungen zwischen dem Arbeitgeber und der Gewerkschaft sowie dem Arbeitgeber und dem gewerkschaftsnahen Verein führen. Zu denken wäre etwa daran, dass sich Arbeitgeber und Gewerkschaft in wirtschaftlich schwierigen Zeiten auf eine Absenkung des tarifvertraglichen Lohnniveaus verständigen und parallel hierzu der Arbeitgeber sich gegenüber dem gewerkschaftsnahen Verein zu einem Standorterhalt schuldrechtlich verpflichtet.[551] Solche Szenarien legen einen Vergleich zum (europäischen)

551 Eine ganz andere Frage, der in dieser Untersuchung nicht abschließend nachgegangen werden kann, ist, inwieweit die schuldrechtliche Verpflichtung gegenüber einem gewerkschaftsnahen Verein zu einem bestimmten unternehmerischen Verhalten als solche bereits nach dem geltenden Recht unwirksam ist. Insbesondere könnten entsprechende Verpflichtungen nach dem Gesellschaftsrecht unwirksam sein.

Kartellrecht nahe, wonach nicht nur ausdrückliche Vereinbarungen, sondern auch „aufeinander abgestimmte Verhaltensweisen" einer Kartellkontrolle unterliegen.[552] Nicht nur die ausdrückliche „Koppelung" tarifvertraglicher Arbeitsbedingungen und schuldrechtlicher Verpflichtungen gegenüber einem Dritten sind insofern von dem Verbot unzulässiger Dreiecksvereinbarungen erfasst, sondern auch die dahingehende informelle Absprache zwischen den Beteiligten. Wie im Kartellrecht[553] wäre sicherlich in der Praxis hierbei das Hauptproblem, die das Verbot auslösende Verständigungshandlung nachzuweisen. Eine gegebenenfalls einzurichtende Kontrollbehörde bzw. die Gerichte wären auch hier auf eine Gesamtbetrachtung des Einzelfalles angewiesen.[554] Gerade für den Fall, dass sich ein Arbeitgeber gegenüber einem gewerkschaftsnahen Verein vermeintlich ohne Gegenleistung zu einem bestimmten unternehmerischen Verhalten verpflichtet und im zeitlichen Zusammenhang beispielsweise die tarifvertraglichen Arbeitsbedingungen in einem Tarifvertrag mit der Gewerkschaft gesenkt werden, wäre die Indizienlage jedoch geradezu erdrückend. Das bloße Parallelverhalten ist als Indiz auch im Kartellrecht ausreichend, „wenn es sich nur durch eine Abstimmung einleuchtend erklären lässt".[555] Dies ist bei einer schuldrechtlichen Verpflichtung des Arbeitgebers gegenüber dem gewerkschaftsnahen Verein ohne eine ausdrückliche Gegenleistung der Fall.

Aufgrund der tarifrechtswidrigen Umgehung der begrenzten schuldrechtlichen Regelungsbefugnis sind auch „gekoppelte" Vereinbarungen in einem Dreiecksverhältnis unzulässig. Zur Klarstellung wäre eine ausdrückliche gesetzliche Normierung dieses „Koppelungsverbots" de lege ferenda zu empfehlen. Ein solches „Koppelungsverbot" muss auch informelle, aufeinander abgestimmte Verhaltensweisen erfassen.

Paradigmatisch sei hier insbesondere § 76 AktG genannt, wonach es dem Vorstand einer AG untersagt ist, durch eine Vorabbindung mit Dritten sich die eigene Unternehmensführung zu entziehen. Zu entsprechenden Überlegungen vgl. *Hartmann*, in: Rieble/Junker/Giesen (Hrsg.), Ausweitung der Tarifmacht, S. 15ff (27); *Löwisch/ Rieble*, TVG, § 1 Rn. 1208 jeweils mwN.

552 Vgl. hierzu nur etwa Rittner/Dreher/Kulka, Wettbewerbs- und Kartellrecht, Rn. 827ff.

553 So für das Kartellrecht Rittner/Dreher/Kulka, Wettbewerbs- und Kartellrecht, Rn. 829.

554 Für eine Gesamtbetrachtung der Indizien im Kartellrecht bereits EuGH (14.07.1972), Rs. C-48/69, Rn. 68.

555 EuGH (31.03.1993), Rs. C-89/85, Rn. 71.

2. *Genehmigungsvorbehalt für „Hilfsgeschäfte" zwischen den Tarifvertragsparteien de lege ferenda*

Wie aufgezeigt[556], besteht, wenn auch nur im Ausnahmefall, die Möglichkeit, dass Tarifvertragsparteien jenseits des Tarifvertrages „Hilfsgeschäfte" als einfache Marktteilnehmer schließen. Solche Vereinbarungen, wie beispielsweise die Anmietung von Büroräumen oder der Kauf von Produkten des Tarifpartners, können jedoch nur dann unter Rückgriff auf Art. 2 Abs. 1 GG wirksam sein, wenn auch hierbei entsprechende Vereinbarungen nicht an tarifvertragliche Arbeitsbedingungen „gekoppelt" sind. Unzulässig wäre etwa, wie bereits erwähnt, dass VW Dienstwagen an die IG-Metall deshalb besonders günstig verkauft, weil im Gegenzug ein Entgegenkommen bei tarifvertraglichen Arbeitsbedingungen zugesagt wird. Jedenfalls bei theoretischer Betrachtung sind entsprechende Vereinbarungspakete denkbar. Sollten sich solche unzulässigen „Koppelungen" in der Praxis bestätigen, könnte dem durch die Einführung eines Genehmigungsvorbehalts begegnet werden. Die Wirksamkeit „(fiskalischer) Hilfsgeschäfte" zwischen Tarifvertragsparteien wäre sodann unter den Vorbehalt einer behördlichen Genehmigung zu stellen. Die (gegebenenfalls einzurichtende) Behörde hätte, wiederum anhand einer Gesamtabwägung, zu entscheiden, ob eine unzulässige „Koppelung" zwischen „Hilfsgeschäft" und tarifvertraglichen Arbeitsbedingungen vorliegt oder nicht. Etwaige Indizien für eine unzulässige „Koppelung" wären der zeitliche Zusammenhang zum Abschluss eines Tarifvertrages und ein besonders günstiges Angebot deutlich unter Marktniveau.

Unabhängig davon, ob man in solch einem Genehmigungsvorbehalt für „Hilfsgeschäfte" zwischen zwei Tarifvertragsparteien einen Eingriff in die durch Art. 2 Abs. 1 GG gewährleistete Vertragsfreiheit sieht oder lediglich eine Ausgestaltung ihrer Grenzen, wäre auch ein Eingriff zum Schutz des durch die Tarifautonomie geschützten Tarifvertragsrechts und dessen Grenzen gerechtfertigt.

IV. Keine Erweiterung der tarifvertraglichen Regelungsbefugnis durch „dreigliedrige" Vereinbarungen unter Einbeziehung des Betriebsrats

Ebenfalls soll noch kurz darauf eingegangen werden, ob möglicherweise mit sogenannten dreigliedrigen[557] bzw. dreiseitigen[558] Standortvereinbarungen die Möglichkeit für die Gewerkschaft besteht, zusammen mit dem Betriebsrat

556 S. oben 2. Kapitel, C. IV.

557 So beispielsweise *Thüsing*, NZA 2008, 201.

558 So bereits im Titel *Ruch*, Dreiseitige Vereinbarungen.

auf unternehmerische Entscheidungen des Arbeitgebers verbindlich Einfluss zu nehmen. Wohl überwiegend werden entsprechende Vereinbarungen zwischen Gewerkschaften, dem Betriebsrat bzw. mehreren Betriebsräten und dem Arbeitgeber beispielsweise über den verpflichtenden Erhalt eines Standortes für möglich gehalten.[559] Lediglich ihre rechtliche Qualifizierung als Tarifvertrag, Betriebsvereinbarung oder sonstige Kollektivvereinbarung ist im Einzelfall umstritten.[560] Ganz entscheidend gilt es hierbei jedoch, zu sehen, dass entgegen der vorliegend vertretenen Auffassung verbreitet jedenfalls „freiwillige" schuldrechtliche Vereinbarungen über unternehmerische Entscheidungen bereits zwischen den Tarifvertragsparteien für möglich gehalten werden.[561] Die Beteiligung des Betriebsrates führt nach herrschender Auffassung daher nicht etwa zu einer Erweiterung der Regelungsbefugnis im Vergleich zu den ausschließlich zwischen Tarifvertragsparteien regelbaren Inhalten. Im Gegenteil wird allenfalls der umgekehrte Fall diskutiert, inwieweit die Regelungskompetenz des Betriebsrates in einer Betriebsvereinbarung, von den Vorgaben des in § 77 Abs. 3 S. 1 BetrVG normierten Tarifvorrangs und des Tarifvorbehalts nach § 87 Abs. 1 BetrVG abgesehen, ebenso weit reicht wie die Regelungskompetenz der Tarifvertragsparteien in einem Tarifvertrag.[562]

Auf Grundlage der vorliegenden Untersuchung würden schuldrechtliche Verpflichtungen zu einem unternehmerischen Verhalten unter Beteiligung des Betriebsrates im Ergebnis jedoch zu einer Erweiterung der auf tarifvertragliche Inhalte begrenzten Regelungsbefugnis der Tarifvertragsparteien in dreiseitigen Vereinbarungen führen. Dies erscheint in vielfacher Hinsicht nicht überzeugend.

Zunächst wäre eine Regelungsbefugnis um wirtschaftlich-unternehmerische Entscheidungen, wie etwa den Erhalt eines Standortes in dreiseitigen Vereinbarungen, wohl überhaupt nur dann naheliegend, wenn entsprechende Vereinbarungen zumindest in die Regelungskompetenz einer der beiden Kollektivorgane auf Arbeitnehmerseite fielen. Wie sich gezeigt hat, fallen entsprechende Vereinbarungen gerade nicht in die Regelungskompetenz der Tarifvertragsparteien. Inwieweit sich der einzelne Arbeitgeber gegenüber dem Betriebsrat zu einem

559 Ausführlich hierzu *Ruch*, Dreiseitige Vereinbarungen; vgl. auch *Thüsing*, NZA 2008, 201; Kempen/Zachert/*Zeibig/Zachert*, TVG, § 1 Rn. 975ff.

560 Vgl. in diesem Zusammenhang zur Anforderung der „Rechtsquellenklarheit" BAG (15.04.2008), BAGE 126, 251; kritisch hiergegen Kempen/Zachert/*Zeibig/Zachert*, TVG, § 1 Rn. 976; *Ruch*, Dreiseitige Vereinbarungen, insbesondere S. 140ff.

561 Sei es als Tarifvertrag, vgl. 1. Kapitel, B. II., III., oder jedenfalls als sonstige Koalitionsvereinbarung im Schutzbereich von Art. 9 Abs. 3 GG, vgl. 2. Kapitel, A.

562 Hierfür Fitting, BetrVG, § 77 Rn. 45f mwN; einschränkend hingegen Richardi/*ders.*, BetrVG, § 77 Rn. 67.

unternehmerischen Verhalten verpflichten kann, ist umstritten. Zur Mitbestimmung in wirtschaftlichen Angelegenheiten besteht nach den §§ 111ff BetrVG für den Fall einer Betriebsänderung die Möglichkeit eines Interessenausgleichs zwischen Betriebsrat und Arbeitgeber. Dieser ist im Gegensatz zu einem Sozialplan jedenfalls nicht erzwingbar.[563] Nach einer verbreiteten Auffassung entsteht dem Betriebsrat mit dem Interessenausgleich jedoch auch kein kollektivrechtlicher Erfüllungsanspruch, sodass die mit dem Interessenausgleich erzielte Einigung bei Zuwiderhandlung des Arbeitgebers nicht durch den Betriebsrat gerichtlich durchsetzbar ist.[564] Folgt man dieser Auffassung, fehlt nicht nur der Gewerkschaft, sondern auch dem Betriebsrat die Regelungsbefugnis, um den Arbeitgeber zu einem bestimmten unternehmerischen Verhalten zu verpflichten. Nicht zu erklären ist daher, warum durch dreiseitige Vereinbarungen eine Einflussnahme auf das unternehmerische Verhalten des Arbeitgebers möglich sein soll. Dass Gewerkschaften und Betriebsräten gemeinsam eine erweiterte Regelungsmöglichkeit zukommen soll, die sich nicht nur aus den einzelnen Regelungskompetenzen der beiden Kollektivorgane zusammensetzt, sondern über diese hinausgeht, wird soweit ersichtlich auch nicht vertreten.

Doch auch dann, wenn man der Gegenauffassung folgt und davon ausgeht, dass sich der Arbeitgeber gegenüber dem Betriebsrat zu einem bestimmten unternehmerischen Verhalten rechtlich durchsetzbar verpflichten kann, lässt sich hieraus keine Befugnis zum Abschluss dreiseitiger Vereinbarungen unter Einbeziehung der Gewerkschaft ableiten. So bestehen die dargestellten Bedenken gegen eine „Koppelung" tarifvertraglicher Arbeitsbedingungen an die Verpflichtung zu einem unternehmerischen Verhalten gleichfalls für Vereinbarungen mit Beteiligung des Betriebsrates. Auch bei „gekoppelten" Vereinbarungen zwischen Betriebsrat, Gewerkschaft und Arbeitgeber droht eine Auswirkung der tarifvertraglichen Privilegien, allen voran der Arbeitskampfbefugnis, außerhalb des Rechtsverhältnisses der Tarifvertragsparteien.[565]

---

563 Statt vieler Fitting, BetrVG, § 112, 112a Rn. 3; Richardi/*Annuß*, BetrVG, § 112 Rn. 2ff.

564 BAG (28.08.1991), BAGE 68, 232; Richardi/*Annuß*, BetrVG, § 112 Rn. 41ff (insbes. 46f); *Willelmsen/Hohenstatt*, NZA 1997, 345 (348ff); *Löwisch/Kaiser*, BetrVG, § 112 Rn. 9; *Löwisch*, RdA 1989, 216 (217); *Ehmann*, FS Kissel, 175 (177ff); GK-BetrVG/*Fabricius*, 6. Aufl., § 112, 112a Rn. 23; a.A. LAG München (30.07.1997), 9 TaBV 54/97, LAGE § 112 BetrVG 1972 Interessenausgleich Nr. 1, S. 3f; DKKB/*Däubler*, BetrVG, § 112, 112a Rn. 23ff; Fitting, BetrVG, § 112, 112a Rn. 45; im Grundsatz zustimmend GK-BetrVG/*Oetker*, § 112, 112a Rn. 89, einschränkend jedoch Rn. 90.

565 Hingewiesen sei an dieser Stelle auf das ausdrückliche Arbeitskampfverbot zwischen Betriebsrat und Arbeitgeber nach § 74 Abs. 2 S. 1 BetrVG.

Im Ergebnis lässt sich damit festhalten, dass selbst dann, wenn man dem Betriebsrat eine entsprechende Regelungsbefugnis hinsichtlich wirtschaftlich-unternehmerischer Entscheidungen mit dem Arbeitgeber einräumt, eine „Koppelung" mit tariflichen Regelungen in sogenannten dreiseitigen (Standort-) Vereinbarungen ausscheiden muss. Aus Perspektive der Tarifvertragsparteien droht andernfalls, nicht anders als bei sonstigen dreiseitigen Vereinbarungen,[566] eine Umgehung der begrenzten (schuldrechtlichen) Regelungsbefugnis der Tarifvertragsparteien. Aufgrund der begrenzten Regelungsbefugnis der Tarifvertragsparteien gewinnt die aufgezeigte Frage an zusätzlicher Relevanz, inwieweit, wenn auch nicht gemeinsam mit der Gewerkschaft, jedenfalls dem Betriebsrat eine Einflussnahme auf unternehmerische Entscheidungen durch schuldrechtliche Vereinbarungen mit dem Arbeitgeber möglich ist. Lehnt man mit guten Gründen die rechtliche Durchsetzbarkeit unternehmerischer Vereinbarungen zwischen Betriebsrat und Arbeitgeber auf Grundlage des bisherigen Betriebsverfassungsrechts ab,[567] stellt sich die rechtspolitische Frage, ob bzw. inwieweit die unternehmerische Mitbestimmung der Arbeitnehmer in wirtschaftlich-unternehmerischen Angelegenheiten jenseits der bisherigen Unternehmensmitbestimmung im engeren Sinne gestärkt werden sollte. Die vorliegende Untersuchung gibt hierbei für eine etwaige Entwicklung de lege ferenda insoweit eine Richtung vor, als bereits aufgrund ihrer begrenzten mandatarischen Legitimation Gewerkschaften nach geltendem Recht für eine solche Mitbestimmung ungeeignet sind. Jedenfalls unter Beibehaltung der bisherigen Privilegien scheint auch eine Einbeziehung der Tarifvertragsparteien in dreiseitige Vereinbarungen aufgrund der damit drohenden „Koppelungsgeschäfte" nicht möglich. Inwieweit, wenn auch wohl nur mit wesentlichen Anpassungen des geltenden Betriebsverfassungsrechts verbunden,[568] eine unternehmerische Mitbestimmung des Betriebsrats durch auch rechtlich durchsetzbare Verpflichtungen gestärkt werden sollte, ist vom vorliegenden Untersuchungsgegenstand nicht mehr erfasst. Im Vergleich mit der Gewerkschaft spricht zumindest die umfassende personelle Legitimation des Betriebsrats für eine Erweiterung der betriebsverfassungsrechtlichen Befugnisse.[569]

---

566 S. oben 3. Kapitel, D. III. 1.

567 Vgl. Fn. 564.

568 *Hartmann*, in: Rieble/Junker/Giesen (Hrsg.), Ausweitung der Tarifmacht, S. 15ff (45f).

569 Vgl. *Hartmann*, in: Rieble/Junker/Giesen (Hrsg.), Ausweitung der Tarifmacht, S. 15ff (46), ohne dass dieser sich ausdrücklich für eine solche Erweiterung der Befugnisse des Betriebsrats bei der Unternehmensführung ausspricht.

Ergebnis

Zum Abschluss der vorliegenden Untersuchung kann festgehalten werden, dass die grundlegende Frage nach der schuldrechtlichen Regelungsbefugnis der Tarifvertragsparteien bisher zu Unrecht nur in seltenen Ausnahmefällen als solche aufgeworfen und kritisch hinterfragt wird.[570] Auch die in der Praxis aufgekommenen Anwendungsfälle schuldrechtlicher Vereinbarungen zwischen Gewerkschaften und Arbeitgebern über ein bestimmtes unternehmerisches Verhalten haben bis heute nicht dazu geführt, die wissenschaftliche Diskussion entscheidend auf die dahinter stehende Grundlagenfrage nach der schuldrechtlichen Regelungsbefugnis der Tarifvertragsparteien als solche zu lenken. So werden schuldrechtliche Verpflichtungen des Arbeitgebers gegenüber der Gewerkschaft noch immer primär und zumeist ausschließlich im Zusammenhang mit der Frage nach der Durchsetzung entsprechender Forderungen der Gewerkschaft mit dem Mittel des Arbeitskampfes problematisiert.[571] Demgegenüber hat die vorliegende Untersuchung ergeben, dass eine solche (rein) arbeitskampfrechtliche Betrachtung deshalb deutlich zu spät ansetzt, weil es den Tarifvertragsparteien bereits an einer schuldrechtlichen Regelungsbefugnis fehlt, entsprechende Verpflichtungen zu vereinbaren. Die Frage einer möglichen Durchsetzung schuldrechtlicher Verpflichtungen in einem Arbeitskampf ist nach Ablehnung einer dahingehenden Regelungsbefugnis bereits obsolet.

I.

1. Charakteristisch für das deutsche Tarifvertragsrecht ist die Möglichkeit, Tarifnormen vereinbaren zu können, welche nach §§ 3 Abs. 1, 4 Abs. 1 S. 1 TVG unmittelbar und zwingend im Arbeitsverhältnis der organisierten Mitglieder gelten. Nach überwiegender Auffassung ergeben sich die sachlichen Grenzen der in Tarifnormen regelbaren Inhalte aus der einfachgesetzlichen Ausgestaltung, insbesondere dem Sachkatalog nach § 1 Abs. 1 S. 1 Hs. 2 TVG (Abschluss, Inhalt und Beendigung von Arbeitsverhältnissen sowie betriebliche und betriebsverfassungsrechtliche Fragen). Wie zu Beginn des *ersten Kapitels* dargestellt, besteht hingegen bezüglich der schuldrechtlichen

570 Als Ausnahme hierzu ist jedoch nochmals ausdrücklich *Giesen* zu nennen, vgl. *ders.*, in: Rieble/Junker/Giesen (Hrsg.), Ausweitung der Tarifmacht, S. 57ff.

571 S. oben 1. Kapitel, B. III., mit Nachweisen zu den einzelnen Auffassungen.

Regelungsbefugnis in einem Tarifvertrag ein breites Meinungsspektrum.[572] Auch wenn der sogenannte „schuldrechtliche Teil" des Tarifvertrages mit dem Begriffspaar der „Rechte und Pflichten" in § 1 Abs. 1 S. 1 Hs. 1. TVG seine einfachgesetzliche Erwähnung findet, wird unterschiedlich beurteilt, ob die sachlich-gegenständlichen Grenzen schuldrechtlicher Vereinbarungen in einem Tarifvertrag der einfachgesetzlichen Ausgestaltung des Tarifvertragsrechts zu entnehmen sind. Nach verbreiteter Auffassung im Schrifttum sowie der Rechtsprechung ist dies nicht der Fall.[573] Die Grenzen schuldrechtlicher Verpflichtungen in einem Tarifvertrag seien unter Rückgriff auf Art. 9 Abs. 3 GG und das Begriffspaar der „Arbeits- und Wirtschaftsbedingungen" zu bestimmen. Eine nähere Analyse des aufgezeigten Meinungsspektrums hat ergeben, dass die Frage der schuldrechtlichen Regelungsbefugnis in einem Tarifvertrag im Ergebnis überlagert wird durch das jeweils zu Grunde gelegte Verständnis der Tarifautonomie nach Art. 9 Abs. 3 GG.[574] Zur Bestimmung der schuldrechtlichen Regelungsinhalte in einem Tarifvertrag war es daher erforderlich, die sachlich-gegenständliche und personelle Reichweite der Tarifautonomie nach Art. 9 Abs. 3 GG zu definieren.

2. Trotz des verbreiteten einheitlichen Ansatzes, durch Abwägung antagonistischer Verfassungspositionen (mit dem Ziel der praktischen Konkordanz) die sachlich-gegenständliche wie personelle Reichweite der mit Art. 9 Abs. 3 GG gewährleisteten Tarifautonomie näher zu bestimmen, weichen die einzelnen Auffassungen erheblich voneinander ab. Das breite Meinungsspektrum zur schuldrechtlichen Regelungsbefugnis in einem Tarifvertrag liegt im Ergebnis daher bereits in den divergierenden Auffassungen zur Reichweite der verfassungsrechtlich gewährleisteten Tarifautonomie begründet. Eine kritische Auseinandersetzung mit der Abwägungsmethodik zur Bestimmung der Tarifautonomie hat gezeigt, dass bereits der methodische Ansatz zur Eingrenzung der Reichweite der Tarifautonomie ungeeignet und deshalb abzulehnen ist.[575]

   Auf Grundlage der vorliegend verfolgten funktionsorientierten und am Schutzzweck ausgerichteten Bestimmung erweist sich die Tarifautonomie als individualschützende Grundrechtsposition. Mit der in Art. 9 Abs. 3 GG gewährleisteten Tarifautonomie wird die „kollektiv ausgeübte

572 S. oben 1. Kapitel, B.

573 S. oben 1. Kapitel, B. II., III.

574 S. oben 1. Kapitel, D.

575 S. oben 1. Kapitel, E. I.

Privatautonomie" verfassungsrechtlich geschützt.[576] Legitimatorische Grundlage der Tarifautonomie und des Tarifvertrages ist hierbei das privatrechtliche Mandat der Mitglieder.[577] Sachlich-gegenständlich erstreckt sich diese verfassungsrechtliche Schutzposition auf das *synallagmatische Austauschverhältnis* der durch den Tarifvertrag erfassten Einzelarbeitsverhältnisse.[578]

3. Auf Grundlage dieser verfassungsrechtlichen Schutzposition zeigt sich, dass schuldrechtliche Vereinbarungen nach dem geltenden Tarifvertragsrecht keine Erweiterung tarifvertraglicher Regelungsinhalte im Vergleich zu den nach § 1 Abs. 1 S. 1 Hs. 2 TVG geregelten Tarifnormen ermöglichen.[579] Die Reichweite schuldrechtlicher Vereinbarungen ergibt sich, wie auch für Tarifnormen, abschließend aus der einfachgesetzlichen Ausgestaltung durch das TVG. Das Begriffspaar der „Rechte und Pflichten" nach § 1 Abs. 1 S. 1 Hs. 1 TVG stellt hierbei eine funktional auf „tarifnormdienende" Vereinbarungen begrenzte Generalklausel schuldrechtlicher Verpflichtungen in einem Tarifvertrag dar. In einem Tarifvertrag können demnach nur solche schuldrechtlichen Verpflichtungen eingegangen werden, die im Ergebnis der Entstehung oder der Durchsetzung tarifvertraglicher Normen „dienen". Charakteristisch hierfür sind die sogenannte Friedens- und die Durchführungspflicht. Demgegenüber können insbesondere schuldrechtliche Verpflichtungen über ein konkretes unternehmerisches Verhalten, wie beispielsweise den Erhalt oder die Investition in einen Standort, nicht in einem Tarifvertrag vereinbart werden.
   Eine Neuüberprüfung „tarifnormersetzender" schuldrechtlicher Vereinbarungen in einem Tarifvertrag hat gezeigt, dass diese rein schuldrechtlichen Verpflichtungen zwischen den Tarifvertragsparteien, trotz bestehender Möglichkeit einer normativen Ausgestaltung, im Ergebnis ebenfalls abzulehnen sind.[580] Die Tarifvertragsparteien sind abschließend darauf zu verweisen, nach § 1 Abs. 1 S. 1 Hs. 2 TVG Rechtsnormen mit unmittelbarer und zwingender Wirkung im erfassten Einzelarbeitsverhältnis zu vereinbaren, um den Inhalt, den Abschluss und die Beendigung von Arbeitsverhältnissen sowie betriebliche und betriebsverfassungsrechtliche Fragen zu gestalten.

576 S. oben 1. Kapitel, E. II.
577 S. oben 1. Kapitel, E. II. 3.
578 S. oben 1. Kapitel, E. III.
579 S. oben 1. Kapitel, F. I.
580 S. oben 1. Kapitel, F. II.

II.

Wie im *zweiten Kapitel* aufgezeigt, besteht nach herrschender Meinung ein bisher kaum bestrittener „Dualismus" aus tariflichen und außertariflichen Vereinbarungen zwischen den Tarifvertragsparteien. Hiernach sollen Gewerkschaft und Arbeitgeberseite nicht nur in einem Tarifvertrag, sondern auch in sogenannten außertariflichen Vereinbarungen gegenseitige Verpflichtungen vereinbaren können. Je nach Regelungsinhalt sei Rechtsgrundlage dieser außertariflichen Verpflichtungen Art. 9 Abs. 3 GG oder Art. 2 Abs. 1 GG. Im Ergebnis komme so den Tarifvertragsparteien jedenfalls außerhalb der besonderen Vertragsform des Tarifvertrages eine umfassende Regelungsbefugnis zum Abschluss gegenseitiger Verpflichtungen zu.

1. Eine solche außertarifliche Regelungsbefugnis jenseits des Tarifvertrages ist jedoch abzulehnen. So können Gewerkschaften und die Arbeitgeberseite in ihrer Funktion als Tarifvertragsparteien ausschließlich Tarifverträge innerhalb der einfachgesetzlichen Vorgaben nach dem TVG schließen. Die Koalitionsfreiheit nach Art. 9 Abs. 3 GG gewährleistet kein weiteres koalitionsautonomes Einigungsmodell neben der Tarifautonomie. Hierbei ist bereits die in aller Regel zu Grunde liegende Lehre von Art. 9 Abs. 3 GG als „Doppelgrundrecht" abzulehnen.[581] Auch ein systematischer Vergleich mit der allgemeinen Vereinigungsfreiheit nach Art. 9 Abs. 1 GG spricht gegen einen gesonderten Schutz schuldrechtlicher Vereinbarungen durch die Koalitionsfreiheit.[582] Zweckgerichtete Betätigungsmittel im Außenverhältnis sind nach Art. 9 Abs. 1 GG ebenfalls nicht geschützt. Insbesondere sind es jedoch strukturelle Bedenken, allen voran die begrenzte privatrechtliche Legitimation, die, wie auch im Rahmen der Tarifautonomie, gegen einen erweiterten Schutz schuldrechtlicher Vereinbarungen nach Art. 9 Abs. 3 GG sprechen.[583] Nicht zuletzt geht der vielfach herangezogene Hinweis auf die Rechtsprechung des BVerfG zur Begründung eines durch Art. 9 Abs. 3 GG gewährleisteten weiteren koalitionsautonomen Einigungsmodells neben der Tarifautonomie fehl.[584] Im Gegenteil muss gerade vor dem Hintergrund der Rechtsprechung des BVerfG die Vereinbarkeit durch Art. 9 Abs. 3 GG geschützter außertariflicher Vereinbarungen mit dem geltenden Tarifvertragsrecht als Ausgestaltung der Tarifautonomie bezweifelt werden.

---

581 S. oben 2. Kapitel, B. I.

582 S. oben 2. Kapitel, B. II.

583 S. oben 2. Kapitel, B. III., V.

584 S. oben 2. Kapitel, B. IV.

2. Ebenso wenig können Gewerkschaft und Arbeitgeber(verband) auf eine umfassende Vertragsfreiheit als „einfache“ Privatrechtssubjekte nach Art. 2 Abs. 1 GG zurückgreifen, um schuldrechtliche Vereinbarungen jenseits des Tarifvertrages zu vereinbaren. Als besonderen Privatrechtssubjekten des Tarifvertragsrechts ist ihnen kein Rückgriff auf die allgemeine Handlungsfreiheit nach Art. 2 Abs. 1 GG möglich. Die im Rahmen des Tarif- und Arbeitskampfrechts den Tarifvertragsparteien eingeräumten Privilegien sind mit einer umfassenden Vertragsfreiheit als „einfache“ Privatrechtssubjekte unvereinbar.[585] Es ist davon auszugehen, dass sich die den Tarifvertragsparteien gerade in ihrer Funktion als Tarifvertragsparteien eingeräumten Privilegien regelmäßig auf die Verhandlungssituation zwischen Gewerkschaft und Arbeitgeberseite auswirken. Allem voran sind Druckszenarien denkbar, in denen die Arbeitnehmerseite ihre im Rahmen der Tarifautonomie zuerkannte Arbeitskampfbefugnis ausnutzen kann, um durch einen so erzeugten Verhandlungsdruck auch außertarifliche Forderungen gegenüber der Arbeitgeberseite durchzusetzen. Eine „eigene“ Privatautonomie kommt den Tarifvertragsparteien neben der durch die Tarifautonomie gewährleisteten „kollektiv ausgeübten Privatautonomie“ für ihre Mitglieder beim Abschluss gegenseitiger Verpflichtungen grundsätzlich nicht zu.[586] Als besondere Privatrechtssubjekte des kollektiven Arbeitsrechts sind Gewerkschaft und Arbeitgeberseite damit nicht nur bei der Regelung von Tarifnormen, sondern auch bei der Begründung gegenseitiger Verpflichtungen an das bestehende Tarifvertragsrecht als Ausgestaltung der Tarifautonomie und die dabei bestehenden Grenzen gebunden. Insofern besteht ein exklusiver Vorrang des Tarifvertrags. Nur im seltenen Ausnahmefall, vergleichbar mit den „(fiskalischen) Hilfsgeschäften“ des Staates, kann auch ein Vertragsschluss zwischen Gewerkschaft und Arbeitgeber unter Rückgriff auf eine grundsätzlich umfassende Vertragsfreiheit auf Grundlage von Art. 2 Abs. 1 GG erfolgen.[587] So ist es beispielsweise möglich, dass eine Gewerkschaft Produkte des Tarifpartners am Markt erwirbt, um überhaupt als Tarifvertragspartei handeln zu können. In diesen Fällen, wie etwa dem Einkauf von Bürobedarf, agieren Tarifvertragsparteien, nicht anders als andere Privatrechtssubjekte, als juristische Personen im Wirtschaftsverkehr und gerade nicht in ihrer Funktion als besondere Privatrechtssubjekte des Tarifvertragsrechts.

585 S. oben 2. Kapitel, C. II.
586 S. oben 2. Kapitel, C. III.
587 S. oben 2. Kapitel, C. IV.

III.

Die sich aus der auf Tarifverträge begrenzten schuldrechtlichen Regelungsbefugnis der Tarifvertragsparteien ergebenden (praktischen) Konsequenzen wurden im *dritten Kapitel* aufgezeigt.

1. Aufgrund der fehlenden Regelungsbefugnis zum Abschluss schuldrechtlicher Verpflichtungen jenseits der aufgezeigten Grenzen des Tarifvertragsrechts sind darüber hinausgehende Vereinbarungen zwischen Gewerkschaft und Arbeitgeberseite unwirksam.[588] Dies gilt allem voran für unternehmerische Entscheidungen, wie etwa die Zusage der Arbeitgeberseite einen Standort zu erhalten oder Investitionen in einen Standort vorzunehmen. Die bisher insbesondere in der chemischen Industrie gelebte Praxis rechtlich unverbindlicher gemeinsamer Stellungnahmen zwischen Gewerkschaft und Arbeitgeber(verband) bleibt hiervon unberührt.[589]
2. Mögliche Umgehungsversuche der Tarifvertragsparteien mit dem Ziel, ihre begrenzte (schuldrechtliche) Regelungsbefugnis im Rahmen des Tarifvertragsrechts zu erweitern, sind unwirksam und gegebenenfalls durch den Gesetzgeber einzudämmen. Die Bedingung tarifvertraglicher Arbeitsbedingungen, beispielsweise an ein bestimmtes unternehmerisches Verhalten, ist nicht möglich.[590] Den Tarifvertragsparteien als besonderen Privatrechtssubjekten des Tarifvertragsrechts kann auch durch ihre Mitglieder kein zusätzliches Mandat eingeräumt werden, um ihre begrenzte schuldrechtliche Regelungsbefugnis zu erweitern.[591] Sollte sich in der Praxis abzeichnen, dass eine Umgehung der begrenzten tarifvertraglichen Regelungsbefugnis durch „gekoppelte" Vereinbarungen unter Hinzuziehung eines dritten Vertragspartners versucht wird, wäre zu empfehlen, die Unwirksamkeit solcher dreiseitigen Vereinbarungen de lege ferenda durch die Einführung eines ausdrücklichen „Koppelungsverbotes" klarzustellen.[592] Eine Erweiterung tarifvertraglicher Regelungsinhalte ist auch nicht gemeinsam mit dem Betriebsrat in sogenannten dreigliedrigen Standortvereinbarungen möglich.[593]

---

588 S. oben 3. Kapitel, A.
589 S. oben 3. Kapitel, C.
590 S. oben 3. Kapitel, D. I.
591 S. oben 3. Kapitel, D. II.
592 S. oben 3. Kapitel, D. III. 1.
593 S. oben 3. Kapitel, D. IV.

Sollte sich das theoretische Missbrauchspotential im Zusammenhang mit wirtschaftlichen „Hilfsgeschäften“ zwischen zwei Tarifvertragsparteien wider Erwarten praktisch bestätigen, bietet es sich an, einen Genehmigungsvorbehalt für einfache „Hilfsgeschäfte“ zwischen Gewerkschaft und Arbeitgeber(verband) einzuführen.[594]

594 S. oben 3. Kapitel, D. III. 2.

Schriften zum Arbeitsrecht und Wirtschaftsrecht

Herausgegeben von Abbo Junker

Band 1 Christoph-N. Lerche: Der Europäische Betriebsrat und der deutsche Wirtschaftsausschuß. Eine vergleichende Analyse der betrieblichen Mitwirkung der Arbeitnehmer vor dem Hintergrund der Globalisierung der Märkte. 1997.

Band 2 Christian Walter Mecke: Zur rechtlichen Verbindlichkeit kollektiver Vereinbarungen in England. 1997.

Band 3 Katja Francke: Die betriebliche Mitwirkung der Arbeitnehmer in Belgien. Unter Berücksichtigung vergleichender Aspekte zum deutschen Betriebsverfassungsrecht. 1997.

Band 4 Christian Schulze: Die Zulässigkeit einstweiliger Verfügungen gegen Betriebsänderungen. 1998.

Band 5 Stefan Miersch: Die Rechtsfolgen mitbestimmungswidriger Maßnahmen für das Arbeitsverhältnis. Eine zivilrechtsdogmatische Untersuchung. 1998.

Band 6 Heike Wegner: Internationaler Verbraucherschutz beim Abschluß von Timesharingverträgen: § 8 Teilzeitwohnrechtegesetz. 1998.

Band 7 Julia Wichmann: Dienstleistungsfreiheit und grenzüberschreitende Entsendung von Arbeitnehmern. 1998.

Band 8 Johann-Volker Peter: Société par actions simplifiée (S.A.S.). Die Vereinfachte Aktiengesellschaft in Frankreich, eine Rechtsform für die Kooperation von Unternehmen. 1999.

Band 9 Sylvia Schnelle: Der Europäische Betriebsrat in Spanien. Zugleich eine Einführung in das spanische Recht der Arbeitnehmervertretung. 1999.

Band 10 Viktoria Bornhagen: Die Zumutbarkeit als Rechtsgedanke im Arbeitsrecht. 1999.

Band 11 Thorsten Schacht: Der Übereilungsschutz beim arbeitsrechtlichen Aufhebungsvertrag. Arbeitnehmerschutz bereits de lege lata? 2000.

Band 12 Marcus Hellmann: Immobilienkauf nach spanischem Recht. 1999.

Band 12 Marcus Hellmann: Immobilienkauf nach spanischem Recht. 1999.

Band 13 Nicolaus Johannes Ehinger: Die juristischen Personen des öffentlichen Rechts als herrschende Unternehmen. 2000.

Band 14 Alexander Lentz: Das kollektive Arbeitsrecht der Republik Südafrika. Eine Untersuchung mit Bezügen zum deutschen Recht. 2000.

Band 15 Michaela Brunssen: Der Arbeitgeberverbandswechsel. Tarifrechtliche und arbeitskampfrechtliche Konsequenzen. 2000.

Band 16 Morten Petersenn: Das Recht des Grundstückskaufs in Südafrika. 2000.

Band 17 Stefan Krüger: Die umwandlungsrechtliche Haftungsregelung bei der Betriebsaufspaltung und ihre Analogiefähigkeit. 2001.

Band 18 Jürgen Kitzinger: Der GmbH-Geschäftsführer zwischen Arbeits- und Gesellschaftsrecht. Im Blickpunkt: Zuständigkeit der Arbeitsgerichte. 2001.

Band 19 Anja Ruge: Die Lohnersatzansprüche ehemaliger Zwangsarbeiter gegen deutsche Industrieunternehmen. 2001.

Band 20 Michael Knoll: Die Sozialauswahl im Arbeitsrecht. 2001.

Band 21 Britta Albrecht: Mediation im Arbeitsrecht. Individualarbeitsrecht und Betriebsverfassungsrecht. 2001.

Band 22 Annusch Barten: Das System der Arbeitnehmervertretung in Frankreich. 2001.

Band 23 Diane Westera: Der Wiedereinstellungsanspruch nach wirksamer Kündigung. 2001.

Band 24 Kristin Doerlich: Die Tariffähigkeit der Gewerkschaft. Eine Analyse der Mächtigkeitsrechtsprechung des Bundesarbeitsgerichts im Lichte neuerer Erfahrungen. 2002.

Band 25 Tina Witten: Vertragsgestaltung und Gesetzesbindung im Recht der Zeitarbeit. 2002.

Band 26 Martin Hellfeier: Die Leistungszeit im Arbeitsverhältnis. Eine Untersuchung zum Fixschuldcharakter der Arbeitspflicht und zu den Folgen ihrer Nichterfüllung. 2003.

Band 27 Almut Maulshagen: Betriebliche Arbeitskampfregelungen. 2003.

Band 28 Maren Band: Tarifkonkurrenz, Tarifpluralität und der Grundsatz der Tarifeinheit. 2003.

Band 29 Manuela Schulz: Der Bereitschaftsdienst in öffentlich-rechtlich organisierten Krankenhäusern. Eine rechtliche Bewertung. 2003.

Band 30 Felix Benedikt: Die Kürzung von Tariflöhnen zur Sanierung. Eine verfassungskonforme Auslegung des § 3 III TVG entsprechend § 626 BGB. 2003.

Band 31 Tim Kaden: Individuelle Bündnisse für Arbeit und Günstigkeitsprinzip. 2003.

Band 32 Simone Kreiling: Die Erstreckung betrieblicher und betriebsverfassungsrechtlicher Tarifnormen auf Außenseiter. 2004.

Band 33 Carsten Beck: Betriebliche Mitbestimmung und Kündigungsschutz. Die Funktionen betrieblicher Mitbestimmung im und deren Einfluß auf den Kündigungsschutz nach dem KSchG. 2004.

Band 34 Jost Eder: Die Regelungsabrede als Alternative zur Betriebsvereinbarung bei der Gestaltung materieller Arbeitsbedingungen. 2004.

Band 35 Christian Pfab: Wirkungsweise und Reichweite tarifvertraglicher Öffnungsklauseln. 2004.

Band 36 Julia Amlang: Die unternehmerische Entscheidungsfreiheit bei „betriebsbedingten Kündigungen" im europäischen Rechtsvergleich. Kündigung aus wirtschaftlichen Gründen in Deutschland, Frankreich, Spanien, Großbritannien und Schweden. 2005.

Band 37 Alida Milthaler: Das Fragerecht des Arbeitgebers nach den Vorstrafen des Bewerbers. 2006.

Band 38 Doreen Peter: Nebentätigkeiten von Arbeitnehmern. Interessenkollisionen von Arbeitgebern und Arbeitnehmern. 2006.

Band 39 Julia V. C. Bartlog: Das Verhältnis von Gesetz und Tarifvertrag. 2006.

Band 40 Michael Fuhlrott: Der geschädigte Arbeitnehmer. Zur Verfassungsmäßigkeit des Ausschlusses von Schmerzensgeld in der Unfallversicherung sowie zur Herleitung der Haftung bei Eigenschäden im Hinblick auf das Verschuldensprinzip. 2006.

Band 41 Femke Reinecke: Leistungsbestimmung des Arbeitnehmers. 2006.

Band 42 Maria M. Bausback: Der Bestandsschutz des Arbeitsverhältnisses auf europäischer und internationaler Ebene. Entwicklungen vom Mittelalter bis zur Gegenwart. Teil 1 / Teil 2. 2007.

Band 43 Jens Günther: AGB-Kontrolle von Arbeitsverträgen. Analyse der deutschen Rechtslage nach der Schuldrechtsreform und vergleichende Betrachtung des österreichischen Kon-trollsystems. 2007.

Band 44 Claudiana Triskatis: Ethikrichtlinien im Arbeitsrecht. 2008.

Band 45 Annette Bruder: Die Weitergabe von Insiderinformationen durch Arbeitnehmervertreter. 2008.

Band 46 Ute Dietrich: Nichtraucherschutz am Arbeitsplatz. 2008.

Band 47 Markus Ebert: Übertragung und Zuordnung von Versorgungsverpflichtungen gegenüber Arbeitnehmern im Rahmen einer umwandlungsrechtlichen Spaltung. 2008.

Band 48 Susanne Schneider: Broad-based Black Economic Empowerment in der Republik Südafrika. 2008.

Band 49 Mandy Reichel: Die Einbeziehung des Außenseiter-Arbeitgebers in den Verbandsarbeitskampf. 2008.

Band 50 Abbo Junker (Hrsg.): Betriebsübergang in Europa. Symposion aus Anlass des 10-jährigen Bestehens der Schriften zum Arbeitsrecht und Wirtschaftsrecht am 10.10.2008 in München. 2009.

Band 51 Till Bender: Vorschläge zur Neuordnung des Sonderkündigungsschutzes nach MuSchG und SGB IX. 2009.

Band 52 Manuela Rauch: Die geschlechtsbezogene Diskriminierung am Arbeitsplatz nach kalifornischem Recht. 2009.

Band 53 Tina Luise Allenberg: Das französische règlement intérieur d'entreprise. Die Arbeitsordnung im französischen Arbeitsrecht. 2009.

Band 54 Bernd Haas: Anwaltliches Mandatsverhältnis zum Betriebsrat. 2009.

Band 55 Martin Fröhlich: Die erweiterte Weisungsbefugnis des Arbeitgebers im spanischen Recht. 2009.

Band 56 Stefanie Lorenzen: Inhaltskontrolle beim Betriebsübergang. Die Anpassung tariflicher Arbeitnehmerpflichten nach Privatisierungen. 2009.

Band 57 Oliver E. Aldea: Das französische Kündigungsrecht im Spannungsfeld von Abfindungen und Bestandsschutz. 2010.

Band 58 Wolfgang Stock: Die Einsetzung einer Transfergesellschaft. Unter besonderer Berücksichtigung betriebsverfassungs- und arbeitsförderungsrechtlicher Vorgaben. 2010.

Band 59 Claudia Hagedorn: Zulässigkeit und Grenzen von Tarifsozialplänen. 2010.

Band 60 Daniela Quink: Inhaltskontrolle von Freiwilligkeitsvorbehalten in Arbeitsverträgen. 2010.

Band 61 Kathrin Kentner: Arbeitskampfmittel der Arbeitgeber. 2010.

Band 62 Angela Nunes Fernandes Gil Wolf: Arbeitnehmereinsatz im Ausland. Das auf doppelte Arbeitsverhältnisse anwendbare Recht am Beispiel der Vertragsgestaltung eines internationalen Konzerns. 2010.

Band 63 Annemarie Berthold: Whistleblowing in der Rechtsprechung des Bundesarbeitsgerichts. 2010.

Band 64 Malte Koch: Die Beteiligung von Arbeitnehmervertretern an Aufsichtsrats- und Verwaltungsratsausschüssen einer Europäischen Aktiengesellschaft. 2011.

Band 65 Agnes Maria Kollerbaur: Die französische Arbeitsinspektion. Eine Untersuchung unter besonderer Berücksichtigung ihrer Rolle bei Kündigungen. 2011.

Band 66 Marcus Christian Leinenweber: Landesschlichtungsgesetze? 2011.

Band 67 Frederike Cathérine Gärtner: Die gesetzliche Regulierung von Bahnstreiks in Frankreich. Arbeitskampf vs. Kontinuität öffentlicher Dienstleistungen. 2011.

Band 68 Carolin van Straelen: Der Rollenkonflikt des Arbeitnehmervertreters zwischen Betriebsratsmitglied und Gewerkschaftsfunktionär. 2012.

Band 69 Anna Maria Jordan: Entgeltdiskriminierung in Frauenberufen? 2012.

Band 70 Dominic Köstner: Compliance-Richtlinien im Unternehmen. Arbeits- und datenschutzrechtliche Implementierungsaspekte. 2012.

Band 71 Michael Kobler: Fremdeinflüsse auf die tarifliche Willensbildung. 2012.

Band 72 Anne Kraas: Zulässigkeit und Grenzen der arbeitsvertraglichen Entgeltflexibilisierung. 2012.

Band 73 Melanie Amann: Die Belegschaftsabstimmung. 2012.

Band 74 Christina Mennemeyer: „Dritter Weg" und rechtliche Grenzen der Flexibilisierung des Arbeitsrechts der katholischen Kirche. 2012.

Band 75 Joël Philipp Hofmann: Rechtsmissbrauch und Verwirkung bei Widerspruch gegen den Übergang des Arbeitsverhältnisses nach § 613a BGB. 2013.

Band 76 Jennifer Junker: Das Recht der Arbeitnehmerüberlassung in Japan. 2013.

Band 77 Gabriele Geiselhart: Tarifliche Regelungsmacht bei Haustarifverträgen und Unternehmerfreiheit. Dargestellt am Beispiel von Standortgarantien und Zeitarbeitsquoten. 2013.

Band 78 Lorenz Sylvester Mitterer: AGB-Korrektur in Dauer- und Langzeitschuldverhältnissen. 2013.

Band 79 Janina Morgenweck: Die Arbeitsgerichtsbarkeit in England. 2013.

Band 80 Christoph B. Kistler: Die Rechtmäßigkeit von Spartenstreiks. Alte Kriterien in neuem Licht. 2013.

Band 81 Julia Strasser: Die Haftung bei Lohnwucher im Arbeitsrecht der USA. 2014.

Band 82 Stephanie Amschler: Constructive dismissal. Fingierte Arbeitgeberkündigung im englischen Kündigungsschutzrecht. 2014.

Band 83 Felix Berding: Die Urabstimmung im britischen Arbeitskampfrecht im Licht der EMRK. 2014.

Band 84 Christine Kumpf: Multinationalität der SE-Mitbestimmungsordnung. 2014.

Band 85 Florian Schiffer: Der Leistungsmaßstab im Arbeitsverhältnis. 2014.

Band 86 Stefan Hoffmann: Unterrichtungspflicht und Widerspruchsrecht bei Betriebsübergang gemäß § 613a Abs. 5 und 6 BGB – Grenzen, weitere aktuelle Rechtsprobleme und Strategien zur Risikominimierung. 2015.

Band 87 Marie-Theres Boetzkes: Die Konzernmutter als Mitarbeitgeberin im französischen Recht. 2015.

Band 88 Ines Kranz: Landesarbeitskampfgesetze? 2015.

Band 89 Hendrik Schulte-Wrede: Die Beteiligung der Arbeitnehmer in der Europäischen Privatgesellschaft – SPE. 2015.

Band 90 Kathrin Charlotte Enke: Beteiligungsvereinbarungen nach § 21 SEBG. 2015.

Band 91 Tom Christopher Pröstler: Modelle betrieblicher Arbeitnehmerbeteiligung. Ein historisch-europäischer Rechtsvergleich zwischen Deutschland und dem Vereinigten Königreich. 2015.

Band 92 Achim Engel: Collective Governance in Tarifverbänden. 2015.

Band 93 Michaela Felisiak: Reglierungsbedarf grenzüberschreitender Betriebsübergänge. Zweifel an der grenzüberschreitenden Anwendbarkeit des § 613a BGB. (Urteil des BAG vom 26. Mai 2011). 2015.

Band 94 Robert Cornelius Richard: Inhaltliche Grenzen des Zeugnisanspruchs des Arbeitnehmers. 2015.

Band 95 Martina Reiser: Umgehung des § 613a BGB durch Aufhebungsvereinbarung und Neuvertrag. 2015.

Band 96 Peter Illes: Das betriebsverfassungsrechtliche Verbot parteipolitischer Betätigung im Betrieb. 2016.

Band 97 Marc Bohlen: Die arbeitsvertragliche Befristung mittels eines gerichtlichen Vergleichs. 2016.

Band 98 Reimo Robin Richarz: Insolvenzrechtliche Einordnung von Ansprüchen des Arbeitnehmers. 2016.

Band 99 Christine Hepp: Mutterschutz für GmbH-Geschäftsführerinnen. Rechtslage de lege lata im Lichte verfassungsrechtlicher und europäischer Vorgaben. 2016.

Band 100 Sabrina Susanna Pechtold: Anerkennung von Gewerkschaften als Tarifvertragspartner in Großbritannien. 2016.

Band 101 Charlotte Sander: Die Zerrüttung des Arbeitsverhältnisses. Die Stellung der gerichtlichen Auflösung des Arbeitsverhältnisses gemäß §§ 9, 10 KSchG im System des Kündigungsschutzrechts. 2016.

Band 102 Tilmann Restle: Betriebsvereinbarungen und das Kartellverbot des Art. 101 Abs. 1 AEUV. Zur Anwendbarkeit der Albany-Ausnahme des EuGH auf Betriebsvereinbarungen im Sinne des BetrVG. 2016.

Band 103 Antje Hirsch-Hottes: Arbeitnehmerüberlassung aus vertragsrechtlicher Perspektive. 2017.

Band 104 Florian Hertenstein: Die schuldrechtliche Regelungsbefugnis der Tarifvertragsparteien unter besonderer Berücksichtigung schuldrechtlicher Verpflichtungen des Arbeitgebers zu einem unternehmerischen Verhalten. 2017.

www.peterlang.com

www.ingramcontent.com/pod-product-compliance
Ingram Content Group UK Ltd.
Pitfield, Milton Keynes, MK11 3LW, UK
UKHW021853290926
8980IPUK00005B/809

9 783631 736180